自民党と派閥

政治の密室

増補最新版

渡辺恒雄

実業之日本社

復刊にあたって

読売新聞東京本社専務取締役編集局長（元政治部長）
前木　理一郎

この本の初版本は一九六六年一一月に刊行した『政治の密室―総理大臣への道』です。その後、一九六七年一月の衆院選挙で公明党の登場、民社党の躍進があり、政界は多党化時代へ踏み出しました。初版本に、こうした社会・政治情勢の変化を踏まえ将来展望を加えたのが、『派閥と多党化時代―政治の密室　増補新版―』（一九六七年四月発行）です。

著者の渡辺恒雄氏（読売新聞グループ本社代表取締役主筆）は当時、三〇歳代後半から四〇歳代初めの政治記者で、幅広く政界を取材されていました。自民党派閥を中心とした政界の闘争を生々しく描いた本書は、当時の日本で、どのように自民党総裁・総理大臣が選出されていたのかという過程を詳細に明らかにしたもので、日本政治史にとっての貴重な資料となっています。

総理大臣の選出に、主要な役割を果たしたのが自民党の「派閥」です。今日、自民党の派閥による政治資金パーティーの問題が政界を揺らし国民の政治不信を招いています。

復刊にあたって渡辺氏は「本書には自民党の派閥の成り立ちやその役割、選挙や政治資金の問題が書いてあり、それを知ることは今日、意味のあることだ。吉田派がその後どうなったのかなど、派閥のその後の移り変わりも知ってもらいたい」と語っています。

渡辺氏は、派閥の成り立ちは、①ポスト配分②活動資金③選挙支援の三つを原因として自然発生し、国会議員などの投票による自民党総裁選の存在が派閥を定着させたという経緯があり、総裁選制度がなくならない限り自民党派閥はなくならないだろうと分析しています。翻って現在、今年九月には自民党総裁選が予定されています。政治とカネの問題で、今年に入って主要派閥は次々に解散を表明しましたが、総裁選は従来通り国会議員などの投票で決まります。果たして、今秋には派閥を基礎単位としない総裁選が展開されるのか、やはり派閥単位の合従連衡が繰り広げられるのか、注目されます。

今、自民党の派閥政治に対する批判はやみません。自ら疑惑を解明しようとしない姿勢が国民から厳しい目で見られるのは当然でしょう。しかし、自民党に代わる政治勢力が存在しないことも事実です。自民党の猛省と改革が大前提ですが、この隙に、極端な主張やポピュリズムが跋扈することは危険です。

戦争体験者である渡辺氏は、「二度と戦争を起こしてはならない」との信念のもと、戦前の軍部の暴走を許した翼賛政治や党首独裁、官僚政治の復活を許してはならないとの考えをお持ちです。派閥には、保守党の権力や資金源の集中を防ぎ、分散を図る一定の役割があります。自民党の派閥は過去にも、失態・スキャンダルを起こしてたびたび批判されてきました。しかし、そのたびに批判を受け入れて改革・改善し、浄化作用を働かせてきました。

本書は、一九六七年発行の『派閥と多党化時代―政治の密室　増補新版―』をそのまま復刊し、その後の派閥の移り変わりを増補第一章「令和の派閥」、増補新版で指摘された「多党化時代」の行方を増補第二章「政党政治の変遷と将来」として前木が書き加えました。執筆にあたっては、読売新聞政治部に多大な協力をいただきました。お礼を申し上げます。

渡辺氏は、『政治の密室』『派閥と多党化時代』を執筆して以降の日本政治の歩みについて、「自民党がとった修正資本主義政策で、日本は良くなった。社会主義ではうまくいかなかった。自民党政治にはプラスの面とマイナスの面がある。批判すべきは批判すべきだが、評価すべきは評価して認めなくてはならない」と指摘されています。渡辺氏は『派閥と多党化時代』では、派閥主導の密室政治を批判的にとらえていますが、全体としてみた場合、戦後日本の復興、繁栄、安定に自民党政治が果たしてきた役割は大きいというご認識であることを記しておきます。

令和六年（二〇二四年）四月

本書は、一九六七年（昭和四十二年）に雪華社から刊行された『派閥と多党化時代 政治の密室 増補新版』を底本にしている。原文をそのまま採用しているが、読みやすさを考慮して一部体裁を整えたほか、明らかな誤植は訂正している。また、一部、現在では使用を控えている表現があるが、当時の時代背景を考慮して、そのまま残している。

（編集部）

自民党と派閥

政治の密室　増補最新版

目次

自民党と派閥

政治の密室

増補最新版

序章　敗者

――党人派の没落――

それは、十余年の私の政治記者生活の中で見た政治家についての最も悲劇的な光景のひとつであった。

薄暗くなったホテルの一室で老人が、顔をくしゃくしゃにして泣いていた。狭い部屋のサイドテーブルは、煙草の吹殻が灰皿から乱雑にこぼれ落ち、おびただしい数の人間が、ちょっと前までその部屋を出入りしていたことを示していた。

「何故おりたんですか?」

昨日までの活気に満ちたこの部屋の空気と、老人の闘志に満ちた顔つきが、まだ忘れられなかった私は、二人きりで対座した時まったく馬鹿げた、しろうとじみた質問を、思わず口に出した。

「悪いヤツは、××だよ。すっかりだまされたんだよ……」

と、老人は、ある老練な政治家の名前を吐き出すように言って、目をこすり、鼻をかんだ。

昨日までの戦意は、それまで〝虎のような〟と言われたその顔の、どこにも探し出すことはできなかった。打ちひしがれ、悔恨と落胆で、その特徴のある白い眉、大きな目、赤みがかった鼻のどこにも、昨日までの威厳は見当らなかった。敗者の悲惨以外には、何も感じとることのできない姿だった。

私はこの時、「自民党を脱党し、〝党人派〟で新党を作ってはどうか」とたずねた。彼は「私は本当は新党を作りたい。私自身は総裁にならなくたってよい。だが、新党を作るには、十億はカネがいる。私にはそんなカネは到底作れないよ」と絶望的な表情で答えた。

やがて、この老政治家は、ふと思い出したように受話器をとって、ダイヤルを廻し、自宅で待つ老妻を呼び出した。

彼はもう一週間以上も、ホテルずまいで、自宅に帰らなかった。この日も、ものの一、二時間しか睡眠をとっていなかったはずだ。しばしば二〇〇を突破する高血圧が持病の身でありながら……。電話は簡単であった。

「戦いは終ったよ。からだは大丈夫だ」

その時のこの老人の言葉のひびきは、私の知る限りで、彼がその老いた正夫人に与えた言葉の中で、最も懐しみとやさしさのこもった声音であった。

それだけで、通話は終り、全身の力が抜けたように、彼はソファに深く身を沈めた。


昨夜起ったくわしいできごとの経過や、作戦のあやまり、誰と誰とが裏切って、何票が相手候補に流れたか……というような職業的質問は、ひとつも私の口を出なかった。今この人から聞くのは、余りに酷だし、聞かないでも、表われた票を分析すれば、この人のヨミが余りにも甘く、この人の性格が、余りにも人を信じ易すぎたことは、直ちにわかることなのだ。聞かないでも、何百行の解説記事を書くこともできる。それほど濃厚だった敗色を、五十年の政界経歴を持つこの老人が、昨日まで読みとることができなかったという事実の方が、政治記者としての私にとって、むしろ関心の大きな問題なのであった。しかし、今は、この高血圧を持病に持つ老人は、一刻も早く、寝かせるべきであった。東京永田町グランド・ホテルのこの一室から、高輪の自宅にひきあげるべき時が来ていた。

そう。もうゆっくり休んでよいのだった。明日かぎり、彼、大野伴睦は、自民党の副総裁という高い職も失うことになっていたのだから……。

それは昭和三十五年七月十三日、自民党の第五回総裁選挙が行われる予定の日であった。通産大臣池田勇人に次いで有力候補だった副総裁大野伴睦が、突然戦わずして立候補を辞退、党内は大騒ぎとなり、大会は一日延期された。翌日の第一回投票で、池田勇人は過半数を獲得できなかったが、決選投票では、池田派のほか川島系を含めた岸派、佐藤派、藤山派の票が、ナダレをうって池田勇人に流れ、大野派、石井派、河野派、三木・松村派、石橋派の五派連合軍を圧倒し、その後四年半の長期政権を握る池田内閣が誕生したのであった。

保守合同後、今日まで八回繰返された自民党の総裁選挙の中でも、この時の選挙は、謀略、黄白の乱舞、虚言、裏切り、などなど、政治悪の爆発的に表現された典型的なドラマとなったものであった。大野伴睦も、この選挙で三億円近くの資金を費やしたというが、その結果は、副総裁の椅子を失い、自他共に、二度と政権を狙うチャンスはないことを認識しただけであった。政界入りして五十年間、夢に見た椅子は、これで永久に手に届かぬものになったのであった。

この選挙戦で、大野派を担当させられていた私は、ホテル・ニュージャパン新館五階の大野事務所に詰めていた。が、この事務所は、多数の新聞記者や政治家で満員電車のようになり、その中には、敵方のスパイもいるというので、別の階に秘密の部屋をいくつかとっていた。その部屋の番号を知っているのは、七人の参謀と秘書の山下勇だけであった。七人の参謀は、水田三喜男、村上勇、青木正、福田一、徳安実蔵、村上春蔵、小西英雄だったように記憶する。候補者大野伴睦を探していた私は、ようやくその秘密の部屋のひとつに、もぐりこむことに成功した時、そこにふたつのボストン・バッグが無雑作においてあるのを見た。それに、三億の実弾が入っていると教えられた時、私は、そこから一種の妖気のようなものを感じ、ゾッとしたのをおぼえている。

ところで、あの日、敗北の悲嘆にくれていた大野の口から吐き出された老練な政治家××は、今日も自民党の実力者の一人であるが、その一カ月後のある朝××は、大野邸を訪れた。口もきかぬ仲になっていた二人の対面を、私は不思議に思っていたが、その日の夕刻には、二人はホテル・ニュージャパンの大野事務所で、仲良く麻雀に興じていた。私はそこに××の魔力ともいうべき特殊な政治力を感じたものである。

××はこの総裁選挙中、大野を支持し、大野も「××はえらい男だ。ワシは身も心も彼に委ねる」と私に洩らしていたほどだった。しかし××は、その裏面で私に対しては、しばしば「一体大野君が勝てると思うかね……」と、かなり投げやりに語っていた。××が、最終的に池田陣営に走ったのは、池田派からの「ウルトラC」の工作もあっただろうが、やはり大野陣営でハバをきかしていた河野一郎に対する反感と、大野の判断の甘さに失望したのではないか、と私は思っている。大野の敗北のキメ手は、必ずしも××の〝背信〟にだけよるものだとは思わないが、その経過は後述する。××のこのような、変り身の早さは、その後の政変の際にも、遺憾なく発揮され、今日も実力者の座を占めている。今日の政界で、権力を保持し続けるためには、このような行動の転換の迅速さは、必須の条件であるように思われる。

同じような敗者の、しかしまったく異なった表情を、私はその四年あとに見た。

故河野一郎が、三十九年十二月の話し合い公選で敗れた時のことだ。この時彼は、病床の池田勇人は、いやでも自分を指名することになっているのだから、最後まで自分が立候補を辞退せずにいれば、だまって政権は手中に入るのだ、と断言、船田中、前尾繁三郎らが「辞退して藤山愛一郎の擁立をはかれ」と忠言したが、ガンとして聞かなかった。河野派の幕僚たちも、ほとんど発言を許されず、河野の〝独断〟に盲従を強いられた形であった。

この公選の前日、私は、東京プリンス・ホテルの河野派の臨時の作戦本部で、河野と単独会見し、「池田首相は絶対にあなたを指名しない。前尾氏は船田中氏に、河野氏が辞退して藤山氏を支持すれば、池田首相は藤山氏を指名する可能性がある、と言って来ている。この際あなたが、おりた方が、大局的に見て得策だとは思わないか」と言った。

河野は、それに対し、「私がおりたって池田は藤山を指名しはしない。私がおりなければ、池田はいやでも私を指名する。池田には、そうしなければならない〝理由〟があるのだ」と、がなり立てた（この〝理由〟については、後述しよう）。

翌朝、河野の確信は、見事にくつがえり、池田は佐藤を指名した。さて、私は河野がどのような表情でこの敗北を受けとめるか、と強い関心を持った。その朝の、党大会に代る議員総会に、同じ敗者であった藤山愛一郎は出席したが、案の定河野は欠席した。三十一年の岸、石橋決選以来、勝負の決した瞬間に勝者と敗者が大会の壇上で握手するという近代的習慣は、この時だけを例外として破られることになった。その日の午後、河野はさっさと郊外の競馬場に行って、スリルを楽しんでいたのである。

その一、二日あと、国会議事堂の廊下で私は河野と会った。「残念でしたネ」とあいさつすると「やあ」と軽く会釈しただけで、テレくさそうに、そそくさと行ってしまった。

大野と河野との、人柄の違いは、このように大きかった。ただ共通していたのは、どちらも、人を信じ易く、情報判断が無類に甘いことであった。

この二人の〝党人〟の敗北には、多くの共通点がある。まず、勝者がいずれも高級官僚出身で、かつ大蔵大臣の経験者であったこと。第二に、二人とも、現首相との密室の約束を信じ、裏切られた（または、と感じた）のであること。第三に、情況の判断が甘く参謀陣に、冷静さと勇気をもって、客観情勢に関する悲観的要素を忠言する人物が不在であったこと。第四に、いずれも、財界の正統派の支持がなく、資金力で劣ったこと。第五に、いずれも、大衆的人気においては、相手候補より優位にあったが、そんなものは、党内の政権争いには、何の効果もなかったこと……などの諸点で共通している。異なっていたのは、敗北した瞬間の、二人の感情と態度の違いだけであった。

この両者の敗戦は、戦前派としての古い党歴を持つ党人の、戦後派官僚に対する決定的な敗北を意味し、保守党内の主導権が戦前派党人から戦後派官僚へ、確実に移行したことを、はっきり示すものであった。密室の取引きに、大きく依存しようとした党人派の敗北であり、実力（金力）をバックに、正攻法で多数派工作を展開した官僚派の勝利であった。

総裁公選制による政権の移動方式は、このような戦前派党人に対する戦後派官僚の勝利を意味したが、一方、大局的に見ると、我が国の政権交代の場面が、少数権力者間の密室の取引きから、政権移動に発言権を持つ有権者の拡大により、次第に開放されようとする過程にあることも、示されている。もちろん、米国の二大政党の、大統領候補（＝党首）指名全国大会（Convention）ほどには、その開放度は高められておらず、この開放化の過程には、多分に密室政治的要素が絡みつき、かつ、その開放化の軸が、資金力によって支えられているという限界はあるのであるが。

ふりかえってみるに、戦前、明治期の藩閥官僚による政権タライ廻し時代は、当然、政権の移動は、宮廷権力者の密室の謀議で決せられたが、大正期から昭和初期にかけての政党全盛時代にあっても、少数の政党領袖と、元老・重臣といった宮廷権力との密室の取引きが、政権の移動を決定した。戦後の占領時代にも、政党の領袖は、かつての宮廷的密室から、連合軍司令部内の密室にと、政治権力移動の取引きの場を移したに過ぎなかった。

だが、占領時代が終り、やがて吉田内閣が造船疑獄の余波で断末魔の崩壊をとげたあと、政党は、財界の圧力を強く受けながらも、一応、党首選出に関する自律的機能を営み始めた。それが、総裁公選制である。

形式的には、五〇〇人前後の〝有権者〟（国会議員と地方代議員）の無記名投票という方法によって、政党の主体性を保ち、党外の圧力を排しているが、実質的には、〝派閥政治〟を通じ少数の〝実力者〟による密室政治が存在し、この密室内では、財界からの金力を通じるリモート・コントロールが、決定的な影響力を及ぼしているわけである。

＊　＊　＊

ところで現時点で、一体どういう人物が、総理大臣へのコースを行くのに最も有利であろうか。その辿るべきコースを抽象して、ひとつの典型を書いてみよう。

まず東大法卒、在学中に高文をとり、大蔵省に入る。適当に宴会やマージャンをたしなみ、局長・次官クラスによい親分を作り、通産、外務、農林、建設などの利権の多い官庁の課長クラスに顔を作る。若いうちに地方の税務署長をやって、徴税の手心の加え方などを学ぶ。主計局で、予算の査定を通じ、各省の先輩官吏をしめあげたり、妥協したり、緩急の折衝術を学ぶ。銀行局で金融資本の経営陣に顔を作るのも将来のために有用。国有財産局に配置されたら、国有地の払い下げを通じ、大手の不動産会社やその他の大企業に恩を売ることができる。証券局に廻されたら、大手証券会社幹部とジッコンになっておくことだ。何しろ証券会社のいちばんこわいのが大蔵省証券監査官なのだから。その間、実力者の大蔵大臣の事務秘書官になっておくことは、将来の政界進出にとって、非常なプラスである。

やがて次官になる頃には、保守党の有力派閥の親分、つまり実力者のサカズキを貰っておかねばならない。この頃には、自分の郷里の地方政界ボスとの交際を広めておく。

次官を退官して、衆議院に立候補を決意するまでには、彼には、大企業経営陣のスポンサーが、何十人何百人となくついているであろう。もはや三千万円やそこらの陣中見舞はいつでも集まるに違いない。初出馬で当選。

経済官庁の政務次官や常任委員長、党政調副会長、副幹事長といったポストを、当選数回にして卒業、大蔵大臣、政調会長に出世し、やがて幹事長を二期ほどやる。この間、せっせと財界への便宜供与をはかり、その見返りとして資金を集め、集めた半分は陣笠にばらまく。かくて、二〇人、三〇人の子分が出来、派閥の親分となる。カネはますます集まり、総裁公選出馬に備えて蓄積する。この頃になったら、自分でカネ集めをすることはない。優秀な子分に代行させる。万一汚職事件が起きても、その子分が罪をきればよい。それでなくても、近頃は大臣や党三役になると、司直の方も「政局の混乱を防ぐため、慎重に処理する」ものである。

さて、二年に一度の総裁公選のチャンス。蓄積した資金を放出するだけでなく、財界から、ドッと資金がころがりこんで来る。今日の相場では十億円では足りない。二十億円ならおつりが来るだろう。第一市場上場会社なら一社一千万円、一〇〇社で十億の勘定だが、それでは手数がかかるから新興成金や、大土建会社、観光業者などで、ダム建設、国有財産払い下げを通じ、一口で一億、二億といった大口献金を受ける可能性もある。「私が天下をとったら、君を大臣にする」といえば、一億円くらい献金する製薬会社か土建会社の億万長者の参議院議員も一人や二人はいるものである。

対抗候補は、大蔵大臣などやったことのない「党人」である。そちらの方は、二、三の新興成金や、特殊な関係のある業界の支持で、二億や三億の危険なカネは集まるだろうが、「財界主流派」の支持がないから、自ら資金には限界がある。

総裁公選の最後の追いこみ。一票三百万円が相場だろうが、総裁に立候補していない他派の親分や「忍者」の親方には数千万円まとめて渡す必要もある。どうせ、他人のカネである。思いきりバラまくのだ。こうして保守党総裁の椅子を獲得、あとは、国会の首班指名を待つのみだ。黄金の椅子が待っている。

＊　＊　＊

もちろん、こんなコースを、誰でもが歩けるわけではない。途中までは筋書通りに行っても、どこかで迷路に入ることもあろう。また、今後、こうしたコースが、総理大臣への黄金ルートとして何年通用するかもわからない。マス・デモクラシーの発達と共に、首相たるための適格条件として、私生活の清潔さや独特の哲学、雄弁や容姿や健康が要求される時代もいつかは来るだろうし、それより先に、今日の保守政界腐敗の温床である総裁公選制度も改革されて行くかも知れない。とはいえ、前記のような傾向が、急速に超克される期待もあまりない。現段階では、政権への道は、資金力が何といっても最大の要素であることは、間違いない。

藤原弘達氏（明大教授）は、M＝4mという記号で政治権力を説明している。Mはマイト（権力）、四つのmは、マネ（金）、マスコミ、マジョリティ（多数）、マキャベリズム（権謀術数）を表わす。

もう少し具体的に説明するならば、マネを得るためには、財界に顔とコネとを作り、マジョリティを得るためには、巨大派閥を養うと共に、マネをばらまいて、一本釣りや忍者部隊を養成し、派閥の親分衆との密室の取引きにマキャベリズムを発揮し、政権をとったらば、マスコミを使って政治宣伝をやり、外遊や内遊を通じて、大衆の人気をつかむことが必要となる。

以下、一章では、保守合同後の総裁公選をめぐる密室の中で展開されたマキャベリズムについて、第二章では、政権維持に必要な大衆の人気と、指導力の類型について、第三章では、政治権力の根を養う土壌である政治資金についてのべ、第四章では、マジョリティを得るに必要な基盤である派閥について、その発生理由、機能、維持する方法、合従連衡の力学に関してふれ、第五章では、現実の自民党の派閥の発生過程と現在の生態及び将来の展望について語り、終章で、多党制時代の到来とともに、これまでのような、政権への道が、質的に変化せざるを得なくなるだろうとの、筆者の見解について書きたいと思う。

第一章　密　室

——総裁公選の証言——

密室の壁

政治は密室の中で行われる。煙草の煙に満たされた密室の中から、国民大衆の面前に、政治をとり戻そうという試みは、ギリシヤ以来、何度も続けられたが、マス・コミュニケーションの極度に発達した大衆民主主義《マス・デモクラシー》時代の今日に至っても、政治の密室的性格を、完全に洗い落すことは、不可能である。とはいえ、密室政治の壁は、少しずつ崩されつつあり、我々新聞記者にとっても、密室のカーテンの内側に、取材のマイクを据え、のぞき見する機会が、徐々に与えられようとしている。我々の知り得るかぎりの材料をもとにして、密室政治の崩壊過程の中で、なお、政権の移動を決定する密室の取引きを、保守党の総裁争いに即して、摘出してみようというのが、本章のテーマである。これに先立って、まず総裁公選制の採用される前史を辿ることは無意味ではあるまい。

*　*　*

戦後の新内閣制度発足までの政権移動は、〝大命降下〟の形式のもとで、実質上は藩閥官僚、宮廷権力、政党・財閥・軍閥の諸勢力の密室政治の中で、遂行された。これを大まかに区分すると、明治期は、藩閥官僚と宮廷権力との密着する中で、政権の移動が決せられ、大正期は、元老、枢密院などの宮廷権力と政党および財閥が、密室政治を支える三本の柱を形作り、昭和期になると、政党解消によって、軍閥が密室政治の主柱にのしあがった。戦後の政党政治復活と共に、密室政治の柱から宮廷権力と軍閥という二本の柱は除去され、かわって独立までの期間、占領権力と政党指導層との複雑怪奇な絡みあいが、密室の支柱となった。そして、自民党の総裁公選制の確立と共に、政権の移動を決定する密室の壁は、表面上は崩れ去り、決定の場は党大会に移されたが、実質上は、保守合同後、保守党に構造的に定着した〝派閥〟政治を土台として、政権の移動は、依然密室の謀議の中で、決定されている。この密室をささえるのは、政党〝実力者〟の小集団と財界首脳部の二本の柱である。

総裁公選以前

政権担当の可能性を持った政党が、党則に党首公選制をはじめて採用したのは、田中義一を総裁とした政友会である。それまで政友会は、党首は前党首が指名するのがならわしとなっていた。陸軍大将田中義一が総裁となるや、自発的に、党首の公選制を発議した。そして昭和二年四月十五日に臨時党大会を開いて党則を改正し、「総裁は大会においてこれを公選し、その任期を七年とす」と改めた。田中は、ここで一応総裁を辞任して公選を待つ形をとった。だが、実際に投票による公選をしたわけではない。この大会で、中橋徳五郎が、「この際投票の煩を避け、田中義一男を満場一致総裁に推薦されんことを望みます」との動議を出し、それを満場一致可決したのだから、事実上総裁公選が行われたのではなかった。なお田中が陸軍から政党に乗りこんだ時、持参金三百万円を陸軍の機密費から調達したとして、当時の野党は公然攻撃したものである。

戦後は、第一次吉田内閣の誕生に先立つ事前工作が、鳩山一郎、古島一雄、松野鶴平らの集まる密室で行われ、東京麻布市兵衛町の外相官邸の一室で、ひそかに開かれた吉田、鳩山会談で、その最終結論を得ている。この時、鳩山側からいえば、鳩山が政界に復活した時、吉田はいつでも退陣する、との密約があり、これは文書にもされたということであるが、いうまでもなく、この種の密室の証文は政界では反故にされるのが常道であり、後述するように、密室の証文が破棄される歴史劇は繰返されている。

吉田茂著『回想十年』第一巻一三八頁＝「私はその時、三つの条件を出した。金はないし、金作りもしないこと、閣僚の選定には口出しをしないこと、それから嫌になったら、何時でも投げ出すこと、の三点であった。鳩山君はそれでも結構という。そこでとうとう引受けることになった。鳩山君にしてみれば、しばらく私に自由党を預けて置いて、やがて立ち帰る機会を待とうという気持であったろうし、私にしても、長くやろうという気持はなかった」

『鳩山一郎回顧録』（文芸春秋新社刊）五五頁＝「吉田君が総裁を引受けることになった時、四カ条かの書いたものを向うから持って来た。この書いたものはその後どうなったか、紛失してしまったが、あの時二人でこんな話をした。自分は政党のことはまったく関係がなくて分らんから、政党の人事については一切君の方でやってくれなきゃ困る。政党は鳩山君の力で押えてくれ。但し内閣の人事については干渉してくれるな――とこう吉田君が私に話した。また吉田君は自分は金はないし、金作りも出来ない。金の心配は君の方でやってくれなきゃ困る。俺は辞めたくなったらいつでも辞めるんだ。君のパージが解けたら直ぐ君にやって貰う、とこういって吉田君はこれを四カ条に書いて私のところに持って来た」

このようなタイプの典型的な密室の取引きは、その後しばらくは見当らない。つまり、占領軍による大量の追放により、諸政党内には傑出した指導者が底をつき、このため、ほとんどの政党が、その結党に当って、党首を決定することが、できなかったし、また、短期的に片山―芦田内閣のタライ廻しはあったが、吉田長期政権が、政権の民主的交代の道をふさぐことになった。

戦後の保守派の諸政党の結党をみると、「進歩党」以来、党首未決定のまま結党式をあげており、以来、次のように、党首空席の結党式が続き、保守合同後の自民党の「総裁代行委員制」に及んでいる。すなわち「進歩党」は、戦前派の各勢力が拮抗し、総裁未決定のまま結党式をあげ、その後ようやく町田忠治を総裁にきめた。町田が追放されるや、その後もしばらくは、総裁空席となった。進歩党の後身「民主党」も総裁空席で発足し、芦田均、斎藤隆夫、一松定吉、河合良成、木村小左衛門の最高委員による集団指導制をとった。その後、芦田・幣原の総裁争いがあって、芦田が多数を制し、総裁となった。昭電事件で芦田が失脚するや犬養健が総裁となったが、やがて連立派と野党派に対立し、野党派は苫米地義三を党首（最高委員長）に選んだ。この民主党野党派と国協党との合同によって生まれた「国民民主党」も「総裁」は空席で発足し、「最高委員長」に苫米地を据えた。国民民主党と旧民政党系の追放解除組が合流して作った「改進党」も、総裁空席のまま結党され、後に外交官畑から重光葵を輸入して総裁にかつぎあげた。

右の党首選出過程中の唯一の例外は「民主党」が昭和二十三年十一月九日の議員総会で、無記名投票により党首を決定したことである。その時の投票結果は、犬養健＝四八、楢橋渡＝一七、苫米地義三＝四、稲垣平太郎、北村徳太郎、芦田均各一票となり、犬養が総裁に選ばれている。

▽第一回総裁公選（31年4月5日）

昭和三十一年十一月、歴史的な保守大合同が成り、政党史上、はじめて保守一党時代が現出したが、この時も、結党にあたり、党首を決定できなかった。自由党総裁緒方竹虎と、民主党総裁鳩山一郎との間で、いずれも新党総裁をゆずらなかったからである。そこで妥協案として、鳩山、緒方のほか、保守合同の功労者であった三木武吉、大野伴睦の二人を加えた四人による総裁代行委員制をとった（後に緒方竹虎の死去により、松野鶴平が代って代行委員に加わった）。

保守合同にあたっての党内勢力は、鳩山民主党が一八五議席、緒方の率いた自由党は一一四議席であり、表面的に見れば鳩山が多数派であった。

だが、鳩山の年齢、病身から、その政治生命は長くないと見、先物を買って緒方に走る分子が旧改進党系の中にかなりおり、それらの分子は「旧改進党系の潜在勢力」と呼ばれた。今日の言葉でいえば、さしずめ「忍者部隊」というところである。したがって、緒方は、この忍者票を加えれば、無記名投票で勝てる。と踏んだわけである。

そこで緒方は、民主的選出法という大義名分のもとに、無記名投票による「総裁公選制」を提唱したわけだ。やがてこれが制度化し、今日の金権政治のモトとなって弊害を生じたのであるが、神ならぬ身の緒方には予見はできなかった。

一方、鳩山派は、何といっても政権を握っており、三十二年の総選挙では鳩山ブームをまき起し、国民的人気を持っていたから、負ける総裁選挙に出馬するなどということはしたくはない。しかし「総裁公選」という大義名分には反対できず、三十一年には総裁公選を断行することを、約束せねばならなかった。その年の一月六日、鳩山輩下の智将三木武吉は、「総裁公選は断行するが、事前に候補者は一本にしぼりたい」とのアドバルーンをあげ、続いて一月九日には、遊説先の鹿児島で「鳩山総裁・緒方副総裁」との構想を出した。そしてひそかに、緒方竹虎、大野伴睦に対し、「日ソ交渉解決後、鳩山を引退させ、緒方に政権をゆずり渡すから、初代総裁は鳩山にして貰いたい」と持ちかけ、裏面工作をしたが、緒方はおりず、この取引きは成立しなかった。

政界では、誰もが先物を買う。政治生命の限りの知れた人物は、できるだけ早く見切りをつけ、将来性のある人物をかついで、自分の出世のよりどころにしようとするものだ。そこには、過去の因縁や義理人情も、思想的な異同も問題ではなくなる。

吉田茂が造船汚職で、ジリ貧から転落への道を辿っていた時、鳩山は先物であった。だから改進党も、自由党の岸派や広川派も、鳩山の傘下に参じて、鳩山民主党政権ができた。鳩山政権下の保守合同には、自由党の緒方や大野派も積極的に参加した。しかし、鳩山の年齢や健康から、その政治生命も長くはないと知れた時、先物買いは、緒方株へと向った。

旧自由党の中の旧吉田派は、緒方には反感は持っていたが、鳩山がもっと憎いのは当然である。旧改進党系は中間派を中心にかなり緒方にくずされ、〝革新派〟の中、北村派は鳩山体制に密着していたが、三木武夫一派は、三木武吉―河野一郎ラインの牛耳る鳩山政権に反撥していた。保守合同の立役者であった大野伴睦も、その当時は鳩山の早期退陣と緒方総裁の実現により次の政府の主導権を握ろうと考えていたようである。鳩山内閣の幹事長であった岸信介も、財界人を使って鳩山の退陣を要求するような始末で、鳩山にとって、どこまで信用できるかわからぬ存在であった。緒方の必勝が確定的となれば、これは「緒方内閣」誕生に一役買いそこで再び発言権を確保するため、ひそかに緒方と密室の取引きをしたことであろう。

鳩山体制の柱石であった三木武吉こそ、鳩山初代総裁実現にチエをしぼっていたと思われていたが、その実、目先のきく三木武吉は、もはや無記名投票による公選で、鳩山と緒方が対決した場合、鳩山には勝目がないと観念していたようだ。

当時の緒方の側近であった篠田弘作と菅家喜六は、その間の事情について、次のように語っている。

篠田弘作談＝「緒方さんが代行委員になった時に、すでに鳩山さんとの抗争は終ったといえる。三十一年の四月の総裁公選の時には、鳩山さんが引退し、緒方さんに渡すことは、はっきり約束ができていたのだ。代行委員に就任する時、緒方さんの腹心だった高橋円三郎ははげしく反対したが、私は賛成した。この時、鳩山、緒方の妥協は成ったといえる」

菅家喜六談＝「三木武吉氏は、内心は鳩山は負けと知り、緒方に城を明け渡すハラをきめ、緒方さんにひそかにその意向を伝えていたようだ。だから緒方さんは、絶対に勝てると思っていたし、また三木さんを本心から信用し、鳩山さんを引かしてくれるものと信じていた。私たちは、緒方さんに『三木は狸だから信用するな』と直言したが、緒方さんは三木さんを信じて疑っていなかった。だから、緒方さんが生きていたら、ストレートに初代総裁になったことに間違いない。しかし、今日考えてみると、三木さんはえらい人物だった」

「鳩山初代総裁」を暫定的であろうとも、緒方が認めようともせず、総裁の椅子を直ちに戦いとろうと考えていた理由は、ひとつには、岸信介の存在があった。鳩山初代総裁が実現し、鳩山政権が長びくとなると、次は緒方を通りこして岸に行ってしまう恐れがある。また他面「緒方政権」ができ、旧自由党内の主導権が固まれば、「岸政権」の目は薄くなり、緒方の次は岸を素通りする可能性もあったろう。

こうして、党内の各勢力は、それぞれ、次の政権構図を描きながら、自派の勢力拡張をもくろんでいた。

ところが、政治家の運命は、まことにわからぬものである。三十一年一月二十八日の夜、それまで風邪で臥しているといわれていた緒方竹虎が、突然心臓衰弱で世を去ったのである。

緒方派は、通夜の席で、後継者に石井光次郎を選ぶ空気になっていた。「石井派」の名を最初に使ったのは、大野派から石井派に転籍したばかりの塚田十一郎であった。だが石井のリーダーシップは、あまりに弱く、緒方に代って政権を狙う実力はなかった。旧吉田派の池田勇人や佐藤栄作も、当時では孤立した少数派であった。もはや旧自由党系の中には、総裁の座を狙う候補者は一人もいなかった。

それまで、鳩山に対して批判的であり、緒方支持派であった大野伴睦が、「鳩山初代総裁」支持に踏み切るのには、緒方の死後、二十四時間もかからなかった。しかし、後に見るように、大野の「先見」力と変り身の早さとがいかんなく発揮されたのは、これが最後であり、その後は、政局転換のたびに、見通しと作戦を誤まることが多くなった。いずれにせよ、大野が鳩山支持に廻ったことで、大勢は決し、初代総裁候補は、鳩山一本にしぼられた。

三十一年四月五日の党大会で行われた第一回自民党総裁公選の結果は、投票総数四八九票のうち、鳩山は圧倒的多数の三九四票を得た。とはいえ、白票を含め九五票の無効投票が出て、これが、党内の強い反鳩山勢力の存在を示した。その中心は、池田勇人を中心とする旧吉田派であった。

もし緒方が生きながらえ、当然に「緒方政権」ができていたら、その後の政権交代は、かなり違った道筋を描いたことであろう。少なくとも石橋―岸―池田―佐藤という政権コースには、かなりの狂いが生じていたのではあるまいか。池田、佐藤という旧吉田派の政権が続くことは不可能となったかも知れない。少なくとも、保守党内の官僚勢力は、今日ほどに伸張はしなかったのではないか、と思われる。

▽第二回総裁公選（31年12月14日）

密室の舞台はふたつあった。ひとつはある人の私邸で、石橋湛山、大野伴睦、倉石忠雄、の三者が登場、ここで大野が石橋の発行した空手形に「だまされて」石橋支持に踏み切り、これが石橋の七票差の辛勝の原動力となった。

もうひとつは、東京四谷の料亭「福田家」で、ここで石橋湛山、石井光次郎両派の「二・三位連合」または「反岸連合」の盟約が成り、石橋政権誕生の条件は完成したのである。

緒方竹虎が世を去り、鳩山一郎が退陣の意を明らかにした時、次の政権を狙う人は三人いた。幹事長岸信介、通産相石橋湛山、総務会長石井光次郎である。

岸信介には、岸自身が幹事長の権力のもとに結集した岸派と、実弟である佐藤栄作が集めた旧吉田派の一部のほかに、鳩山政権の「執権」といわれた河野一郎の集める旧鳩山系および、大麻唯男を中心とする旧改進党系の一部がついた。保守合同前後まで、旧自由党と旧民主党とに対立し、その政治的立場はまったく異質のものとみられていた岸、佐藤の兄弟は、結局「血は水よりも濃い」のたとえの通り、この総裁公選を機会に、はじめて兄弟の結束を固めたのであった。

石橋湛山には、石田博英、大久保留次郎ら、旧自由党内のかつての反吉田勢力および鳩山勢力並びに鳩山直系組によって作られた石橋派および旧改進党系での反鳩山、反河野の立場にあった三木―松村派がついた。

石井光次郎についたのは、旧緒方派、つまり石井派と池田派で、つまり旧自由党の主流であった。

この三者の持つ票は、いずれも単独では、総理の地位を得るに必要な過半数には足りなかった。最も資金力にめぐまれていた岸―河野―佐藤連合勢力は、過半数に近づく可能性はあったが、石橋、石井両者は、何れも単独では、三分の一の獲得も無理であった。

ここで、完全なキャスチング・ボートを握ったのが、大野伴睦である。当時、衆参両院で約五〇票を握っていた大野が、どこにつくかは、次の政権を決するものであった。大野は元来、河野と共に鳩山直系であったし、保守合同後は、三木武吉を介して河野、岸と接近していた。岸が河野を通じ、大野に対して必死の工作をしたのは当然である。逆に、旧改進党系の三木武夫とは不仲であり、また旧吉田系の池田派とも異質であった。だが、岸―佐藤兄弟の同盟については、大野は「官僚臭が強すぎる」と嫌ったし、内実、アクの強い河野一郎の主導権の下に入るのを警戒していた面もあった。岸陣営の内部でも、河野との同盟を嫌う人の数は少なくなかった。こうした情勢を見ながら、大野は、そのキャスチング・ボートを、最大限有利に行使しようとしたのだ。

この総裁公選こそ、その後の自民党の腐敗した金権政治を決定的にするものであった。

まず、黄白の乱舞である。消息通の間では、岸派の使ったのが三億円、石橋派が一億五千万円、石井派が八千万円だといわれた。低く見つもった数字でも、岸派が一億円、石橋派が六千万円、石井派が四千万円使ったと伝えられている。実弾射撃は、党大会の会場の廊下でまで続けられたともいう。

次に、役職配分の空手形の乱発であった。一部には、石橋派の参謀石田博英は、一六しかない大臣の椅子に対し、六〇枚の手形を発行したとウワサされるほどで、通産大臣の手形が五人に、農林大臣の手形が八人に与えられていたとの説もあった。

地方代議員の奪い合いも目に余るものがあった。一都道府県あて二名ずつ割り当てられた地方代議員の票は、これも、このような接戦にあってはバカにならない力を持つ。大部分の代議員は、県会議員クラスであり、各種の誘惑には、最も弱い存在であった。そのため、三候補の運動員は、宿屋の客引きかポンびきのように、上京する代議員を迎えるために、羽田空港、上野駅、東京駅に張り込み、一流ホテルや旅館にカン詰めにし、カネと女との御馳走攻めにする始末であった。

ところで、党大会の直前まで、「ワシの心境は〝白さも白し、富士の白雪じゃ〟」といって中立の立場をとり、筒井順慶をきめこんでいた大野伴睦は、ついに石橋湛山支持に踏みきった。岸信介、石橋湛山、石井光次郎の三候補は、当時それぞれ、東京高輪の大野伴睦邸を訪ね、ヒザを屈して、大野の支持を求めた。その中でなぜ、石橋が大野の票を獲得することができたのか。

石橋と大野との間で、密室の取引きができたからである。その筋書を書いたのは、石橋の参謀石田博英と大野派の幹部倉石忠雄である。石田と倉石はもともと、吉田内閣時代の叛乱軍青年将校といわれ、「民主化同盟」のリーダーであり、石田議運委員長、倉石国対委員長のコンビで、国会運営の死命を制し、吉田内閣を足もとからゆるがしたものだ。両者とも、策士であり、行動家であった。この二人が、大野を石橋陣営にひきこみ、「石橋内閣」を登場させるのに、決定的な役割を果したわけである。

この密室の取引きは、倉石が立会って、石橋、大野と三人の間で、極秘裏に行われた。席上、石橋は、大野に向って、「党務は一切あなたにまかせる」と発言した。これは、大野の「副総裁」起用を意味した。

大野にとって石橋との取引きは、その直後の石橋の違約だけでなく、将来にわたって、大きなマイナスとなってはねかえることとなる。すなわち大野に見捨てられた石井は、後に、池田内閣出現の党大会に際して、大野との二、三位連合の盟約を破棄して、大野の立候補断念を強要し、同じく岸も、後継総裁を約束した大野との証文を反故にして、見事に大野にうっちゃりを喰わせて、この時のウラミをはらすこととなるのである。

倉石忠雄氏談＝「大野さんと石橋さんとは、極秘裏に二度連れ出してあわせた。その際、石橋さんは、大野さんに対し、旧来世話になったことに感謝の意を表し、『石橋政権ができたら党のことは一切おまかせする』と約束した。党のことを一切まかせるという以上、大野さんを副総裁か幹事長にするということだが、三木さんを幹事長にしたのだから、当然副総裁にするもの、と思っていた。しかし、この約束は裏切られた。私はカンカンになって組閣本部に行き、石橋さんに面と向って、『こんなことなら、今までの約束は一切御破算だ』とどなったものだ。今回想してみると、石橋支持に持って行ってしまって、大野さんには悪いことをしたと思っている」

この取引きの成立で、岸、石橋、石井三候補の勢力分布は、次のようになった。

岸 ｛ 岸派 / 佐藤派 / 河野派 / 大麻派（旧改進党系の一部）

石橋 ｛ 石橋派 / 鳩山直系の一部（大久保留次郎ら）の反河野系 / 三木・松村派

石井 ｛ 旧緒方派（石井派） / 池田派

この三軍団のうち、岸派が二〇〇名を超すことは明瞭となっていたから、自民党衆参両院議員および都道府県各二名の代議員の票を加えた五〇〇票の票からみて、石橋と石井は連合しなければ、勝目はない。そこで当然、石橋、石井の両者のうち、いずれか一人が立候補辞退して、他の一人に勢力を結集するとの話合いが始められた。もしこの両者の一本化で、大会前に不可能であるならば、「二、三位連合」の盟約を結ぼうという話も出て来た。つまり、岸の絶対多数による一位は動かぬと見られているから、石橋、石井両者のうち、三位になったものが、決戦で二位に合流するという便宜的取引きをしようというのである。もちろん、ここで馬鹿を見るのは、三位になった人物であるが、問題なのは、果して三位者のひきいる勢力が、決選に際し、二、三位連合の盟約のとおりに、一票の洩れなく、二位者の下に投入されるかどうかということであった。

実は、その点こそ、岸派のつけ目なのであった。

岸派としては、強敵は石橋で、石井はキャスチング・ボート勢力に過ぎないと見たので、石井派との連合をはかろうとの動きもあったが、単独で過半数を獲得できるとの強気の見通しから、表面的な連合工作はやめた。とはいえ、裏面では、さかんな石井、石橋両派に対する切り崩し工作を進めていた。つまり、石橋、石井の二、三位連合との決選となった場合、石橋が二位とすれば、石井派の中には、石井がベストだが、石橋と岸とを比較すれば、石橋よりは岸がよい、という議員の数はかなりいた。岸派との間の裏面取引きで、決選投票の際には、二、三位連合の盟約を脱して、岸に投票すると約束した議員は相当にいたわけである。もとより、その多くは、カネや役職で釣られたものであろう。

倉石忠雄談＝「あの時の総裁公選の朝、閣議の終ったあと、河野さん（当時農相）が私（当時労相）を呼んで『勝負はきまった。岸の勝ちだよ。昨夜ひと晩で、反岸派の票を一七票買ったからね。一体石橋が負けたら、大野さんはどうするつもりだ』と言って、今からでも寝返るように私を説得した。私がきっぱりことわると、河野さんもあきらめた。その時『一七票とは誰々だ』と聞いたら、河野さんは『人格者の一党だよ』と答えた。事実我々が前夜計算していた票よりも、開票結果は十数票少なかったから、河野さんの言葉は本当だったのだと思う」

このような情勢の中で、各勢力間の表向きの工作は、いろいろな組合せの〝長老会談〟となって行われた。この時期には、まだ〝実力者〟なる言葉は、政界用語として定着しておらず、党内の有力政治家は、〝長老〟と呼ばれていた。大会の前日、十二月十三日の午後から夜にかけて行われた長老会談には、次のような組合せのものがあった。△岸派からの大野派に対する工作として、河野一郎と大野伴睦の会談。△石橋、石井連合を作るための旧自由党系の林譲治、益谷秀次、池田勇人と旧改進党系の三木武夫、鶴見祐輔、清瀬一郎との会談。前者は石井を代弁し、後者は石橋を代弁した。△河野一郎と松村謙三との会談。岸を支持する河野は、旧改進党系の松村と個人的に親しかったので、何とか松村系の支持をとりつけたかったのであろう。

こうした動きの一方、保守合同以後はじめて行われる実際の総裁公選にあたって、勝敗のしこりが残って、党分裂の事態が起ったり、公選のための大会場が、暴力による混乱をひき起したりすることのないようという予防工作も進められ、十三日夕刻に、岸、石橋、石井三派の代表が院内で会合し、次のような申し合せをした。

一、今次党大会の運営に際しては、党則の命ずるところに従い、厳粛にこれを行う。
一、総裁選挙の結果に対しては、一切の行きがかりを捨て、新総裁のもと、全員一致結束を固くする。
こんなことは当り前のことであったが、この時の党内の空気では、大会の投票結果によっては、投票箱がひっくりかえされたり、議事の運営ができないような、大混乱が起きないとは、保証ができないようであった。従って、各派とも選挙管理委員には、屈強の口八丁、手八丁の猛者をえりすぐり、党大会の壇上に送る手はずをととのえた。一部には、保守党分裂論さえあった。この大会を、保守合同後の、保守党の最大の危機であるとする見方すらあった。結果はまことに、平静に終り、これが、自民党のこの後の総裁公選大会のよい慣行を開くことになったのだが、その内実では、目を覆うような金権政治を発展させることになったことは、周知のとおりである。

十三日深夜の、石橋、石井両派の幹部会談は、四谷の料亭「福田家」で、未明おそくまで続けられた。両派とも自派が二位となることは確実だとして相手候補の辞退を求めたが、特に大野伴睦と池田勇人が、はげしく論争した。余談だが、この時、大野と池田とは、第一回投票で、石橋、石井の何れが上位になるかで、現金二十万円をかけ、後日、大野は池田から二十万円をとりあげて、神楽坂で一夜豪遊したそうである。

この深夜会談の結果、ついに両者とも辞退せず、大会にのぞむことになった。大会の直前、両派の議員たちは、東京会館に集合し、公式に「二、三位連合」を申し合わせた。この出席者が、大会有権者の過半数を占めたので、気勢はかなりあがった。

十三日夜、三人の候補者は、それぞれ次のような談話を発表している。（14日付朝日新聞朝刊より）

石橋湛山氏＝「私を支持してくれる人たちは、『反岸』の線で石井派と連携すべしとし、幸い、両派の連携は成功した。私は両派が私と石井君のどちらに総裁候補をしぼるにしても、この決定に喜んで従うつもりだ。私が立候補したのは、今の党内は派閥争いがはげしく、このままでは党内が自滅するほかはないような情勢なので、派閥を解消したいと念願したからであって、派閥解消には、私が最適任だと自負している」

石井光次郎氏＝「私は保守合同以来の総裁公選論者であるが、それだけに、今度の総裁公選が円満に終るよう心から望んでいる。今年の四月、鳩山初代総裁を選んだ際は、形だけの公選であった。しかし、今度は複数の候補者の中から、投票によって一人を選ぶ文字通りの公選であり、保守党始まって以来のことだから、公平な気持に立って選んでほしい。今度の総裁公選が円満に終るか、紛糾して醜状をさらすか、ということが、保守党が国民の信を得るか失うかの境目になると思う。公選の結果、誰が総裁に選ばれようとも、全党一体となって、新総裁に協力する気持が一番肝心だ」

岸信介氏＝「この党大会は自民党にとって重大な意義を有するばかりでなく、わが政党史上にも例を見ない総裁公選の行われる大会であるが、われわれはあくまでも民主主義のルールに従い、公明かつ明朗な大会の運営によって選挙が行われることを期待し、またこの実現に当る考えである。選挙の結果に対しては、われわれは虚心に従い党の結束を固め、少しでもしこりを残さないことにすべきはもちろんである。私は一面には党の執行部の責任者として、また総裁候補者の一人として、以上の二点について、あくまでその実現を期してゆきたいと深く決意している」

以上の談話の中にも、当時の緊迫した険悪な党内の空気、各派閥間の深刻な対立感情が、容易に読みとれよう。

大会は、十二月十四日、午前十時から、大手町の産経ホールで開かれた。大会の席上自民党初代総裁、鳩山一郎首相は、次のようにあいさつした。

「私は昨年四月、諸君の御推挙により総裁になっていらい、諸君の御協力を得て、わが党が国民に約束した仕事を少しずつ実行してきた。ありがとう。国連加盟も安保理事会で満場一致可決され、国連総会でも満場一致可決されるものと信じている。喜びにたえない。私はこの夏いらい総理大臣としての職務が激しいので『やめたい』と親友たちと話し合ってきたが、いよいよやめる時期が来た。私は本日総裁をやめることを諸君に明言する。諸君は新進有為の総裁を選んでほしい。新総裁には、わが党が今までとって来た外交、経済政策を大体その方向に進めてくれることをお願いする。そして総裁選挙が、きれいに、支障なく終るよう、総裁として最後のお願いをする」

鳩山首相がこの総裁選挙にあたり誰を支持するかは、注目されていた。鳩山腹心の河野一郎が、岸支持に踏み切った以上、鳩山が岸支持に廻るかとも思われたが、鳩山はかねて岸が財界人を動かして鳩山の退陣を迫ったという事実に非常に腹を立てており、ついに岸を支持せず、去りゆく総裁として、この政争の渦中から遠ざかった。もしこの時鳩山が岸支持に踏み切れば、石橋陣営内の旧鳩山組を動かし、七票の僅差は逆転していたかもしれない。彼のあいさつに対し、かつての鳩山幕下の「忠臣」大野伴睦は登壇して送別の辞をのべたが、その中で「前総裁は幾多の試練に直面し、一時は悲劇の政治家と呼ばれたほどであります。過去、現在を思い、この大野伴睦は多くを申しあげられません」とのべた時、鳩山の両眼から涙がしたたり落ちた。それが大会の空気に一種の感傷と共に、混乱を避ける冷静さを呼び起したことは否定できない。しかし、石橋支持にふみ切った大野は、この送辞の中で、「鳩山首相は戦時中東条内閣の軍閥政治に屈せず……」とのクダリを挿入して強調した。これは、もとより、東条内閣の閣僚であった岸信介に対する当てつけであり、石橋擁立への巧みな言論作戦の意味をもっていた。この大野の言葉を待つまでもなく、石橋―石井同盟が、「反岸連合」の言葉を使ったウラには、東条内閣の閣僚が、戦後宰相の座につくことに対する批判と宣伝がかくされていたわけだ。

この大会での総裁選挙の有権者数は、自民党所属衆議院議員二九九、参議院議員一二六、各都道府県から選出された地方代議員九二、合計五一七人であった。このうち、投票に際しては、外遊その他の欠席を含め六人が投票しなかった。

投票結果は次のとおりであった。

「第一回投票」

石橋湛山	一五一
岸　信介	二二三
石井光次郎	一三七

「決選投票」

石橋湛山	二五八
岸　信介	二五一
無効	一

この投票結果から明らかなことは、第一回投票での石橋、石井両候補の得票合計二八八票中、決選投票では、二八票が岸信介に流れ、二票が無効および棄権となったことである。この三〇票は、当然石井陣営から流出したわけである。石井は、三十五年の総裁公選でも、大野との間に二、三位連合を結びながら、大会の前日になって、決選で石井派の票を大野に注ぐわけにはいかぬ、として、大野を立候補辞退に追いつめた。すなわち、石井光次郎には、自派の票をコントロールするに足る指導力が欠如していたことを物語るものであって、そのような指導力の弱さが、その後の石井派の衰頽を導き、今日のような僅か十余名の小派閥に転落させることになったのである。

なお自民党の総裁公選に関する党則および、総裁公選規程の主な条文は次のとおりとなっている。

党則第六条＝総裁および副総裁は党大会において公選する。
規程第五条＝総裁の選挙は、単記無記名投票をもって行う。
同第十一条＝有効投票の中で過半数に達する投票を得たものを当選者とする。有効投票の中で、過半数の投票を得たものがなかった場合は、得票数の多かったものの順に、上位者二名について決選投票を行い、その結果、得票数が多かったものをもって当選者とする。

＊　　＊　　＊

この総裁公選は、保守党史上、きわめて重要な意義をもっている。それは、以下の各点に要約されよう。

①保守党の年齢、当選歴等による一種の秩序にもとづいた「長老政治」の時代は終り、資金力を中心とする「実力者政治」の時代に入った。これと共に、保守政界から、「長老」の語が消え「実力者」な

る呼称が登場する。この公選に先立って、党内では、「長老会議」により、候補者を事前に一本にしぼり、大会での投票による決選を避けようとの努力が行われた。このため、十二月八日と十二日に、再度にわたり、「長老会議」が開かれている。この時の「長老」に加えられたのは、益谷秀次（衆院議長）大野伴睦（前総裁代行委員）林譲治（元衆院議長）砂田重政（全国組織委員長）河野一郎（農相）大麻唯男（国務相）水田三喜男（政調会長）加藤鐐五郎（前衆院議長）北村徳太郎（元蔵相）星島二郎（元商工相）松村謙三（元農相）植原悦二郎（元内相）松野鶴平（参院議長）の一三人であった。この中には、実際には「子分」を持たず、党内を動かす「実力」を持たないが、当選回数や党歴や過去の経歴で出席を許された人物が少なくない。

②保守党内に「派閥」が定着した。総裁公選は、議員の頭数が決定的にものをいうため、議員の頭数を相当数集め得る政治家が、発言権を持つに至ることとなる。したがって、党内で発言権を持つ政治家は、「派閥」をひきいる領袖とならねばならず、逆に「派閥」を持たない政治家は、発言権を失うこととなった。また、派閥の領袖として、基礎票を持たぬ者は、とうてい政権を狙うことはできなくなった。

③政権獲得のために、役職を予約することが慣例となり、政治家として場所を得るためには、総裁公選で何らかの役割を果たさねばならなくなった。つまり、行政能力や政策上の識見の蓄積よりも、政争のための行動技術が優先することとなった。

④空前の買収が半ば公然と行われた結果、金権政治が横行することとなった。

⑤党内の諸政治勢力の離合集散や合従連衡は、イデオロギー、政治思想、政策の一致・不一致ではな

く政策や理念の実現を目的とするのでもなく、カネと役職の配分を中心とすることとなった。⑥このため、保守党の党首のリーダーシップは、著しく弱体化し、首相の手は汚れ、その威信は地に墜ちることとなった。

この乱戦の末登場した石橋首相は、当然のことであるが、与党の統制に関し、何のリーダーシップも発揮できなかった。それは、石橋内閣の組閣に際し、完膚なきまでに露呈された。石橋が総裁に選ばれたのは、十二月十四日、国会で内閣首班に指名されたのは、十二月二十日。二十四日にやっとのことで認証式が行われたが、参院側三閣僚はついに決定することができず、首相兼任のままとなり、二十七日に残る三閣僚の中、二閣僚までは認証式にこぎつけたが、防衛庁長官の人選はついに年を越し、認証式は二月二日まで持ち越されるとの醜態を演じた。

この組閣人事は、石橋、石井連合を作るのに功のあった池田勇人(石井支持)、三木武夫(石橋支持)の二人の「新主流派」と、首相側近の石田博英(石橋派)の三人が、「組閣参謀」となって、その主導権を握った。とはいえ、この三者を軸に石橋―三木―池田の三派連合体制を作ることは、まず断念しなければならなかった。僅か七票の僅差の勝利は、党内の約半数を敵に廻し、その後の党および国会の運営を不可能にする恐れがあった。そこで、主流、反主流を含めた「派閥均衡」を保つことによって、不安定の中の安定政権を作る以外にはなかった。

石橋首相は、「三木幹事長、池田蔵相、石田官房長官」で、三派連合に対する論功行賞をしたうえで、各派の均衡をはかろうとした。次に、一大敵国をなす恐れのある岸信介を適当に処遇し、その叛乱を封じるため、入閣させようとした。

ここでまず、不平を起したのは、石橋内閣を作るに功のあった大野伴睦と石井光次郎である。大野は、前記の「密室の取引き」で「党務はあげてまかす」との密約をとっており、当然副総裁の指名を受け得るものと思っていた。それがふたつながらに裏切られ、当然にはげしい不満を持った。おまけに、肌合いの合わぬ三木武夫の幹事長起用と、池田勇人の蔵相起用と来たので、この両者に反対したが、結局押し切られた。

石井光次郎は、副総理は当然と思っていたのに、これも棚上げされ、一時は石井派は石橋体制からいっせいに身をひいて、党内野党となろうとの空気になったことさえあった。

石橋に票を入れた諸勢力のうち、「獅子の分け前」にあずかったのは、三木と池田で、大野と石井は「城大工」のように扱われたわけである。

石橋が、石井と大野とを冷遇したのは、総裁選挙で二五一票を集めた岸信介の処遇に絡んでいる。岸を党内野党に廻さぬためには、石井と大野とを上位に置くわけには行かぬ。この三人を処遇するポストは、副総理と副総裁のポストがふたつあるだけだが、三人をふたつのポストにはめこむわけには行かぬ。そこで、このふたつのポストは空席にしてしまい、岸を外相で入閣させたうえ、他の二人は、すっぽかしてしまわざるを得なかったのである。

つまり、石橋政権を作る土台となった密室の取引きは、結局は破棄された。石橋の違約を怒った大野伴睦は、直ちに河野一郎とヨリを戻し、岸と結ぶ姿勢をとった。だから、もし石橋の発病がなかったとしても、石橋内閣は長もちはしなかっただろう。密室政治の破綻は、避けられなかったに違いない。

▽第三回総裁公選（32年3月21日）

石橋が病気で首相と党総裁の椅子を投げ出した時、直ちに後継首相、総裁として、最も有利な立場に立ったのは、岸信介であった。前記のように、石橋内閣の人事に不満をもった大野伴睦は、河野一郎とのヨリを戻して、すでに岸支持に向っていたから、かりに石橋のエピゴーネンが、次期総裁に立候補したところで、岸信介に対して何の勝目もない。前回の公選の実績（二五八対二五一）から見れば、二五一を固めた岸の実績は、今やすでに、ゆうに過半数を制する勢力に伸びていた。この情勢を見た三木武夫幹事長、石田博英官房長官は、石橋体制下の主流派領袖にも極秘にしたまま、ひそかに、岸信介への政権バトン・タッチの取引きを進めた。

石橋体制内からの後継者がいない以上、次の岸体制内で、主導権を握る必要がある。そのためには、一刻も早く、政権バトン・タッチのヘゲモニーを握らねばならぬ。こうして、三木、石田の筋書きで、石橋首相が退陣声明を出した時には、後継首相は岸信介が決定的な状態になっていた。その背後には、旧吉田派内での佐藤派と池田派との間の取引きも、モノを言っていたようだ。

しかし、岸政権の誕生を非常に容易にしたのは、岸が外相として、政敵石橋首相のもとに、入閣していたからである。石橋内閣が成立した時、政敵の下で閣僚になるか否かは、岸の側近の間でも議論はあった。だが、岸は、敢えて入閣して、石橋内閣に協力の姿勢をとった。ひとつには、敗者としてゴネず、素直に敗北を認めた上、勝敗のわだかまりを捨てることが、近代政治家のとる態度である、との名分もあったし、また次期政権をとる上で、政権の内部に入っていた方が得策だ、との官僚出身者らしい計算もあったようだ。

この後にも、政権の内部にあった方がトクか否か、との問題は何度も起った。池田勇人が岸内閣に入閣した当時、佐藤栄作が池田内閣に入閣した時も、次の後継者の地位を得るためには、閣内に入っていた方が得策だとの計算があったし、佐藤内閣で藤山愛一郎が入閣した際にも、次期政権を狙う上で閣内に入った方が得か、閣外にあって党内野党の立場をとっていた方が得か……との論議が藤山派内や、その反対派閥との間で議論があったが、結局、池田や佐藤の前例を見ならって、入閣の方をとったものである。

さて、二月二十三日に石橋内閣が総辞職した時、石橋体制の主流派領袖、つまり、石田博英、三木武夫、池田勇人らと岸、佐藤兄弟との話し合いは成立していたから、その二日後の二月二十五日には、国会で岸信介が後継内閣首班に選挙された。党総裁の椅子は、依然として石橋湛山が保持し、しばらくは、総裁、総理の分離体制が続いたが、結局三月二十一日の党大会で、投票総数四七六票中次のように四七一票をとって岸が第三代自民党総裁に選出された。

岸　信介　四七一

松村謙三　　　二

石井光次郎　一
北村徳太郎　一
白　票　一

この政権バトン・タッチは〝禅譲〟の形をとったので、その年の七月の内閣改造まで、石井光次郎が入閣したほかは、石橋体制の人事はそのまま踏襲された。池田首相の病気退陣で佐藤内閣が誕生した時にも、この方式はまねされることとなった。

▽第四回総裁公選（34年1月24日）

昭和三十四年一月十六日の夜、東京日比谷の帝国ホテル新館、「光琳の間」で開かれた会合は、政権を謀議する密室政治の典型であった。

その会議で、政権の授受の約定があり、これを誓約書にしたためた。その暫くのち、私はその〝証文〟を写真にとる機会を持ち、今でも政党史のひとこまを記録する文書として保持しているのだが、その内容は、次のとおりのものであった。

誓約書

昭和三十四年一月十六日、萩原、永田、児玉三君立会の下に於て申合せたる件については協力一致実現を期すること

右誓約する

昭和三十四年一月十六日

岸　信介
大野伴睦
河野一郎
佐藤栄作

念のため、この「誓約書」の署名の中、岸、佐藤両者の署名の下には、花押が記されていた。
ではこの時「申合せたる件」とは何であったか。要は、岸内閣の次の政権は、①大野伴睦、②河野一郎、③佐藤栄作の順でタライ廻しする、というものだ。私が、生前の大野伴睦及び河野一郎に直接たしかめたところは右の誓約書のほかに、別紙にこの順位を墨書したということであった。この〝証文〟が何故反故にされたかについては、後述するが、まず、何故、このような証文が作られるに至ったか、を説明しよう。

岸内閣発足時の挙党融和体制は、長くは続かなかった。岸、佐藤、河野の三派連合に、大野派が加わって、主流四派連合が固まると共に、石橋支持派であった池田、三木・松村、石井、石橋の四派は、自然反主流四派連合を作り、党内はふたつに割れた。この内紛が爆発したのが、三十三年十二月二十八日の、池田、三木、灘尾（石井派）の三閣僚辞任事件である。

池田、三木・松村、石井、石橋の反主流四派連合は、「時局刷新懇話会」を結成し、岸政権を内部からゆるがそうとしているところに、岸内閣は、警職法改正法案の強行突破をはかり、野党の猛反撃を受け、国会はニッチもサッチも行かぬままになっていた。反主流陣営は、この時とばかり、岸体制をゆるがしにかかった。

また、党人派で岸体制の主流に位置していた大野伴睦と河野一郎は、岸政権が二年近くにもなったのに、内心シビレをきらし始めていた。大野伴睦は林譲治らを通じ、旧吉田派の池田勇人と、少しばかりヨリを戻し、岸内閣崩壊後の政局の主導権を握ろうと考えていた。もし大野派が叛乱すれば、岸内閣の主流派は、党内の少数派になり、岸内閣は命旦夕となることは、火を見るよりも明らかであった。反主流派の方にも、大野の叛意の情報は流れていたから、警職法騒動で一挙に岸内閣を押しつぶせる、と計算し、池田、三木、灘尾の三閣僚辞任に踏み切ったわけであろう。

三閣僚辞任の際の声明＝「警職法問題や変則国会をめぐり、政府および自民党に向けられた国民のきびしい批判に対し、われわれは深刻に考えてみた。自民党が謙虚に責任を反省し、この際すみやかに人事の刷新を行い、挙党体制を打立て、再出発することが世論の批判にこたえる最善の道であり、そのためには党内の異論の多い総裁公選をあえて一月十七日に繰上げてまで強行すべきでないと岸総裁に進言し、その英断を求めて来たが、不幸にして意見は一致しなかった。このような重要な点で考え方を異にすることが明らかになった以上、われわれは内閣にとどまることは、適当でないと考え、辞表を提出した」

こうした危機の中で、河野は、岸と大野の間を往復しながら、政局転換の方向を探っていた。その結果、一月五日、岸首相の別荘で、岸、大野、河野の三者会談が開かれた。この席上、はじめて、岸は、「安保改定の難事業が終ったら、直ちに、退陣する。そのあとは、大野君に政権を渡す」との意志表示をしたのであった。

この時まで、河野は、岸は自分に政権をゆずる……と期待していたようである。だから、河野は、当時、側近者に、岸が大野にゆずると発言したことに対し、内心期待はずれに感じたらしい。だが、大野政権が出現すれば、その次は同じ党人派の自分に廻って来ることが決定的であるし、しかも大野政権は、どうせ短命だ、と考え、ひとまずは、大野政権の実現をはかろうとしたわけである。

河野は、この政権授受の岸発言を、より確定的なものとしようとして動いた。その結果開かれたのが、一月九日の会談であった。

この密室の会合に出席したのは、岸信介、佐藤栄作、大野伴睦、河野一郎、萩原吉太郎（北炭社長）永田雅一（大映社長）児玉誉士夫の七者であった。後の三者は、河野のスポンサーとして有名であり、また岸首相に対しても、かなりの発言権を持っていた。

筆者が、故大野伴睦から聞いたところでは、席上、岸信介自らが、文書にしようといい、秘書を呼んで、筆、硯、墨、巻紙をとり寄せたのである、という。

この会合に出た岸も、佐藤も、河野も、心の中では、大野が、首相の要職に耐えられる、とは考えていなかったのではないか、と筆者は考える。大野は行政事務や政策に暗く、国会答弁に耐えられるとは、誰も思っていなかったであろう。いずれにせよ、かりに「大野内閣」が出来たにせよ、短命であることは、ハラの中では知っていただろう。当の大野自身、首相として、政権を担当し、国家行政を指揮し、国会を乗り切って行くという自信はなかったに違いない。だが、大野にしてみれば、くれるという政権を貰わぬ手はない、と思ったのだろう。その後、大野が実際に、総裁公選に出馬した時、彼は「私が政権をとれたら、半年でやめてよい」、と何度も語っていた。

この時の密室の謀議は、「政権を私議した」という点で、その後非難された。だが政権の私議は、決して珍らしいことではない。私は、私議したこと以上に、首相として適格条件を備えていない人物を、現政権の維持をはかるという政略的な手段のために、首相になり得ると思わせるようにし向けたことの方が、より一層非難さるべきであると思う。

さて、岸信介によって計算されたこの〝証文〟の効果は、直ちに表われた。

大野、河野の協力を得た岸、佐藤兄弟は、自民党内の多数派工作に自信をつけ、総裁選挙の期日を、反主流派の強い反対を押し切って、一月二十四日に繰上げた。その狙いは、任期のきれる三月二十一日まで待てば、国会の混乱などで、反主流派の党内工作のチャンスをより大きくし、いつ主流四派体制が崩れるとも知れないから、多数を制する見込みのあるうちに、あと二年の総裁任期を確定しておこう、というにあった。

このため反主流派では、勝敗を度外視して、松村謙三を立候補させ、「反岸票」を固め、これを天下に示す、という作戦をとった。

この、戦わずして勝敗の決していた総裁選挙の結果は、次のとおりであった。

岸　信介　三二〇票

松村謙三　一六六票

大野伴睦、吉田茂、石井光次郎、益谷秀次、佐藤栄作　各一票。

▽第五回総裁公選（35年7月14日）

岸信介、佐藤栄作という〝官僚派〟のリーダーと、大野伴睦、河野一郎という〝党人派〟のリーダーとの、不自然なハネムーンは、しかし、一年とは保たれなかった。

河野の叛乱、岸の違約を経て、この不自然な蜜月旅行は、大破局に至る。その破局は三十五年七月の総裁選挙で決定的なものとなった。

吉田、鳩山対抗時代から続いていた保守党内の〝党人派〟と〝官僚派〟との主導権争いは、三十五年の総裁公選で、〝党人派〟の決定的敗北に終り、官僚勢力と財界主流派（一流企業経営者陣）の結合が、保守政権のヘゲモニーを握ることとなった。

結論的にいうならば、〝党人派〟の主要な敗因は、甘い情勢判断による作戦上の誤算と、財界主流派を敵に廻したことにある。

〝党人派〟のリーダー、大野伴睦と河野一郎は、次のような失敗を犯した。

まず大野伴睦は、〝帝国ホテル〟の証文に、あまりに安易に寄りかかり過ぎた。次に、「盟友」であるはずの河野一郎の政治行動について、誤った計算をした。

帝国ホテルの密約は、互いに極秘にするとの約束であった。そのため、例の〝証文〟も、萩原氏の手によって、北海道炭鉱汽船会社の金庫に、厳重に保管されていた。

私が、大野の口から、この〝証文〟の存在について、「君だけにいうが絶対に極秘だよ」と口止めされながら、聞かされたのは、帝国ホテル会談の半年くらい後のことであったが、その後、間もなく、大野派の幹部どころの間で、〝証文〟について、ささやかれ始めたのを聞いた。秘密を守るのが何よりにが手の大野にとっては、「君だけ」にしかいわぬはずの「絶対に極秘」な秘密を、ほとんどの大野派の幹部にささやいてしまうのも、無理なかったかも知れないが、この秘密が、そのうちに、マスコミに流れ出した時、岸、佐藤の側が、非常に不快に感じたのも、当然のことであったろう。

しかし、大野の方は、この〝証文〟のあるかぎり、次の政権は自分に来るということを、信じて疑わずにいた。このような〝証文〟の効力を過信したことは、大野の敗因のひとつであった。

次に、大野の敗因として致命的だったのは、河野の政治行動についての、計算のあやまりであった。河野一郎は、政権バトン・タッチの密約後も、自分の政治的地位をより強大なものとするため、幹事長の地位を欲した。三十四年六月の内閣改造に際し、彼はその要求を持ち出した。彼は、主流四派同盟の盟約からすれば、この要求は当然のものである、と考えた。その間にあって、大野伴睦は、河野一郎、佐藤栄作、池田勇人という三実力者を党三役に並べる……という奇想天外な構想を持ち出して、佐藤、池田の説得に動き始めた。この構想は、より具体的にいうならば、「河野幹事長、池田総務会長、佐藤政調会長」の割りふりで、総務、政調は場合によっては入れかえてよい、という含みであった。

この構想が実現すれば、大野は副総裁として党三役の上位に位置し、事実上、大野―河野ラインで、党務の主導権を握ることになる。岸信介、佐藤栄作の兄弟、特に佐藤栄作は、このあたりで、河野の抬頭をおさえなければ、政局の主導権をすっかり河野にとられてしまう、との警戒心を持ち、ひそかに、右の「大野構想」のぶちこわしにかかり、池田派にも手を廻し始めた。岸は、表面的には、「大野構想」が実現できるなら賛成であるとの意向を示していたが、裏面では佐藤の進言に従って、「大野構想」が自ら壁にぶちあたって、つぶれるのを待っていた。

この時「権兵衛がタネまきゃ、カラスがほじくる」と言って、大野が激怒したのは、佐藤が大野の歩き廻る裏面で、大野構想の破壊にかかっていること、に対してであった。以来、大野は公然と佐藤栄作を攻撃し始め、大野と佐藤とは、政界における「犬猿の仲」の典型のようにいわれることになった。だが、この時、大野が本当に「激怒」したのかどうかは、多分に疑問とみられる面があり、このあたりに、大野の計算違いがあったのである。

一方、河野は、幹事長就任が御破算になった時、岸、佐藤兄弟に、はげしい不信感を持った。三閣僚辞任事件以後の不安定な政局を背景に、河野は自分が非協力の態度をとれば、岸、佐藤兄弟は、直ちに折れて出る、と誤算した。岸は、河野を幹事長ではなく、閣僚にしようとして、河野に対して、「君が入閣しなければ、私は内閣を投げ出さざるを得ない」とまで言った。河野は、この言葉を、岸の本当の弱音とみて、一層高姿勢に出た。そして「時局認識を異にすることがわかったので、今後、岸政権には一切協力しない」と言明してしまった（六月十二日）。この時、岸、佐藤兄弟が、ひそかに、党内のバランス・オブ・パワーの変更を考えていることに、河野は気がつかなかったのである。つまり、岸は、岸政権を支える四本の柱の中の一本を、河野から池田にとりかえようと考え、事実、そのとおりにしたのである。

内閣改造の断行された三十四年六月十九日の前夜、池田勇人はなおはげしい岸批判も続けており、新聞記者との会見で、「政治理念を異にする首相の下に断じて入閣はしない」とまで語っていた。しかし、その翌朝、池田は、「政治理念を異にする首相」の下に、一閣僚（通産大臣）として入閣していたのである。

この時、河野が一歩後退していたら、池田は入閣していなかったに違いない。それならば、その約一年後の政権交代に際して、岸、佐藤兄弟が、その持つ票をあげて池田に投じる可能性は、ずっと少なくなっていたであろう。

副総裁として、有力な組閣参謀の役割を果たしていた大野としては、この時、河野を説いて、入閣させることは、かなり容易であった。だが、大野は、ここで、とんだ計算違いをしていたのである。

大野は、まず河野も池田も入閣しなければ、岸政権の寿命は、ずっと短命になり、「大野政権」の来る日は早まる、と計算した。と同時に、この際、河野の発言力を弱め、その政治的地位を弱体化しておいた方が得策だ、と計算したのである。改造の前夜、大野はひそかに「この際、河野に冷飯を喰わせた方がよい」とつぶやいていたのを、私は確実に聞いている。何故、大野が、このような計算をしたかについて知るためには、大野と河野との間の、微妙な人間関係と複雑な感情を説明しなければならない。

もともと、河野も大野も、鳩山一郎の幕下にあった。大野の死去後間もなく、私は河野と夕食を共にしたことがあった。その時、河野は大野との関係を次のように説明したものであった。

「戦前の鳩山邸に出入りしていた者の中で、私や犬養健、芦田均、星島二郎、安藤正純、船田中、太田正孝は、鳩山邸の客間で茶を飲んでいた。その頃、大野伴睦や林譲治は、台所で冷酒を飲んでいたものだ。終戦直後、鳩山さんの『日本自由党』で私が幹事長となったが追放され、大野が後任の幹事長になった。その際、大野は党の要職から、河野系の有能な人物を追って冷飯を喰わせた。その連中の多くは、広川弘禅の下に走った。それが、その後の広川派の全盛を生む原因となったのだ」

このように語る河野の顔には、大野に対する不思議な優越意識が表われていた。事実、河野の追放がなければ、その後長く河野の大野に対する優越的地位は保たれたであろう。大野は吉田体制下で、地位を得、追放解除後の三木武吉、河野一郎とはげしく対立し、〃親分〃の鳩山とさえ、保守合同まで手を切った。保守合同後、それも緒方竹虎が死去してから、大野と河野とは、つながった。だが、河野が岸をかついで、石橋・石井連合軍と戦った時、大野は河野をふりきって、石橋支持に廻った。岸政権下では、大野は再び河野とヨリを戻して、副総裁の地位を得、河野の上位に立った。

河野の、右の談話に見られるような、大野に対する優越意識とウラハラに、大野の方は、河野に対する妙なインフェリオリティ・コンプレックスを持っていた。これが、いつしか頭をもたげ、大野は河野の頭をおさえつけようとした。

このような複雑微妙な人間関係が、〃党人派〃を代表するこの二人の実力者の力をそぎ、致命的な誤算に導いたのである。

すなわち、大野は、三十四年六月の改造人事で、一方で、佐藤栄作を公然攻撃して敵に廻し、他方で盟友河野の地位を弱めて、岸・河野対立を決定的なものに導き、そのことによって、一年後の総裁公選で、悲惨な敗北を招く原因を作ったのである。

〃党人派〃の自ら作った亀裂が、〃官僚派〃の勝利をもたらしたのであった。

逆に言えば、岸・佐藤の側の〃党人派〃に対するディバイド・アンド・ルール（分割統治）が、見事に成功したともいえる。岸・佐藤は、大野と河野との間の複雑な感情の動きを見抜き、大野に対して最大限の敬意を表することにより、大野の手を使って、間接的に、河野を失脚させた、ともいえるのである。

こうして、三十四年六月の改造人事では、幹事長川島正次郎（岸派）、総務会長石井光次郎（石井派）、政調会長船田中（大野派）という党三役の布陣のもとに、大蔵大臣佐藤栄作、通産大臣池田勇人の旧吉田派コンビを閣内に作った。この時の人事を見るに、大野派からは、副総裁、政調会長、および建設大臣（村上勇）自治大臣（石原幹市郎＝参議院）をとっているのに対し、河野派では、河野が政府、与党の要職からはじき出され、閣僚としては、科学技術庁長官（中曽根康弘）を得たのみである。つまり、大野派を優遇しながら河野派を冷遇するという岸の党人派に対する分割統治策が、露骨に示されている。

大野は、むしろ、これによって、岸―大野の政権授受の密約は、保証されたくらいに思っていたようだが、事実は、この時〝党人派〟は、外濠を埋められたのであった。そして、例の〝証文〟は、河野の党内野党化によってすでに、岸・佐藤兄弟のハラの中では、破り棄てられてしまっていたことを、大野はまったく認識していなかったのである。

一方、池田勇人から見れば、一夜にして岸批判を中止し、「悪魔の政治家」の下に入閣したことによって、この時、次の政権を掌中にするための、素地を作ったのであった。逆に、この時、池田が入閣していなかったならば、そして依然岸批判を続けていたならば、三十五年の総裁公選で、政権をにぎることは、きわめて困難であったろう。

岸は、河野を斬り、池田を岸体制の新しい支柱の一本にして、危機を一応乗りきったものの、やがて行手には、「安保騒動」が待ちかまえ、国民的人気は凋落の一途を辿った。三十五年の一月二日に、岸首相が「安保改定は岸内閣のスタートである」と語れば、河野一郎は二日後の一月四日に、「新安保批准と共に、岸首相は辞職すべきだ」と公言するというように、両者の対立関係は依然として続いた。そのあと、安保破局の直前、河野は一転して、岸に対する無条件協力を表明したことがあったが、これも甘ちょろい河野が、急場しのぎの岸の甘言に踊らされたに過ぎなかった。

安保騒動によって、岸がようやく辞意を表明したのは、三十五年六月二十三日であり、七月の十三日に、総裁公選のための党大会が開かれることになった。

大野は、この党大会に先立って、人を使い、また自らも岸邸を訪問するなどして、岸に対し、例の〝証文〟の実行をうながし、その意向を打診したが、岸は言を左右にして、態度を明らかにしなかった。

この頃、大野の腹心の村上勇が、大野の使者として岸に会った結果を、大野に報告しているのを、私が聞いたことがあるが、その際村上は、岸は必ず大野を支持するとの印象を受けた、と語っていた。同じ日、私は岸と単独で会って、その真意をただした。その時、岸は「私は決して皮肉で言うんじゃありませんよ。私の心境は、白さも白し富士の白雪ですよ……」と語った。その時の岸の表情に、私は戦慄に似たものを感じたのを、おぼえている。

三年半前に、岸は大野と同じような立場に立たされて、東京高輪の私邸に大野伴睦を訪ね、ヒザを屈して、その支持を請うたことがあった。その時の大野の返事は、「私の心境は、白さも白し、富士の白雪だ」というのであった。そして、大野は石橋を支持し、岸は一敗地にまみれた。岸が今「白さも白し……」と語るのが、どうして「皮肉でない」といえようか。これは、あざやかな復讐ではないか……と私は思った。政治は、もはや、理性ではない、と思い知らされたのであった。

その日、私は大野に会って、「岸は絶対にあなたを支持しない」と述べたが、傍にいた村上は、私に「岸が新聞記者の君に本心を言うはずはない」と反論したものであった。大野がそれでもなお、岸派の支持を信じていたのは、岸派の大番頭であった幹事長川島正次郎が、「今のうちに、大野内閣の幹事長をきめておいた方がよい。それには、青木正君が適任だ」と彼に進言したことをもって、川島の大野支持が堅いと判断していたからである。同じ頃、大野は、数人の参謀の前で、「私は川島を心から信頼する。身も心も彼にゆだねるつもりだ」と語っているのを、私ははっきりと聞いたものだった。

いずれにせよ岸は、帝国ホテルの証文を反故にした。私が後に間接に聞いたところでは、岸の「違約」の言い分は、こうだとのことであった。つまり、あの証文には、岸内閣に協力すれば……との前提条件がある。だから、署名者の一人である河野一郎が、岸政権に協力しないことを明らかにした以上、〝証文〟の効力はなくなったのだ、ということであった。

だが、大野の方も、ただ漫然、手形の落ちるのを待っていたのではない。河野がさかんに岸批判をしていた三十五年の三月十五日の夜、四谷の料亭「福田家」で、大野は川島を仲介として、岸首相と極秘の会談をし、岸のハラをたしかめている。大野によれば、岸はこの時「三選出馬など考えていない。新安保条約批准後は退陣し、あとは大野さんにわたす」と明言したという。それを聞いた河野は、三月十七日朝、南平台の岸邸を訪ねて、岸から同じ言葉を聞き、その日のうちに、一転して岸内閣に協力する……との談話を発表している。この河野の態度変更は、まことに現金なものだともいえそうだが、保守党内の合従連衡が、政策や政治思想の異同ではなくて、権力の配分に関する個人的取引きによって行われて来たことを示す典型的な例でもある。

この時の公選には、まず大野伴睦、池田勇人、石井光次郎の三人が、次期総裁に立候補した。そこで、この三人を話合いで一人にしぼることにあらゆる努力が続けられたが、二週間たってもけりがつかず、七月九日、話合いは打ち切られた。そこに来て、右三者のほかに、藤山愛一郎、松村謙三の二人が、立候補して、ついに五者混戦状態になった。この五派の勢力図は次のとおりであった。

池田勇人＝池田派、佐藤派及び岸派の一部
大野伴睦＝大野派、河野派、岸派中の川島系
石井光次郎＝石井派
藤山愛一郎＝藤山派、参議院松野鶴平系
松村謙三＝三木派、石橋派

まず、池田派は、財界主流派をバックに、豊富な資金をもって（当時世間では十億円だといっていた）各派に対するはげしい切り込みをかけていた。いわば、総裁公選の〝正攻法〟による多数派工作を展開した。この時、池田の参謀陣の中にも、弱気の者が少なくなかったらしい。大野、石井らと、何らかの取引きをして、次の政権を待て、との議論もあったようだ。強気で正攻法の展開を主張したのは、

大平正芳と伊藤昌哉であったらしい。このこと自体をさすかどうかは知らぬが、池田勇人の発病の数カ月前の頃、私が東京信濃町の私邸で池田首相と二人きりで会った際、首相はしみじみと、「私の今日あるは、大平君と伊藤君のおかげですよ」と語ったことがあった。

池田陣営の主目標は、まず佐藤派の協力であり、ついで岸派の切り崩しであり、最後に藤山派の抱きこみであった。この突破口を開いたのが、池田派の大平正芳と、佐藤派の田中角栄である。このいわゆる「大平―田中枢軸」が、後に池田政権の中枢部をにぎり、かつ佐藤政権を誕生させる原動力となったのである。佐藤内閣の四十一年八月の改造人事で、佐藤首相がこの大平―田中枢軸を冷遇したのは、意外であると共に、まことに皮肉なめぐりあわせでもある。

池田の正攻法に対抗するのに、大野と石井は、「二、三位連合」の工作を進めた。三年半前の総裁公選で、石橋が勝利を得た作戦を、ここでもくり返そうとしたわけだ。時に、石井派は、参議院を主勢力とし、総計七九票といわれた。大野派は、河野派及び岸派中の川島系および各派からの〝一本釣り〟を合して第一回投票で一七〇票をとれると踏んでいたから、二、三位連合が成立すれば、「大野政権」ができると楽観していたわけだ。党大会の直前には両派幹部の間では「二、三位連合」の約定は成立していた。実弾は三億円が用意されていた。

河野が当初大野政権に真剣に全力を注いでいたことは間違いない。河野がそのスポンサーたる萩原吉太郎、永田雅一、児玉誉士夫らによって集め、大野に送ったカネは、大野派の用意した実弾のうちの最も大口であったことでも、それは明らかである。

大野派は、大野伴睦―岸派（川島正次郎）、村上勇―佐藤派（保利茂）、水田三喜男―藤山派（松野頼三……後に佐藤派に行く）、青木正―石井派といったルートを作り、参議院工作は、村上春蔵、小西英雄が中心になっていた。こうしたルートから、大野のもとにもたらされた情報は、七月十二日の夜に至るまで、今考えてみれば、まことに甘いものであった。参謀たちの報告によれば、川島は二四名の岸派を固めているし、藤山派も、池田支持には廻らないし、石井派との二、三位連合も確実になったというのであった。

だが、七月十三日の未明になって、参謀たちの持って来た情報は、一変していた。藤山派は決選では池田に入れるであろう。岸派と佐藤派は池田支持に固まった。参議院も大部分は、池田派にくずされている。ホテル・ニュージャパンにカン詰めにする手筈だった地方代議員の大部分は未だに姿を見せず、ホテルにリザーブした地方代議員用の部屋のほとんどはガラガラである……。そして、最後に致命的な情報は、十三日午前二時半、帝国ホテルで、青木正が川島正次郎立会いのもとに、石井派の灘尾弘吉から伝えられたというもので、要は、参議院の石井派は池田派に大部分くずされており、決選投票に大野が残ったとしても、石井派との「二、三位連合」は実行できず、石井派の持つ七十余票中二〇ないし二五票しか、大野には投じられない、というのである。

誰が計算しても、それでは大野の勝目はない。そこで、十三日の午前三時になって、大野は、青木正、村上勇、水田三喜男の三人の参謀に、川島正次郎を加え、評議した。大野が立候補を辞退し、石井光次郎を擁立する、との決断は、その時大野自らが下したものである。河野一郎がこの席に現われたのは、大野が決断したあとである。

その後、その時大野を下ろしたのは、川島であるとか、河野であるとかの説が流れ、旧大野派の一部では、河野を悪玉にしたてて、河野が大野を引きずり下ろしたのである、との説をなす者もいたが、それは誤りである。

こうして局面は一転し、松村謙三も立候補を断念し、大野、河野、石井、三木、石橋の党人五派連合と池田、岸、佐藤の官僚三派連合との対決となった。藤山愛一郎が勝味のない第一回投票に立候補したのは、藤山派の票を固め、自民党内の派閥市場に、藤山派を登録、上場するための手段に過ぎなかった。その内実は、もともと藤山派が岸派の分派であった関係から、決選投票で池田に流れることは、当然のことであった。

大野の出馬断念と石井擁立のお膳立てをした川島は、最後の土壇場で、兵をひいて、池田に投じた。池田が勝つとみたことがその実際の理由であろうが、表面上の理由は、石井―大野連合の主導権を、河野―三木―松村同盟が握ったことに対する不満にある、とされた。

大野の立候補辞退により、党大会は一日延期され、七月十四日に、次の政権をきめる総裁選挙が実施された。この延期された一日は、未曽有の保守党腐敗の日でもあった。二派、三派にまたがって、実弾を受けとった国会議員や地方代議員の数も少なくなかった。参議院の某長老は、池田、大野、藤山、石井の四派から実弾を受けとったといわれたが、私が大野から聞いたところでは、この長老は選挙後、現金を大野に返済して来た、ということであった。

投票の結果は、次のとおりであった。

「第一回投票」
池田勇人　二四六
石井光次郎　一九六
藤山愛一郎　四九
松村謙三　五　大野伴睦　佐藤栄作　各一

「第二回投票」
池田勇人　三〇二
石井光次郎　一九四

当時大野伴睦の秘書であった山下勇（現在国土開発ＫＫ営業部長）は、この公選の実弾戦の模様について、次のように語っている。

「大野陣営が集めたカネは三億円であった。個人で最も大口の献金をしてくれたのは、高碕達之助氏で、三千万円であった。その他の大口は永田雅一・萩原吉太郎氏ら、大野・河野双方と親しい実業家だ。このカネは、味方となりそうな派閥の実力者に大口で渡し、あとは、味方、準味方の国会議員、敵派閥でも日頃個人的に大野さんと親しい議員に個別的に渡した。最近の言葉でいえば一本釣りだ。しかし実戦に入ると、想像しているようには、カネは使えぬもので、結局三億円のうち四千万円は使い残した。これは議員で大口の献金をしてくれた人たちに返却した。あの時の敗北の原因は、やはりカネだと思う。私の知るところでは、池田さんの方は大野陣営の倍、七億円くらい使ったのではないかと思う」

▽第六回総裁公選（37年7月17日）

岸・佐藤両派の支持によって政権を得た以上、池田勇人としては、この両派を優遇しなければならぬのは、当然のことであった。また、岸・佐藤両派も獅子の分け前を要求し、三派主流派体制を、当然のこととして主張した。

だが、この池田・岸・佐藤三派の蜜月旅行も、一年しか続かなかった。

第一次池田内閣の発足の時、自民党三役を、三派連合で独占し、左表のとおりこの体制は、一応三年間は続いている。

すなわち、第一次池田内閣は、池田派の益谷、佐藤派の保利、岸派の福田という三派トリオで党三役を占め、第二次池田内閣も、岸派の椎名を福田にさしかえて、三派三役体制を続け、三十六年八月の改造人事でも、池田派の前尾・岸派の赤城・佐藤派の田中というトリオで三派三役体制を維持している。三十七年七月改造で、政調会長が当時、池田派と佐藤派の両棲動物のようであった賀屋（後に佐藤派に定着）にさしかえているが、この時、田中は大蔵大臣の要職についているから、まだ表面上は三派三役体制は保たれていたといってよい。

	副総裁	幹事長	総務会長	政調会長
第一次池田内閣（35年7月）	なし	益谷秀次（池田派）	保利茂（佐藤派）	椎名悦三郎（岸派）
第二次池田内閣（35年12月）	なし	益谷秀次	保利茂	福田赳夫（岸派）
同第一回改造（36年7月）	大野伴睦（大野派）	前尾繁三郎（池田派）	赤城宗徳（岸派）	田中角栄（佐藤派）
同第二回改造（37年7月）	同	同	同	賀屋興宣（佐藤派）
同第三回改造（38年7月）	同	同	藤山愛一郎（藤山派）	三木武夫（三木派）
第三次池田内閣（38年12月）	同	同	同	同
同第一回改造（39年7月）	川島正次郎（川島派）	三木武夫（三木派）	中村梅吉（河野派）	周東英雄（池田派）

だが、池田体制下の自民党内の派閥勢力関係には、池田内閣発足後、一年にして、内容的に大きな変動が起りつつあったのである。その変化とは次のようなものであった。

①池田は長期政権を考え始め、次の政権を狙う佐藤が邪魔になった。岸・佐藤の方も、早くもしびれを切らし始め、池田の早期退陣を欲していた。

②池田は、佐藤が非協力に廻った場合の、党内の勢力均衡の維持を、〝党人派〟（大野派と河野派）との提携によってはかろうとした。そのため、三十六年七月の改造人事では、大野伴睦を副総裁に、河野一郎を農林大臣に起用した。これが、岸・佐藤を非常に刺激した。

③岸派の内部に亀裂が生じた。岸は自分の跡目に福田赳夫を考えるようになり、それが同じ岸派の川島

正次郎、椎名悦三郎、赤城宗徳らのグループと、岸・福田グループとの対立を招き、岸・福田グループは、反池田・反河野色を濃厚にし、川島グループは、池田と〝党人派〟との同盟の中に参加した。

このような、派閥の合従連衡の変動を決定的にしたのは、何といっても、三十六年七月の改造人事での、大野・河野の池田体制への参加である。

大野は三十五年の総裁公選で、一敗地にまみれた際、〝党人派〟による新党の結成をひそかに考えたことがあった。だが、大野派の内部は、個々の議員の選挙区での対立関係があって、とうてい新党に参加するような空気ではなく、また大野も新党結成に要する資金力もなかったので、大野は直ちにこれを断念している。

ところが、その後間もなく、河野が新党結成構想を打ち出した。三十五年八月十一日には、河野は同派の議員と個別に会って決意を求め、二六人は新党参加の決意を固めた、といわれた。この時、河野は中曽根康弘を幹事長に起用する方針を立て、一方、石橋湛山、松村謙三に参加を求めた。

総裁争いの興奮からすでにさめていた大野伴睦は、今や河野新党の封殺に廻り、河野を説得、ついに、新党結成を断念させるに至った（私が河野の死去の少し前に会った時、河野は「あの時新党を結成していたら、今日七〇人にはなっていただろう」と語っていたが、私の見方では、〝新党〟は出現しても、ジリ貧になっていただろうと思う）。

池田にとっては、政権をにぎりはしたものの、河野は時限爆弾的存在であった。だが、勝者としての池田は、勝ちにおごらず、敗者を抱擁して行く作戦に出て、まず、大野との脈絡をつけた。その連絡には大平正芳と秘書官の伊藤昌哉があたった（後に、大平と大野とは不仲になったが）。当時大野は、「岸・佐藤にはだまされたが、池田は私をだましたことがない。正々堂々と戦っただけだ」と語るようになっていた。私はこの話を大平及び秘書官の伊藤昌哉の二人に告げたが、間もなくこの二人は、かなりの誠意をもって、大野の処遇を池田に進言するようになり、この二人の努力によって、大野は再び池田首相の下で副総裁の地位を得たものである。これにむくいるため、大野は河野を池田体制の中にひきこむ努力をし、これと共に、大野、河野、川島、藤山の〝党人派四派連合〟が作られ、これが、佐藤、岸・福田両派に対する抵抗線となった。池田は、三十六年七月改造で、大野を副総裁にすえると共に、河野（農林）佐藤（通産）川島（行管）藤山（経企）三木（科学技術）の各実力者を閣内に並べ、いわゆる「実力者内閣」を作った。

一方、岸派の内部では、岸自身がそれまでの岸派の組織であった「十日会」の解体を宣言した。これは三十七年七月四日の、岸と藤山愛一郎との会談の席上、明らかにされたものであるが、川島正次郎は、翌五日の「十日会」総会の席上、解散することに反対を表明している。結局、この年の十月三十一日の同会世話人会の席上、岸は正式に解散を宣言し、これに対し、川島派は、十一月二十六日に、新派閥「交友クラブ」を結成した。

福田グループの方は、早くも、三十七年の一月三十日に、「党風刷新懇話会」を結成し、党内の反池田、反河野分子を糾合しており、福田は、三十六年七月の改造人事で要職をはずされてより佐藤内閣の発足まで、三年半にわたり冷飯を喰わされながら、倒閣工作を続けることとなった。

このような情勢下で、三十七年七月十四日の党大会で、第六回総裁選挙が行われた。佐藤栄作、藤山愛一郎は、この選挙に立候補の意志を表明し、党内の空気は風雲を呼ぼうとした。佐藤・藤山連合が出来れば、池田政権も前途多難とみられた。

これに対し、大野は藤山の出馬取止めを工作し、藤山と親しい御手洗辰雄も強く出馬中止をすすめたので、まず藤山は出馬をやめ、続いて佐藤も勝算なしとして、立候補をひっこめた。こうして、池田は、投票総数四六六票のうち、三九一票の絶対多数を得て、再選に成功した。投票状況は次のとおりだが、このうち七五票が池田批判票とみられた。

投票総数	四六六
池田勇人	三九一
佐藤栄作	一七
一万田尚登	六
岸　信介	五
藤山愛一郎	三
吉田　茂、福田赳夫	各二
高橋　等、正力松太郎	各一
無効	三八

▽第七回総裁公選（39年7月10日）

三十七年七月の総裁公選で、池田・佐藤の対立は決定的なものとなり、その直後の内閣改造では、河野（建設）川島（行管）は残ったが、佐藤、藤山、三木は閣外に去った。これによって党内の主流、反主流の色分けは、まったく塗り替えられるに至った。さらに、翌三十八年七月の改造では、河野が留任、佐藤は科学技術庁長官で入閣したが、総務会長に藤山愛一郎、政調会長に三木武夫が配され、党三役から、岸、佐藤両派は駆逐されることとなった。

こうして三十九年七月の総裁公選で池田・佐藤の歴史的な対決が行われたのである。勝敗が、投票のフタをあけるまでわからなかったという接戦は、三十一年の石橋、岸の対決以来、保守党の総裁公選史上二度目であった。

この総裁公選に先立って、三十九年五月二十九日には、党人派の巨頭、大野伴睦が世を去った。池田首相にとっては、大打撃であった。河野は大野に代って必死になって、池田のために多数派工作を展開し、億を超す巨額のカネを使った。これは、やがて池田から政権の禅譲を受ける狙いがあったからだ。三木武夫も自派をまとめて、池田を支持するよう、懸命な工作を続けた。三木派中で、早川崇一派のいわゆる「忍者連隊」十数名が、三木の意にさからって、佐藤支持に廻ったことは、三木にとって痛手であった。

〝親分〟を失った大野派の去就は、票数から見てキャスチング・ボートを握るとみられていただけに、その動向は各方面から注目された。大野派の幹部村上勇が、大野の生存中から親佐藤であったので、同派の分裂の恐れがあったからだ。しかし、大野派の幹部の船田中、水田三喜男、原健三郎らは、機先を制して、「大野の遺志は池田支持である」と称して、大野派の総会で池田支持の決をとってしまったことが、池田三選の原動力となった。それでも数人の〝忍者〟票が佐藤に投じられはしたが。

この時の総裁選挙も、三十一年、三十五年の総裁選挙に続き、またも大規模な金権腐敗選挙となった。佐藤派は、総裁選挙の〝正攻法〟を展開し、各派内の親佐藤、反河野分子を狙い撃ちにし、しまいには、当然池田支持と見られている人物にまで、工作のアミを広げた。佐藤派の幹部は、この時の勝負を、自派の勝ちと見、わずかに田中角栄（当時蔵相）だけが、「どうしても五票足りない」と言っていたという。

私はこの公選の二日前に、東京信濃町の私邸で池田首相と会い、票読みのつきあわせをしたことがあった。その時、私は、「現段階で池田支持は二四四票（結果は二四二票だった）と計算されるが、これはあなたにとって、きわめて危険な数字であると思う」とのべたのに対し、池田は、大きな確信に満ちた声で「二七一票は確実になっている」と語った。そこで、私は去就の明らかでない人物の名を約二〇名示したところ、池田は、一人一人の背後事情を説明してくれた。

しかし、池田の票読みは、二九票狂っていたことになる。池田は、後に「開票結果を知った瞬間、ゾーッとするのを感じた」と語ったというが、首相の権力の座にあり、あらゆる情報網を持ちながらも、こうした政争の勢力関係を正確に把握することは困難であったとみえる。

投票結果は次のとおりであった。

投票総数　四七八
有効投票　四七五
池田勇人　二四二
佐藤栄作　一六〇
藤山愛一郎　七二
灘尾弘吉　一
無効　三

（うち二票は白票、一票は単に「池田」と書いたため無効となった。）

有効投票の過半数は、二三八であったから、決選を待たず、池田の勝利は確定した。佐藤、藤山は、例の「二、三位連合」を作っていたから、この連合軍の票を合すると二三二票となり、池田との差が一〇票であったことになる。もし、池田が、五票を失っていれば、過半数にみたず、決選投票となったが、そうなれば、現職首相が、与党の総裁選挙で敗北するという史上はじめての珍事が起る可能性はきわめて大きかった。

佐藤がここまで池田を追いあげたのは、参議院で八十余票を獲得していたからである。参議院の多数が佐藤支持に廻ったのは、もし池田が三選されれば、次の政権は河野に行く恐れがあるとみたことのほかに、池田の内閣改造に対する不満が表われたもののようであった。三十八年七月の改造で、参議院出身閣僚に関し、参議院側の新人入閣の要求をおさえ、池田腹心の宮澤経企庁長官を留任させたことが、参議院の内部に大きな不満を残した、ともいわれた。

この総裁公選で、「忍者部隊」「一本釣り」「ニッカ・サントリ・オールドパー」などという隠語が登場した。「忍者部隊」とは、派閥の「親分」の意志や、派閥の決定に反して、ひそかにあるいは半ば公然と佐藤支持に走った人たちのことであり、「一本釣り」とは、反対派の中から一人ずつ票を買収したことをいい、ウイスキーの名をもじった「ニッカ」とは、一派からカネをとった人物、「サントリ」とは、三派から収賄した人物、「オールドパー」とは、こうして二派、三派からカネをとりながら、誰にも入れず、パーにした人物のことだ、といわれた。

これらの言葉は、現代の密室政治を象徴する。この時の公選ほど、国会議員の秘密会合のさかんだったことはない。各派とも、他派の動きや、忍者グループの活動を探知するため、あるいは料亭の玄関に立哨を立て、あるいは、芸者や女中を手なずけ、情報の収集に血道をあげた。私たち政治記者は、まのあたりに、腐敗政治の実態を見せられた。それは、あまりに生ま生ましい出来ごとなので、この実相のすべてを筆にできぬのは残念である。

ただこの時の金権選挙の一端を明らかにするのは、四十一年七月十八日の、「吹原事件」公判で、東京地方裁判所で行われた黒金泰美の証言である。黒金はいうまでもなく、三十九年七月公選当時内閣官房長官であり、池田派の総裁選挙の参謀として重要な役割を果した人物である。この法廷証言について、七月十九日付毎日新聞は次のように報道している。

「また同氏（黒金）は、三十九年七月の自民総裁選挙について、『池田派の金の動きはほぼ知っているが、選挙前は池田の楽勝だと思っていたので、ウワサされるような多額の金は必要でなかった。当時の政局を知っている人なら、二十億円もの金が流れたという話は変だと思うはずだ。いわれている金（二十億円）の約一割も使っていない。それらの金がどこから出たかは、政治資金規正法で届けてあるから、それを見てほしい』と述べた」

この証言のように、池田派は「楽勝だと思っていた」のは事実である。だから、私たちも池田派に関するかぎり、「二十億円もの金が流れたという話は変だと思う」のも事実である。だがこの証言を裏書きするのは、もし、勝敗がこの時の結果のようなスレスレのものだとわかっていたら、もっと巨額の金を使ったかも知れない、ということと、もうひとつ、二十億円の一割、つまり二億円近くは使われたという事実である。あえて「話半分」などと書こうとは思わぬが、レッキとした総裁選挙運動の最高参謀の一人の正直な証言として、この時の総裁公選の金権選挙的性格の一断面を如実に物語るものではあるまいか。

▽第八回総裁公選（39年12月1日）

自民党総裁、すなわち総理大臣をきめるための選挙が、買収、供応勝手次第という腐敗政治によって行われるということに対し、きびしい世論の批判が起ったことは、当然である。この世論の批判の前に、自民党は、何らかの他の方法を模索せねばならなくなった。それが、川島副総裁と三木幹事長による党内調整にもとづく、池田首相の後継者指名である。

この総裁争いに名乗りをあげたのは、佐藤栄作、河野一郎、藤山愛一郎の三人である。

藤山は三十五年の公選に池田勇人、石井光次郎と出馬して、四九票を集めたが第一回投票で落ち、決選では池田支持に廻り、三十七年には立候補を途中で辞退、三十九年には佐藤と「二、三位連合」を作って池田に対抗して出馬、七二票で敗れた。負けるときまっている争いに出るので、「総裁選挙に参加することに意義がある」という「オリンピック精神だ」などといわれながらも、勝敗を度外視して初心を貫いているのは、見事ともいえよう。

池田の引退による三十九年十一月の総裁争いには、反佐藤の立場で出馬したが、可能性としては、過去三回の総裁争いにくらべては、最も大きかったといえる。その理由は後述しよう。

この総裁争いでは、三者ともギリギリまで、自分の勝利を信じていた。総裁の椅子はひとつなのだから、残る二人は、誤算をしていたことになる。が、誤算の度合は、何といっても、河野一郎がいちばん大きかった。見方によれば、彼の何十年かの政治生涯を賭け、国の最高権力者を決定するこの総裁争いは、世にも馬鹿げた茶番劇であった。この茶番性は、保守政党の密室的性格から、必然的に結果したもの、ともいえよう。〝密室政治〟の名にふさわしく、今をもってしても、この時の総裁争いの内幕の全貌は明らかにされていない。明らかにはすることのできぬ秘事があまりに多かったからに違いない。

密室の主役は、むしろ財界の実力者たち、つまり、大企業経営者中の政治力の持主たちであった。小林中、水野成夫、桜田武らをはじめとする池田の強力なスポンサーであり、財界主流派といわれた人が、政権が河野や藤山に行くことを恐れ、佐藤に渡すべく、必死の活躍をしたようである。佐藤が渡米中の市村清（三愛社長）に国際電話をかけようとして、米国内の居所を探したというのも、市村が三木幹事長と親しいことから、市村を通じて三木を動かすことを狙ったためだ、といわれたことも、この総裁争いに財界人がどれだけ動員されたかを示す一例である。

佐藤は、あらゆるパイプを通じる池田への工作によって、池田が自分を指名するという確信をもっていた。一方、河野も、池田は必ず自分を指名する、と思っていた。藤山もまた、池田は佐藤と不仲であるが、他方河野に対する各方面の反対勢力はきわめて強いから、結局は、自分のところに政権はころがりこまざるを得ない、と考えていたようだ。藤山がこう思った裏には、後に書くような前尾の動きがあった。その頃前尾は、新聞記者に、「佐藤は悪魔の政治家だ」と語っていたほど、佐藤嫌いであった。河野が壁にぶち当れば、池田は前尾のすすめによって、自分を指名するだろうと考えていたのであろう。

佐藤の確信はかなり根拠があった。財界主流派の強力なバックがあったし、池田の側近ナンバー・ワンの大平正芳には田中角栄を通じるパイプがあり、大平が池田の病室の枕頭で反佐藤の池田を洗脳してくれる手筈であったし、三木幹事長の支持もひそかにとりつけ、最後まで表面上は河野支持であった川島副総裁に対する工作も、結局は成功した。

だが、そんなことは、知らぬが仏であったのが、河野一郎及びその幕僚たちであった。河野は、ただひたすら、自分が立候補していれば、いやでも池田は自分を指名せざるを得ない、と信じきっていた。

その根拠は、まことに薄弱なものであった。

河野のある有力な幕僚が私に語ったところによると、池田が三選した時の総裁公選で、河野が献身的に働き、河野筋から池田に巨額な献金をしたが、この時、池田が厚い謝意を表したことから、河野は池田は自分を指名してくれる、と思いこんだ、ということである。

また、河野が癌センターに入院中の池田を見舞った時、池田が河野の手をとって、それまでの協力の労を深く謝し、今までむくいることが少なかったが、次の総裁争いでは、河野を支持するとの意志表示をした、ということである。だが、池田側近筋が後に明らかにしたところによれば、この時、池田は河野を指名するとの言質を与えた事実はない、とされている。私が後に、河野の側近筋をただしたところでも、実際は、池田は河野を後継に指名するとはっきり言ったわけではなかったらしいが、河野の方は、後継指名の約束と受けとったことは事実である。池田の指名が下りる三日ほど前のことであった。

池田派の〝代貸〟格であった前尾繁三郎が、早朝六時頃、タクシーで、赤坂の衆議院議長公邸裏口に乗りつけ、ひそかに船田中議長と面談した。その趣旨は、佐藤には政権を渡したくないこと、そうかといって、党内の大勢は、池田をして河野を指名させるのは不可能となっていること、そこで、この際、河野が立候補を辞退して藤山擁立に廻れば、池田は佐藤ではなくて、藤山を指名する可能性が強まること、そこで、船田から河野に対し、その情勢を伝え、立候補を断念させてもらいたいこと……以上のようなものであった。船田は個人的に藤山と不仲であったが、この前尾の依頼に耳を傾けた。

その夜、船田は、ひそかに赤坂の河野の愛用していた料亭「福久谷」にまで行って、右の趣旨を伝え、河野を説得した。だが河野は一夜考えた結果、絶対に辞退しない決意をした。

船田はまた一方で、河野が辞退した場合、池田は本当に藤山を指名するか否かについて、一抹の不安を感じ、前尾にダメ押ししようとして、前尾の行方を探した。ところが、形勢が非なりと見たのか、前尾は総裁指名まで、その居所をくらましてしまった。私はこういう前尾の無責任な行動を見て、〈この人は、〝親分〟になれるような人ではないな〉と思ったものだ。

さて私は、船田が河野に会った二日ほどあと、総裁指名の二日前に、当時河野の選挙作戦本部になっていた東京プリンスホテルの一室に行って、河野と会い、彼が怒るのを承知で、立候補の辞退を進言してみた。つまり、前尾が、河野が下りれば、藤山で勝てるといっているのだから、この際一歩後退して、藤山をかついでみたらどうだ……とすすめたわけである。

これに対して、河野は卓を叩いて、次のように反論するのであった。

「池田はいやでも私を指名しなければならんようになっているんです。君は、私が下りれば、池田は藤山を指名する、といっているが、私が下りれば、池田は藤山を通りこして、佐藤を指名してしまう。池田は私には義理があるが、藤山には義理がないからね。いずれにせよ、君は前尾にだまされているんだ。前尾は、私に直接いわないで、船田さんを使い、ペテンにかけようとしているのだよ。私がこのまま、ずうっと立っていれば、池田はどうしても、私を指名せざるを得ないんです」

当るべからざる勢いであった。「それなら本当に結構なんですがネ」と私は言って、そこを引きあげた。

そのあと、船田中にあって、その旨を伝えると、船田はいったんは憮然としながらも、あとは笑って、

「結局佐藤の勝ちですネ。しかし、政治家は、負けるときまった勝負でも、負ける側を応援しなければならんこと

もあるもんです。亡くなった大野、池田との関係からも、我が派は河野を応援すべきでしょうね。あとは、静かに結果を見守るべきですよ」

と語ったものであった。官僚出身の秀才で、線が細いとの批評もあるが、船田という人は、意外にずぶとく、シンの通った所があるものだ、との感じを私はこの時受けたのである。

河野が実際にこの時立候補を辞退していたら、池田は果して藤山を指名していたであろうか。そう断ずる根拠は十分ではない。前尾としては、藤山指名のために、かなりの努力をしたであろうといえるだけだ。それにもかかわらず、もし池田が佐藤を指名した場合、前尾は河野のいうように船田を「ペテンにかけた」ことになったであろう。

河野が、最後まで立候補を辞退しなかった理由は、ひとつには、それまで三十一年と三十四年の総裁選挙で岸をかついで裏切られ、三十五年の選挙では大野をかついで犠牲を払ってものにならず、三十七年の選挙では池田のために働いて、今度また、他人のために自分を捨てるのは、ワリに合わない、という感情と、自分の年齢を考えたものに違いなかった。この辺で、生涯最後の勝負をしよう、と考えたに違いない。だからであろう、この敗戦のあとで、河野は自ら死期を知ったように側近者に形見分けをし、小田原に自分の墓を作り、間もなく世を去ったのであった。

この敗戦のあと、しばらくして、河野と会った時、その部屋には、彼の親友永田雅一と腹心の森清がいた。この二人が、河野に、もうそろそろ、池田を病床に見舞ったらどうか、とすすめていた。「裏切られた」思いの河野は、その時、首をタテにふらなかった。しかし、池田に対する悪感情は、あまり持っていなかったらしい。その証拠に、彼は私にこう力説した。
「池田はフルシチョフみたいなものですよ。大平正芳がブレジネフなんだ。池田の知らぬうちに、大平がお膳立てをし、無理矢理に、佐藤指名を押しつけたんだ」

＊　　＊　　＊

三十九年末の総裁公選が、保守合同以来はじめて、無記名投票の形をとらず、十一月九日の両院議員総会で、現総裁の指名を了承、十二月一日の党大会で、形式的に、これを事後承認したことの理由は、以上の経過でわかるように、①同年七月の公選が、あまりに醜悪な金権選挙であったことに対する非難と反省が起きたこと、②三候補が、いずれも話合いで自分が指名される、と確信していたし、同じことなら、あまり巨額のカネを使わずにすませたい、と思っていたこと。……の二点である。

こうして、十月二十五日に、池田首相が辞意を表明すると、翌二十六日には、自民党役員会と総務会が、三木幹事長と川島副総裁に、後継総裁の選考を一任、二十七日には、両院議員総会が、話合いによる選考を党執行部に一任……というように、この大茶番劇の筋書きが、トントン拍子にきまってしまった。この後、二十八日から三十日までに川島、三木の二人が、船田衆議院議長、重宗参議院議長を皮切りに、石井光次郎、松村謙三、岸信介、石橋湛山、吉田茂らの長老に会い、また佐藤、河野、藤山の三候補と個別会談し、三十一日には、党内各機関の正副会長や委員長らと会談、また在京参議院議員と懇談、引き続き十一月一日には政策審議会委員、二日には、当選一、二回の若手議員の意見を聞いた。これらの手順は、総裁公選という民主的手続きをやめたことの代償として、一見民主的な選考をしたという外見を備えるものであって、事実上は、陽動作戦に過ぎなかった。

実際の総裁選考は、三木、川島のほか田中角栄、大平正芳ラインを主軸としながら、財界の顔役たちが、裏でお膳立てを進め、政財界のトップレベルの少数者の密室の協議で、一切は決定されたものともいえる。

この総裁選出の方法は、公選よりもいっそう不快な後味をのこしたし、もう一度このような特殊な選出方法をとることについて、自民党内には、積極的に賛成する声は少ない。最近私が会って総裁公選制度についての意見をただしたところでも、佐藤体制の実力者、田中自民党幹事長は「議院内閣制の我が国では、制度上、現行の総裁公選制以外によい方法は考えられない。しかし総裁即首相であることからみて、有権者は国会議員にかぎるべきだ。（地方代議員を排除すべきだという意味）」と語っていたし、また佐藤首相の後継者の本命といわれる福田蔵相も、「他に変った方法はないかと思うが、公選以外に方法がない。総裁公選制が批判されるのは、制度が悪いのではなくて、やり方が悪いからだ。だから公選制を改めるよりも、代議士一人一人の姿勢をただすことが大事である。党風刷新を進め、党員の水準を高める以外には、方法がない」と、のべていた。

次の総裁の座を狙っているといわれるこの二人の実力者が、そろって、総裁公選制の維持を主張しているのであるから、次期政権争いは、やはり公選によって行われることになるだろう。この二人を含め、三木武夫、前尾繁三郎、藤山愛一郎といった次期総裁の候補者たちが、どんな作戦で次の公選（四十一年十二月の公選は別として）にのぞむであろうか、その総裁争いの展望は、再び後章でふれよう。

英国保守党の党首選出

第八回総裁選挙が、無記名投票を経ずに、少数党幹部の「調整」による前総裁の「指名」という方法をとったことは、近代民主主義の原理から考えれば、近代化への逆行である。このような逆行をあえてした理由は金権腐敗選挙からの脱却という強い要請もあったが、一面では、英国保守党の、旧来の党首選出方法を模範とする思想があったことは否定できない。

三十九年七月と十一月の総裁争いで佐藤を支持した三木派の早川崇が、その一年前に、R・T・マッケンジーの『英国政党論―英国保守党の党首選出過程と院外大衆組織の研究』を訳出し、自民党組織調査会で刊行したが、マッケンジーのこの書が、公選方式から指名方法への逆行についての、理論的裏づけに利用されたことは、無視できない。

マッケンジーは、この書の第一部「保守党内における権力」を、次のような保守党下院議員アーネスト・プレティマンの演説の一節を引用することから始めている。

「政党の偉大なる党首は、選挙されてできるものではなく、おのずから生み出されるものである。われわれが、党首を選び出すために、ものものしく会合しなければならぬ日は、党にとって最悪の日だ。党首はそこにいる。そしてわれわれは皆それを知っている」

この引用文に続けて、マッケンジーは「保守党組織の最も顕著な特徴は、党首に集中されていると思われる巨大な権力である」と書いている。英国の民主政治は、「民主的専政」といわれるほど、党首の権力が強い。一体、日本の保守政治家や非科学的な政治評論家には、英国の議会政治が、先進民主主義国の政治制度の範型であるとして、無批判に礼讃するクセがある。木下広居などは、そのような政治評論家の典型であり、また吉田茂もかつて新聞紙上に、実情を知らない英国保守党の礼讃論を書いたことがあった（37年7月7日付産経新聞）。吉田茂は、そこで、英国保守党にあっては、徹底した民主的方法によって、党首を選ぶが、いったん選んだ以上、党首に完全な独裁権を与えて、党員は文句をいわない。だから英国の政治は立派なのであり、日本の保守党もこれを範とすべきだ……という趣旨をのべている。

英国の保守党が、徹底した民主的方法で、党首を選ぶ……というなどは、まことに、デタラメも甚しいのである。英国の保守党が比較的民主的な方法によってその党首を公選するようになったのは、ついの最近のことであって、ディスレーリの昔から英国の保守党の党首は、前任者の指名もしくはごく少数の貴族の長老や権力者の密室政治の中できめられて来たのである。最近に例をとっても、一九五七年一月、イーデン首相がスエズ戦争の責をとって退陣させられたあと、首相指名権を持つ女王に助言するために、宮廷に参内したのは、サー・ウィンストン・チャーチルとソールズベリー侯の二人であり、二人の候補者マクミランとバトラーの中から、マクミランを選択したのは、英国一の名門セシル家の当主で、下院に議席を持たぬソールズベリー侯爵であった。

英国にあっては、日本と同様、多数党の党首は、同時に首相であるが、英国の官治主義的伝統のために、首相の任命は、党首の選出に先行して来た。ボナ・ロー、ボールドウイン、ネビル・チェンバレン、ウィンストン・チャーチル、イーデン、マクミランらは、いずれも、まず女王に指名された後に、当然に、党首に選ばれている。だから、多数党の党首は、女王の指名の結果決定されるのであり、我が旧憲法の大命降下方式と同様である。しかも、我が国が、大命降下すべき首相をきめるのが、元老、重臣といった少数の権力者であったのと、少しもかわらなかった。

このような、非民主的伝統に対する英国下院の陣笠議員の不満と批判は、近来俄かに高まり、プロヒューモ事件によって著しく指導力を弱めたマクミラン首相が退陣を余儀なくされた時、いち早く有力新聞が、陣笠議員にアンケートを求めてその結果、バトラー、ヘイルシャム、ヒューム、マクラウドなどに対する支持票数を発表して、党首公選制へのきっかけを作ったものだ。

ヒュームが選ばれた時の「密室政治」は、マクラウド（元保守党議長で当時ランカスター公領相）を怒らせた。マクラウドは、マクミランが、当時本命とみられたバトラーやヘイルシャムをしりぞけ、貴族のダグラス・ヒュームを後継者に指名したことを非難し、ヒュームの下につくことをいさぎよしとせず、閣僚と党役員の椅子を投げうち、「スペクテイター」誌の編集者になった。

マクラウドは、その直後、チャーチル元首相の息子であるランドルフ・チャーチルが、この時のマクミランの後継者選任を美化した著書『保守党の指導権争い』（『党首争い』の題名で弘文堂刊、中曽根康弘訳）を刊行したことに対して激怒し、自ら「スペクテイター」一九六四年一月十七日号に筆をとり、ヒューム内閣誕生の際の密室政治の内幕をバクロした。彼はこの論文の中で、マクミランとディルホーン卿が、閣僚多数の意見を無視し、国の最高指導権者を、個人的感情や、舞台裏の秘密工作できめたことを非難し、また貴族のヒューム伯爵のかつぎ出しを策した重要人物八人の中の七人までが、イートン校（貴族の名門校）出身であることを指摘し、次のように書いている。

「ヒュームには、最初から首相の呼び声はなかった。私が参加した十月十八日（注・一九六三年）の閣議では、十一人がバトラーを推していた。閣僚の意見をマック（注・マクミラン）に伝えたディルホーン卿は、われわれの意見に耳をかさなかった。特にヒュームが選ばれると聞いた時、閣僚はバトラーを中心にかたまり始めていた。そしてわれらはマックが最初からバトラーに反対していたことも、院内総務のレッドメインが、自分の地位を利用してヒュームを選ばせたことによると弾劾した」

このような「密室政治」の中から生まれた保守党党首ヒューム首相は、ついに国民的人気もわかず、党内からも叛乱軍が立ちあがり始めた。当時の影の内閣の蔵相（元商相）ヒース派の議員が、半公然とヒューム退陣の策動の火の手をあげたのは、ヒュームに最大のショックとなって、ついに一九六五年七月二十二日夜、下院で開かれた保守党議員総会の席上、引退の意志表示をするに至ったのであった。

ここでその後任党首を選ぶに当り、英国保守党は、史上はじめての党所属下院議員による無記名投票による党首公選制を採用することとなった。

この党首公選の方法は、第一回投票で、絶対多数をとり、次点者を一五％以上ひきはなした者が当選するが、当選者がない場合は、第二回投票を行い、それでも当選者がなかった場合は、第二回投票の上位三人にしぼって第三回投票をする。第三回投票では、投票者は、第一希望と第二希望を指定して投票し、開票の結果第三位の候補者の投票は、すべて第二希望に指定された候補にまわされる、というものであった。

この時の選挙は、ヒース、モードリング（前蔵相）、ポウエル（元保健相）の三人で争われた。その結果、第一回投票でヒースがモードリングを一七票引きはなして第一位をとったが、二位との差が一五％に満たなかったため、第二回投票に持ちこされそうになった。しかし、一五票しか得票のなかったポウエルがまず辞退し、続いてモードリングも決選で勝ち目なしとみて立候補を辞退したため、ヒースの当選が決定したものである。

この史上初の党首公選制は、英国保守党の近代化への金字塔として受けとられたことは次のような当時の我が国の新聞論調でも明らかである。

毎日新聞40年7月24日付朝刊＝「新党首はこれまでのように、ひとにぎりの〝キング・メーカー〟たちが決めたものを、党がうのみにするという形でなく、ことし二月、ダグラス・ヒューム氏自身が提案した方式にもとづき、下院議員の秘密投票によって決められる。その意味では、新党首は、保守党の歴史では、はじめての〝民主的に選ばれた党首〟となる。しかも、さらに重要なことは、こうした民主的な方式を採用したことによって、保守党の実権が、貴族階級を中心とする旧勢力の手から、中産階級の手に移行することである。戦後においてすら、保守党の党首は、貴族門閥によって独占されて来た。チャーチル、イーデン、マクミランの各元首相は、いずれも英保守党の最大門閥であるソールズベリー侯爵家か、マールボロ公爵家の縁者である。……こうした時代遅れの党首選出方式が大問題となり、保守党に対する中産階級のイメージを傷つけたのが、六三年十月のマクミランからダグラス・

ヒュームへの首相交代劇だ。……（そのとき）マクラウド、ポウエル両閣僚が辞表を叩きつけ、また党内の革新派はバトラー氏一本に候補をしぼって最後の抵抗を試みたが、前首相（党首）が党幹部と相談して後継者を決める慣習をうち破ることはできなかった。……こんどの党首交代が保守党の近代化、中産階級化への大きな一歩となることは間違いない」

読売新聞40年7月27日付夕刊＝「（前略）六三年十月の党首交代の際に、党の長老、指導者たちが、門閥を中心に勝手に選び出すという伝統的な、しかも時代おくれのやり方で、スコットランド十四代目の貴族ヒューム伯爵を党首に指名したことも、一般選挙民に清新なイメージを与えるという結果にならず、それがウイルソン氏の労働党に敗北した大きな原因のひとつだったと感じさせたのである。

そうした意味では、保守党史上はじめて下院議員の秘密投票という公選方式で党首を選んだことは、選挙民の保守党に対する古いイメージを変えさせる効果がある。……保守党の体質はどうかという点になると、やはり時代にマッチしないところも少なくない。古めかしい経済界の機構や慣習に対して、技術革新時代にふさわしい改革を加えることを怠り、所得政策や税制面でも手ぬるいとの一般の批判があった。昔ながらの〝大英帝国の栄光〟の夢にすがりつく者もあり、それがやがて時代感覚のはずれた大国外交を追って失敗する羽目となる。貴族中心の党首選任方式こそ、こうした保守党の体質を象徴するものであった。党首公選によって、党近代化に踏み出した現在は、このような党の体質を根本的に改善するまたとないチャンスを与えた……」

日本の保守党が、一九五六年来はじめた総裁公選制に対し、英国の保守党が党首の指名制をとっていることを引き合いに出して、これをまねて時代錯誤の指名制に逆行させた翌年、〝本家〟の英国保守党が、「党近代化」のために、史上はじめての公選を実施したことは、何とも皮肉なことではあるまいか。

第二章　人　気
——指導力と大衆——

——人に恐れられるよりも愛される方が良いのか、反対に愛されるよりも恐れられる方がよいのか。両者のうちいずれかを選ばねばならぬとしたら、愛されるよりも恐れられる方が、むしろはるかに安全であろう。（ニッコロ・マキャベリ『君主論』岩波文庫版一〇七頁より）

政権と人気

密室政治の中で、政権の座についた佐藤栄作が、国民の不人気に悩まされることとなったのは、無理ないことでもある。

四十一年六月の毎日新聞世論調査が、佐藤内閣の支持率が二八・八%という史上最低（崩壊直前の岸内閣の二八・二%）に近い結果を発表した時、同じ世論調査で自民党の支持率が四一%であったため、なおさらのこと、佐藤首相側近では、人気政策を真剣に考えざるを得なかった。この対策、つまり「人気浮揚策」として考案されたのが、いわゆる「内遊」であったが、この水戸黄門気取りの内遊でも、期待した効果はさっぱりあがらず、同年十月の毎日新聞の世論調査では、ついに二七%を割りこみ、二六・二%という史上最低人気を記録した。

現代の民主主義国の政党にあっては、党首は「政党の資産」といわれ、総選挙の勝敗に及ぼす党首のイメージの効果は、大きくなる一方である。だから、英国のような典型的な議院内閣制の国でも、その徹底した単純小選挙区制の故もあって総選挙に際しては、党首のイメージの大衆に対する影響が大きくひびくので、フランスの政治学者デュベルジェは英国の民主政治を直接民主制と規定しているほどである。西ドイツの小選挙区制と比例代表制との混合型の選挙制度下にあっても、党首のイメージが総選挙に与える影響は決定的であって、総選挙に当っては、街頭に、個々の候補者のポスターよりも、党首のポスターの方がはるかに多く貼られている。

近代の議院内閣制の国にあっては、党首がその地位を維持するためには、政党操縦と、大衆操作の二面のテクニックの行使に成功しなければならない。現在の我が国の保守党にあっても、党首（首相）が、その地位を得、かつその地位を維持するためには、党内派閥の操縦と、大衆操作による人気浮揚の両面のテクニックを行使しなければならない。

だが、このように、政権の維持のために、人気の浮揚が大きな要素となったのは、我が国では戦後の独立以後のことである。特に三十八年の総選挙で登場した党首のテレビ討論で、この傾向は決定的になり、以来、内閣総理大臣たる者はもちろん、政党の党首は、茶の間にひかえる国民大衆の前に、好ましい印象を与える風貌と弁論術の所有者であるということが、大きな条件となって来た。だが、この傾向はまだ過渡的段階にあり、政権獲得のためには党内派閥操縦のテクニックが、大衆操作のストラテジーに優先する傾向がしばしば表われる。

鳩山一郎は、健康上の限界もあって、晩年〝待合政治〟から足を洗った。したがって、彼が政権を維持したのは、政党と派閥の操縦よりも、むしろ、マスコミを通じる大衆操作の成功であった。また、それ故にこそ、その引退は、国民的人気の退潮というより、党内反主流派の多数化によるものといえる。岸信介は、党内の派閥操縦によってその三年余の政権を維持したが、国民的人気の低下によって、退陣を余儀なくされた。池田勇人は、側近に人を得たためもあって、党内の派閥操縦と大衆操作の両面で、程良い成功を収め、病気退陣までの四年半の長期政権を維持した。佐藤栄作は、現時点では、大衆的人気は最低線にありながら、強力な対抗者もなく政権を維持し得ているのは、一応党内の派閥操縦に成功しているからであるが、その成功の客観的条件は、池田勇人、大野伴睦、河野一郎らの強力なライバルの突然の死去に由来するところが大きい。

元来、明治以来の日本の政界指導者や、歴代首相には、現代的な大衆政治家のイメージを発見することは困難である。その理由のひとつは、首相の選定者が、元老、重臣といった宮廷的権力であり、いわゆる「大命降下」方式で内閣が作られたからであろう。もうひとつは、明治二十三年の最初の総選挙（有権者僅か四五万人＝総人口の一％）以来の制限選挙のおかげである。（総人口の二二％にあたる二十五歳以上の男子に選挙権を与える普通選挙制が実施されたのは大正十四年、婦人参政権が与えられたのは戦後である）。このため、日本の政界指導者が政権を獲得するためには、「大衆の人気」を得る必要はなく、元老重臣などの宮廷的権力にとり入り、その指名をとればよいのであって、すぐれた弁論とか、卓越した政治思想とか、大衆的人気を得るのに必要な諸条件はたいして必要ではなかった。

米国の日本研究の権威であるカリフォルニア大学のR・A・スカラピーノ教授は、この傾向について、次のように指摘している。

「日本社会は未だデマゴーグも指導者（ヒューラー）も生み出したことはないけれども（東条さえもこれらのカテゴリーには適合しなかった）それはまた西欧デモクラシーの信条をシンボライズするような政治的リーダーもしくはそのような型のリーダーシップも作り出していない。日本のリーダーたちは、大衆の精神と心とを統御する能力という基底の上に、受けとられたことはなかった。むしろ、大衆的演説や雄弁は、政治的エリートの大部分によって凡俗とみなされた。また独立的思想と行動も、拍手を受けなかった。リーダーの原型は、年齢教養品性によってきわ立った人間、多くのコネクションと複雑な背後交渉（ビハインド・ザ・シーン・ネゴシェーション）の能力を持った人物なのであった」（"Modern Political Party" edited by Sigmund Neumann. p.328）

このような伝統は、戦後も占領時代を含め、ある時期まで続いた。

東久邇は、敗戦後の混乱を鎮静するために、便宜的に皇室の権威を借りようとした結果登場したものであり、幣原・芦田・吉田らは、占領時代の特殊な条件下で、その外交畑出身という対ＧＨＱの渉外能力によって登場した人たちであって、国民的人気を湧かせるような近代的大衆政治家の条件を持つ人たちではなかった。この時代にあって、大衆政治家の資質を最も多く備えていた人物である片山哲にしても、クリスチャンであり、当時の「中道派」であるとみられた点で、ＧＨＱに気に入られていなければ、政権を得ることが困難であったであろう。

吉田茂の人気

岡義武教授は、近代政治家の大衆に対するアプローチの仕方について、二つの型があることを指摘して、「大衆をして彼に対する親近感を持たせることによって、大衆を把握するタイプの政治家」と「大衆に彼との間の距離間を強く意識させて、それによって、大衆の心をとらえるタイプの政治家」とに分類している（弘文堂刊『近代国家論』第二部岡義武「近代政治家のストラテジー」参照）。

岡教授は、後者の典型として、スターリンをあげ、彼についてくつろいだ姿の写真を見出しがたいことおよび私生活上の書簡が一通しか公表されていないことを指摘し、スターリン研究の権威ドイッチャーの「彼の過去の私生活を記述することは不可能である」との言葉を引用している。エリゼー宮の奥深くこもり、新聞記者会見をめったにしたことのないドゴールや、大磯の大邸宅にこもり、カメラマン嫌いで通っている吉田茂にも、この点では共通したものがある。

吉田茂が、政権の座についたのは鳩山一郎、古島一雄、松野鶴平らの密室の協議によってであり、また彼が長期政権を維持し得たのは、占領軍権力をバックにしていたからである。しかも彼が権力の座からおりたのは、造船疑獄に失望し、ワンマン独裁にあきた国民大衆の人気が、彼から去ったため、党内の叛乱軍にムリヤリに追われたためであった。

とはいえ、戦後歴代首相の中で、彼の政党及び国民に対するリーダーシップは強力な方に数えられているわけは何か。

吉田のリーダーシップは、その不人気さえをも逆用する狡猾な智恵の中から生産されたものである。吉田のカメラマン嫌いは有名であり、カメラマンに水をひっかけたエピソードは、今も人に記憶されている。

しかし、私が吉田内閣時代に彼の愛嬢麻生和子夫人から聞いたところによると、吉田は決して写真嫌いではなくてむしろ、カメラをいじくるのが好きであり、一時私邸に暗室を設けていたほどであるとのことであった。

私は吉田内閣時代、首相官邸詰記者として、吉田の身近をたえず観察する機会を持っていた。私の観察によると、彼の公開の席におけるカメラマンに対する叱責の仕方は、まったく計算されたものであるとの確信を持たざるを得なかった。彼は公開の場で、たいして苦痛になりそうもないような時ですら、ハンで押したように、カメラマンをどなりつけた。それは、彼にとって、一種の演説の技法であり、ジェスチュアであり、田舎弁士が荘重な表情で、卓上の水をのむ仕ぐさと共通した効果を、計算したものであった。

つまり、聴衆に対し、カメラマンを侮辱することによって一種の距離感を与えるという効果を計算していたのに違いなかった。聴衆に距離感を認識させることによって、自らを「強力な政治家」として印象づけ、その中から、自己のリーダーシップを生産するという方法をとったのである。

「フォトクラシー」という新語のあることで示されるように、現代のマスコミにおいてカメラの示す役割は大きく、特に政治家は、カメラの前に一切の抵抗力を失って、ただ笑顔とポーズを作らざるを得ないほどになっている。このような、「フォトクラシー」に対する敢然たる挑戦と征服によって、吉田は自らの指導者像を描き出し、押しつけたのである。

このようなタイプの政治家のテクニックは、危機の時代において有効である。占領下という異常な時代にあって、大衆が主体性を喪失しており、強力なリーダーシップを期待する心理になっている時、特にそのようなテクニックは効果的である。岡教授の言うように、「第二の型の政治家（注・大衆に距離感を与えることによって、大衆の心をとらえるタイプの政治家）が、大衆に与える距離感は、大衆に大衆自身が持たないところのものを、彼が所有していることを、暗示する効果を持ち得る。彼が与える圧迫感は、大衆の心理において、彼への信頼に転換され得る」（前掲書）のである。

吉田茂は、占領下という特殊な時代に、大衆の主体制喪失をとらえて、むしろ自己の大衆的不人気さえも逆用し、英雄的指導者として自らを大衆に投影させ、戦後の旧権力の崩壊、分散によって生み出された政治的真空状態の中に、「意志の強い、実行力がある、頼もしい指導者」というイメージを流し込み、一時期には、一種のカリスマ的権威を保ち得た。だが、このようにして生産されたカリスマ的権威は、崩壊する時も急である。独立後の安定期に入るや、国民にもあきられ、与党からも不用とされ、造船汚職事件を機に、吉田のカリスマは、急速に、音を立てて崩れ去ったのであった。

鳩山一郎の人気

独立後の安定期に入り、マス・メディアの発達と共に、大衆の政治的水準も徐々に向上して来ると、距離感を利用するリーダーシップの維持は困難となる。マスコミは、大衆と指導的政治家との間の、どんなスキ間にでも潜入し、密室の政治を温存するカーテンを、とり払ってしまおうとの努力を続ける。

鳩山一郎は、吉田とは逆のテクニックをとった。彼は、明らかに、「大衆をして彼に対する親近感を持たせることによって、大衆を把握するタイプの政治家」であった。

私が、吉田の身辺を担当するいわゆる吉田番記者であった時、新聞記者は、吉田の目にふれる場所に出ることすら、禁止された。しかし、私が、鳩山担当記者として、音羽の鳩山邸に出入りしている時、鳩山邸の内部は客間、食堂、台所に至るまで自由に往来でき、二階の書斎で鳩山とさし向いで話すことさえ、困難ではなかった。鳩山自身、「俺の家の廊下は道路と同じだよ」といっていたほど、私邸を開放し、恐らく彼のプライバシーの保たれたのは、寝室だけではなかったか、と思われた。「鳩山ブーム」の造出は、彼のこのような開放的性格によって、可能とされたのではなかったか。

鳩山が首相に就任して直ちに宣言し、実行したのが、護衛と大臣公邸の廃止であった。この何れも、事実上、それまでと大きな変化が起ったわけでもなく、財政上の負担が減少したわけでもなく、また警察当局は依然として人目につかぬように警護を続けていたのではあったが、このふたつの措置が「大衆との距離感」を除くために、絶大な効果をあげたことは、否定できなかった。鳩山は、大学卒業直後から始まった長い政治家生活を通じて、このような大衆操作のテクニックを、体得していたのであろう。

鳩山の裸の人間を見れば、かなりわがままで、カンシャク持ちのところもあったし、私の観察していたところでは、秘書にあたり散らすようなこともあった。家族と讃美歌を唱って敬虔なクリスチャンであるかのようなイメージを描き出したりもしたが、内実は女性関係で、有名な賢夫人を悩ましたこともあったようだ。しかし、彼は、大衆の目にふれるところでは、ほとんど完ぺきな演技者であった。が、そうした表裏の彼を知る誰もが、彼を二重人格者だとして非難したのを聞いたことはない。それは、彼の人を疑わせない開放的な性格のせいでもあったろうが、同時に、生れ落ちた時からの政治家として、その政治家としての演技が、技巧的作為を感じさせないほど、自然なものであったからでもあろう。

岸信介の人気

一私人として観察するならば、岸信介は、ユーモアもヒューマニティも備えた好感の持てる人物である。彼が幹事長及び首相時代に、彼を担当する記者としての私の見た限り、彼は秘書や側近に当り散らしたことはなく、頭の回転に常にゆとりを持っていた。厄介な問題で自室で激論を戦わせていた時でも、その部屋のドアから一歩外へ出た時は、平常の笑顔をとり戻していた。その間のムードの転換に、彼は一秒と要さなかったのではあるまいか。そうしたムードの転換の妙を身につけている政治家は、私の知る限りでは、きわめて少ない。

にもかかわらず、彼の大衆的人気がきわめて低かったのは、何のためだったのであろうか。

誰でもあげるのが、彼の過去の経歴である。東条内閣の閣僚として、太平洋戦争の宣戦の詔勅にサインしたこと。きっすいの官僚であり、商工次官時代の時に商工大臣小林一三に反抗して失脚せしめたこと。戦後はA級戦犯として巣鴨に収容されたこと。そうした過去の経歴の与えるイメージは、彼が大衆的人気をつかもうとする際に、大きな障害になった。

だが、もうひとつ無視できないのは、彼が「危機の政治家」を自負していたこと、もしくは自負せざるを得なかったことである。

吉田茂はサンフランシスコ条約を結んだ。鳩山一郎は日ソ国交正常化をなしとげた。いずれも平和への道であった。だが、岸が首相在任中の事業として、「歴史に残す」べく選択したのが、日米新安保条約、つまり軍事条約の締結であった。この軍事条約を成立させるためには、軍事的危機の可能性を宣伝せざるを得なかった。鳩山が「平時の政治家」としてのイメージを描き出すため、護衛の廃止までして、大衆との距離感をちぢめたのに対し、軍事条約の締結を使命とした岸信介は、いやが応でも、「危機の政治家」としてのイメージを投影せざるを得なかった。そのため、声なき大衆との間に、革新陣営によって作られた半暴動化した群衆が立ちはだかって、岸の身辺をとりまいた。そうして、護衛を廃止するどころでなく、彼は、何万という武装警官を動員し、ついには、自衛隊の動員まで考慮せざるを得なくなったのである。

岸信介が「危機の政治家」として徹するならば、また別の政治宣伝の技法があったかも知れぬ。すなわち、大衆との距離感を作り、これを逆用して、信頼感に転換させる、という例のドゴールや吉田茂の技法である。

だが、それを不可能にしたものが、三つある。その第一は、理論的に、もしくは潜在的に危機は認められても、実際上は、国民の現実感として危機が存在しなかったこと。その第二は、鳩山一郎が、総理大臣と国民大衆との間の距離感を、徹底的に除去してしまい、あらゆるマス・メディアが、その間隙を埋めつくしてしまおうとしたあとであったため、俄に、再び距離を設定しようとしても、それが不可能になってしまっていたことである。

その第三には、彼の政権の獲得および維持にあたって、その政治的環境は、大衆の人気よりも、党内派閥の支持を必要とする状況にあったことがある。鳩山一郎が、はじめて総理大臣になった環境は、多党制時代であって、彼は少数党、すなわち第二党の党首に過ぎなかった。第二党たる民主党の党首として、第一党たる自由党を野党に廻して政権をとり、政権を維持するためには、野党の支持ないし協力も必要であったが、それと共に何よりも大衆的人気を、国民とマスコミの支持を得なければならなかった。岸が政権をとったのは、保守合同後の二大政党制時代であり、しかも、大保守党の内側には、派閥政治が定着していた。彼は政権をとるためには、党内の多数派工作を必要とし、また、党内の多数派工作だけでこと足りた。換言すれば、党内の派閥操縦が、大衆操作より以上に、総理大臣への道程にとって必要であったのである。対派閥多数派工作は、少数の「実力者」の間の密室の政治として遂行された。鳩山の場合との、政権をとりまく政治的環境のこのような相違が、「人気」という面での、鳩山と岸との間で、あのように大きな差となって表われたのである。

去る四十一年八月改造に際して佐藤首相が、一時、内閣官房長官に故池田首相の側近であった宮澤喜一を起用しようとしたのは、佐藤内閣の不人気挽回をひとつの狙いとしたといわれる。その宮澤喜一は、岸政権の不人気を批判して、次のように書いている。

「岸さんは善意ではありながら、国民から離れた位置からリーダーシップを発揮しようとした。そこから国民と政府の乖離《かいり》が生じたのだというのが私どもの反省であった。……だから、池田内閣は意識的に、政治の主導権がギラつくのを避け、〝低姿勢〟といわれながら、強押《つよおし》し、悪押しをしないで、長期的な迂回作戦をとって、議会主義のルールをもう一度確立しようとしたのである」（宮澤喜一『社会党との対話』講談社刊）

池田勇人の人気

池田勇人は、岸信介と同様な「官僚政治家」である。しかし、池田には、岸と違った一種の大衆的人気があった。三十五年の総選挙で二九六議席、三十八年の総選挙で二八三議席と、二度の選挙で勝ち得たのも、彼が一種の人気を持っていた証拠であろう。その人気の秘密はどこにあるのだろうか。

鳩山が、ワンマン・吉田の、大衆との距離を利用するリーダーシップに対するアンチテーゼとして、「大衆政治家」として登場し、大衆との距離感を撤去して「鳩山ブーム」を生み出したように、池田も、岸の「密室政治」「権力政治」へのアンチテーゼとして、岸内閣時代の一種の危機感をとりはらい、「平時の政治家」に徹する姿勢、いわゆる「低姿勢」で登場したことが、人気の生れる第一の条件であった。それは、ある意味で、幸運であったともいえよう。

「平時の政治家」として徹するためには、当時の反主流派（現在の佐藤派、岸・福田派）からは、「何もしない池田内閣」といわれるほど、政治的対立を生むような問題は、ほとんどひとつもとりあげなかった。目立った政策としては所得倍増政策だけであった。また池田内閣の時にはじめた総理大臣と総評や同盟の幹部との会談も、泰平ムードを作り出すのに効果があったし、同時に、首相と大衆との距離感を除くのにも役立った。

池田はまた、鳩山をまねて、首相就任直後、二つの誓いを発表した、ゴルフをしないことと、待合料亭つまり芸者の入る料亭に行かないことであった。ゴルフも待合料亭も、一般に大衆とは無縁な高価な娯楽だという印象がある。このふたつのものとの絶縁を宣言することは、大衆との距離感をちぢめるのに、非常に効果的であった（酒の好きな池田は、宴会を断つことはできなかったし、「芸者の入らぬ」料亭にはさかんに出入りしたし、また私邸に一流料亭の料理人を出張させて、自宅で盛大な宴会をすることもしばしばだったから、実際にはどちらが経済的であるかは疑問ではあったが）。

池田が、党内の派閥操縦に力を入れなかったというのではない。だが、在任中二度の総選挙と、しかも、三十八年の総選挙で、史上はじめて、三与野党の党首によるテレビの立会討論会を経験したことが、池田をして、派閥に対すると同様に大衆に対しても、顔を向けざるを得なくさせた、ともいえよう。

この時の三党首テレビ討論は明らかに一九六〇年のケネディ・ニクソン両大統領候補によるテレビ大討論をまねた企画であったが、現代日本政治史上、特筆すべき事件ではあった。

このテレビ討論で、笑顔とユーモアのない西尾末広は、かなり損をし、その後の選挙でも敗北した。江田三郎は、その銀髪と、エロキューションのソフト・ムードで、大いに点をかせぎ、浅沼委員長の凶弾に倒れたあとの臨時代理として、書記長でいながら、事実上党首の貫禄をこのテレビ出演を通じて身につけた。この討論で、池田はユーモアやウイットを生み出す能力はなかったが、その生真面目な姿勢で、江田にひけをとらなかった。

総理大臣が、テレビを通じ、茶の間の大衆の面前で、野党の党首とわたりあうというこの新しい習慣は、我が国の政党の党首の適格条件に、新しいひとつを加えることとなった。これは知名度の低かったJ・F・ケネディが、ニクソンを破ったという歴史的事件を結果することとなった一九六〇年の米国二大政党大統領候補のテレビ討論が、アメリカの民主政治に、ある質的変化をもたらしたと同様な、歴史的意味がある。池田勇人は、このような事件に遭遇することによって、いっそう、大衆の存在を想起し、大衆民主主義に自己を適合する努力を強いられたのである。

私は池田の地方遊説に同行したことがあるが、彼はその演説の中で、トウフの値段からトマトやキャベツ、サンマやイワシの値段まで並べて、所得倍増政策のＰＲをしていた。彼はことさら、高遠な外交や防衛政策をさけ、総理大臣のイメージを、台所の家計簿とダブらせることによって、大衆との距離感を除き、大衆の心をとらえ、人気をかちとろうと計算しているようであった。その時、野党の党首が同じ日、同じ場所で、演説したのも聞いたが、彼は国際情勢と憲法擁護論に演説の焦点をしぼっていた。いずれが、投票に効果があったかは、判断する科学的方法がなかったが、ともかく、池田の大衆に対するアプローチの姿勢を示す場面ではあった。

一九二二年の英国で、首相ボナ・ローが癌に侵された時、その後任の首相（保守党党首）の本命であった外相カーゾンがむしろその強力な指導力の故にしりぞけられ、本人も意外とした蔵相ボールドウインが首相に選ばれたのは、「平穏《トランキリティー》」の継続を、大衆に対して印象づける上に、ボールドウインのような「パイプをくゆらしながら、どうしたら国家と同胞の男女とに一番役立ちうるかを考えるところの、陰険さや狭さや溢れる能力やを欠いた尋常な人」を必要としたためであった（神川信彦「民主的政治指導の基盤と現実」日本政治学会年報一九五五年より）といわれるようなその状況に、池田のおかれていた政治的環境は似ていたのではなかったか。

私は最近の政治家の演説やあいさつを耳にするたびに、必ず「時局重大な折柄」とか、「内外共に危機に面して……」とかいった修辞を聞いて、空々しい思いをするのである。どうせ、こんなことを言ったあとで、その夜は高級料亭で美人のヒザ枕……といったイメージが二重うつしになって来るので、なおさら空々しく聞えるのかも知れないが、このような演説の技法は、政治的水準の高まりつつある平和時の大衆の前ではあまり受けないのである。

佐藤栄作の人気

「どうも偉い人は寄りつきにくいとか、会って話してみるとそうでもないけどとか、そういうことでは民主主義は推進できない。私なども、なにもえらいわけではないけれど、顔の色が黒く、目がギョロッとしているので、なんとなく寄りつきにくいのかもしれない。顔のことは別としても、やはり相手に窮屈さを与えるようではいけない。この寄りつきにくさを早く除くことだと自戒している」

この一文は、佐藤栄作が、首相の座に上る約半年前に刊行した『今日は明日の前日』(フェイス社刊)という著書の中の一節である。ここでも、彼が、大衆との距離感を除きながら、大衆にアプローチしようという意欲が、一応は発見されるのである。彼が、「外遊」による人気挽回策をやめて、「内遊」によって「人気浮揚」をはかろうとして、この内遊を「水戸黄門の漫遊のような気持でやりたい」と語ったのも、その狙いは、大衆に対する距離感を除き、大衆に親近感を持たせる点にあったのであろう。だが、この「内遊」も、期待した〝佐藤ブーム〟を湧かせるには役立たなかった。この「内遊」の初日の記者会見の席上佐藤は記者団に向って、カンシャク玉を爆発させ、「こんな鳴物入りの内遊ならとり止める」と叫んだ。三〇〇人も押しかけた記者団に対して腹を立てたのであった。が、記者団は、政府与党首脳の、何十日も前からの、大々的な前宣伝によって、当然に動員されたものであって、佐藤の激怒したのは、記者団の数ではなくて、実は新聞の予告記事が、チョウチン記事でなく、批判的であったことに対してであったようだ。いずれにせよ、鳩山や池田とは対照的に、佐藤は、マス・メディアの扱い方が下手であった。党内人事に関しては、異常な技巧を示す彼も、大衆操作に関してはまったくの無策であった。

佐藤の不人気の原因のひとつは、本人も認めるように、その整い過ぎた容貌にある。あの容貌には、喜怒哀楽が表現されにくく、大衆の感性に訴えるような人間的な表情が表れにくい。しかし、もうひとつ、佐藤の不人気は、思想の表現方式——演説、あいさつ等を含めた——にあると思う。その特徴は、きわめて個性のとぼしいことと、総花的であることと、抽象的、観念的であることとである。

彼が政権をとるに当って発表した公約は、「社会開発」であった。このキャッチフレーズが発表された時、知識人階級もその内容についての理解に苦しんだ。この語の意味を解説する数十枚の雑誌論文を読んではじめて、その意味を理解したというのがほとんどであった。こうした総花的で、抽象的、観念的なキャッチフレーズは、鳩山の護衛、公邸の廃止、池田のゴルフ、待合からの袂別といった単純具体的、かつ感性的なキャッチフレーズにくらべると、その内容のいかんにかかわらず、宣伝効果はまことに乏しいものとなる。また、前出の彼の著書『今日は明日の前日』をひもといても、その各節の見出しは、「日本人であることの喜び」「若人よ、大きい夢を持とう」「善悪の基準を確立しよう」といった道学的な、観念的な言葉の羅列であって、一目して人の心をかき立てるような内容はない。

たとえば、前掲書の中の一節にこうある。

「いまの政治家には〝率先垂範〟という言葉はない。みずからはよくないことをやりながら、国民に対しては、善を強いるという傾きがある。かえりみて恥ずかしくないかといわれれば、まことに恥ずかしいといわざるをえない。はなはだ残念なことである。だから保守党も、今の時期において、新しく生まれかわらせていく必要がある。筋金を入れる必要がある。それには善を進めていかなければならない。善を進めるということ、そこに保守党の哲学がある」

この一文が、具体的に何を言っているのか理解できる人は少ないだろう。「まことに恥ずかしい」というのが、誰のことを言っているのか。佐藤栄作個人の過去と現在について言っているのか、保守党全体について語っているのか。前者であるなら、自民党の〝実力者〟としてこの一文は迫力を持って来るのだが、どうもそうではないらしい。というのは、後段で、「だから保守党を新しく生まれかわらせ、筋金を入れる必要がある」としており、「恥ずかしい」のは、誰かによって筋金を入れられなければならない「保守党」のことであると読みとれる。では誰が保守党を生まれかわらせ、筋金を入れるのかわからない。こうした所に論理のあいまいさと混乱とがある。それでも「筋金を入れる」方法として、何らかの具体策があるならば、この一文は生きて来るだろう。が、その方法として提案されているのは、「善を進めて行くということ」だ、と言う。つまり、この一文は読めば読むほど、主客の順序がわからなくなり、ますます抽象的・観念的になって行くのである。

この一文は、一例に過ぎないが、このような抽象的、観念的な表現方式が、彼の演説、あいさつ、対談などに共通して見ることができる。これは、彼のリーダーシップが、後述するように「官僚主義的リーダーシップ」の典型として、きわめて散文的で冷ややかであり「大衆の心理や、社会のメカニズムを構成する個々の生きた人間に対する感覚が稀薄である」（篠原一『現代の政治力学』みすず書房刊）からであろう。

彼が首相の地位についてからあげた第一声は、サンケイ・ホールの自民党員に対する演説会であったが、それを傍聴に行った私の見たのは、聴衆の半分がアクビ、居眠りをし、いよいよ真うちの首相の演説の最中に、退席者が、相次いだことである。鳩山首相の演説会の時には、このようなことは、一度もなかった。

藤山愛一郎が、私たち記者仲間との会合で、佐藤栄作について、こう批評したことがある。「池田さんとさしで会って議論をする時、私と池田さんとは、しばしば政策的に対立したが、池田さんは、真剣に私に反論した。意見の対立はあっても、私は手ごたえを感じ、満足した。しかし、佐藤さんとさしで会って論議しようとしても、佐藤さんは横を向いて書類をいじったりしながら、まともに私に反論しようともしないから、手ごたえがまったく感じられない」

こういう傾向は、人物の性格にもよる。このような性格が、国の最高指導者として適格であるか否かについては、即断することはできない。演説の巧拙や対人応対術だけが、国の最高指導者の必要かつ十分な資質ではないからだ。しかし、近代政治家としての〝党首〟が〝政党の資産〟だといわれる場合、この資産内容には、このような対人的表現技術は、かなり大きなウエイトを占めるものである。

篠原一教授（東大政治学）は、現代政治におけるリーダーシップを類別し、その典型的なものとして、民主的リーダーシップ、全体主義的・投機主義的リーダーシップ、権威主義的リーダーシップ、官僚主義的リーダーシップ、〝ハラ〟によるリーダーシップ、をあげている（前掲書）。

彼によれば、「民主的リーダーシップ」とは「指導者が状況に適応した創造的なプランを作ると共に、これを実行し得る能力を持っていること、及びこの過程において、指導者が常に大衆と交流し、いわゆるフィードバックすることが必要とされる」。一九三〇年代のルーズベルトのリーダーシップは、この型だという。

これと対照的なのが「全体主義的リーダーシップ」であって、いうまでもなくヒトラーらのファシズムがその代表型。全体主義的リーダーシップは「常に緊張によってのみ支えられていたので、緊張の拡大再生産、いわゆる〝恒久革命〟はそのレジームにとって必須なものとなり、ついに戦争による敗北によって破産せざるを得なかった」

「権威主義的リーダーシップ」は、多元主義であり、静態的である点で、「全体主義的リーダーシップ」と違っているといわれる。ドゴールが代表型であるが、ドゴールは「大衆との間に距離をおき、寡黙のポーズをとることによって、意識的に権威の再生産を行っている」。ドゴール自身も「威信は遠い存在であることなくして存在しない」とか「おしゃべりの中で、偉大なことは達成されたことはない」と語っている。新聞記者会見を嫌い、マスコミを遠ざける点で、ドゴールと吉田茂は似ている。しかし、ドゴールの登場は、アルジェリア戦争の危機によって可能になったのであり、客観的条件の異なる場所で、寡黙のポーズをとっても、権威の再生産はできない。吉田の権威主義的リーダーシップは、結局は権威の縮小再生産となり、ついには失脚した。篠原教授の分析によれば、

「現代における権威主義的リーダーは、それのみによって、政治を運営することはできない。現代は社会全体が官僚主義化しているからである。しかも特にフランス共和国においては、元来強力なリーダーシップが忌避されてきただけ、テクノクラシーによる匿名の支配の伝統が強い。その結果、ドゴール体制は、ドゴールの名の下における時代錯誤的王制とテクノクラシーの支配の結合という特徴を持つ」。

そこで、次に「権威というキャップを持たない、むき出しの官僚主義的リーダーシップ」が紹介される。「官僚主義的リーダーシップには、新しく状況を切り開くという積極性が乏しい。社会の進展に歩調を合せ、しかも、現存の社会の機構に従って、問題を処理するのである。こういう意味で、このリーダーシップは、極めて散文的であるのみならず、この型のリーダーは、社会をメカニズムとしてみる傾向が強いので、そのリーダーは、たとえ誠実である時も、極めて冷い。大衆の心理や社会のメカニズムを構成する個々の生きた人間に対する感覚が稀薄なのである」。このような型のリーダーシップとして、先に佐藤栄作をあげた。篠原教授は、官僚主義的リーダーシップを、「状況の差」によって二つに分類し、「恐慌などの結果、社会が解体して行く状況にあらわれる場合」と「好況下に社会がノーマルな発展をする場合」とに二つの型をみている。前者の例としては、ワイマール共和國末期のブリューニングをあげ、後者の典型として、池田内閣をあげている。そして、第二次大戦後には、社会調整のテクノロジーが広汎に蓄積されているだけ、官僚的リーダーによる権力の操縦はやり易いことを指摘している。

最後にあげられる型は、「非西欧型のカルチャーをもった国におけるリーダーシップ」として「〝ハラ〟によるリーダーシップ」である。だが〝ハラ〟とは何かとなると、きわめて不分明である。〝ハラ〟のある人間が頼もしく思われるためには、「状況が合理的ルールに従って動かず、不安定であること、および、そういう事態にあって臨機応変の処理がとれること」のふたつの条件がなければならない、とされる。〝ハラ〟のある人間は一種の〝カリスマ〟とも見られるが、カリスマとの違いは、「①カリスマは、自己の行動によって積極的に状況を切り開いていく人間であるが、〝ハラ〟のある人間は所詮、状況まかせである。②カリスマは複数ではあり得ず、権力を一手に集中するが、〝ハラ〟のある人間は複数である」。の二点に集約される。そして「〝ハラ〟には一定の〝射程距離〟があるので、結局、個々の〝ハラ〟のある実力者のまわりに、派閥が生ずることになる。かつ、〝ハラ〟のある実力者の間の取り引きは『四畳半』的な密室政治として行われるから、『裏切り』もあって、『証文』さえも、あてにならない」。

こうして、我が国の保守政党の実力者のリーダーシップには、〝ハラ〟〝実弾〟〝官僚制〟の三つが、程度の差はあっても、綯合わされており、このうち〝ハラ〟は、特殊日本的要素とされる。このように分析した上で、篠原教授が、自民党の実力者のタイプを次のように分類しているのは面白い。

官僚・経済派＝池田勇人
官僚・政治派＝佐藤栄作
党人・カン型＝河野一郎
党人・ハラ型＝大野伴睦

待　機　派＝三木武夫
文　人　派＝松村謙三
異　端　派＝石橋湛山

これに筆者が最近の新興実力者を補足するならば、田中角栄は党人・カン型であり、福田赳夫は官僚・政治派であり、前尾繁三郎は官僚・経済派であり、藤山愛一郎は待機派・文人派・異端派の混合型であるといえよう。

現在、我が国のおかれている国内政治の環境は、政治的にも経済的にも外交的にも安定期にあって、静態的であり、大衆は危機や緊張を嫌っているから、全体主義的リーダーシップを嫌っている。また、マスコミの発達と、鳩山政治以来の、政治家と大衆の距離の短縮によって、今さら寡黙のポーズや距離の感覚によって支えられる権威主義的リーダーシップも生存の余地がない。かといって、民主的リーダーシップを発揮し得るような健康なリーダーはまだ登場していない。結局、官僚型リーダーが中心に位置し、〝ハラ〟や〝カン〟に頼るリーダーがこれに追随している形である。官僚型リーダーであった池田勇人は、〝ハラ〟型〝カン〟型のリーダーであった大野伴睦や河野一郎を使うことによって、その散文的で冷たいリーダーシップを補完しようとしたが、同じ官僚型リーダーである佐藤栄作は、こうした党人勢力を嫌って排除する傾向にある。

大野伴睦・河野一郎の人気

河野一郎が突然世を去った直後、我が国の各階層で、「河野さんに一度政権をとらせて見たかった」との声が聞かれた。私どもも、タクシーの運転手などに、よくそういうことを言われたものである。河野には、そういう国民的人気があったことはたしかである。河野の生前、佐藤内閣の誕生後のＮＴＶのテレポールでも、河野の人気は、佐藤首相を上廻っていた。大野伴睦も、同じ種類の人気があった。池田内閣の人気も、こういう〝党人派〟の実力者をうまく使っていたところにあったように思う。

河野や大野の人気は、彼らの人間としてのイメージが大衆との距離感をちぢめるものであったからであろう。大野の特色ある顔、まるい目玉に赤い鼻は、大衆に親近感を与える効果を持った。庶民的な俳句の愛好者であったことも、大衆に親近感を与えた。河野の容貌も、左右の目が著しく不揃いである点の効果もあったし、ドスのきいたベランメエ口調は、一種浪曲調のひびきがあって、大衆の耳に入り易かった。この両者の長所は、大衆の心理や、社会のメカニズムを構成する個々の生きた人間に対する感覚が濃厚であったことである。

この二人の発言は、常に具体的、現実的、感覚的であった。水キキンになれば、期日をきって、取水工事を完成させる、というし、芸術家の作ったオリンピック映画に対し、自分の見た感覚をそのままに、記録性がないからダメだ、という。「善をすすめる」とか「若人よ、大きい夢を持とう」といった空漠とした抽象的な言葉は、こういう政治家の口からは出て来ない。こういう政治家の長所は、決断の速さである。それが何となく「頼もしい」という感じを与える。秘密主義を嫌うというより、生来秘密を保つことができないから、相手に猜疑心を持たせない。佐藤栄作が徹底的秘密主義者で、彼を担当する政治記者に「淡島（佐藤の居住地）に特ダネなし」と嘆かせたのに反し、大野や河野は、政治記者にとっては、政界情報の宝庫であった。

だが、他面、こういう政治家はハラとカンに頼るから、その政治行動には、しばしば非合理的なものが伴う。静態的な社会にあっては、支配層からみれば、こういう政治家は、逆に不安であり、危険である。だから、大野も河野も、財界主流派から嫌われる。嫌われるから、本人も反撥する。私は大野が池田と総裁公選で争っている頃、彼が大企業の経営者と会合したのを傍聴したことがある。この時、彼はあいさつの中で、「諸君は常日頃、官僚政治家の池田や佐藤にばかり献金している。だから、私が政権をとったら諸君のような財閥を弾圧する」と喋ったのを聞いたことがある。当然のこと、列席した財界人は、その総裁公選で、ことごとく池田を支持した。そして、政権の帰趨は、大衆の人気ではなく、財界多数の支持によってきまるのであるから、勝敗は自ら決したのである。

人気の危険性

「宣伝を巧みに、継続的に行えば、国民に天国を地獄と思わせることができ、また逆に地獄のような生活を天国と思わせることもできる」

と、ヒトラーは『我が闘争』の中で書いている。事実、ヒトラーは、地獄を天国と思わせ、天国を地獄と思わせ、六〇〇万人を殺りくするという野蛮行為を難なく遂行した。大衆に対する政治宣伝の技術の発達は、多くの社会学者や政治学者を「大衆」に対する深い懐疑に導いている。マックス・ウェーバーも、政治家の大衆操作の技術が、「コブデン（1804～1865）のような理性に訴える時代から、グラッドストーン（1827～1898）のように、表面上は何の誇張もなく〝事実として語らしめる〟技術者の時代を経て、現代に至っては、大衆を行動に駆り立てるために、往々純粋に、感情的に、救世軍でも使用するような手段に変化して行った」とのべ、そのような最も新しい段階を、「大衆の感動性を利用することにもとづく独裁」と呼んでいる。我々は現代のこのような型の独裁をスカルノ、カストロ、毛沢東らの中に見出すことができる。全体主義的リーダーシップにとって、このような、政治宣伝は不可欠の要素である。このような悪魔の技術の崩芽を見たマックス・ウェーバーは、大衆民主主義下の政党の発展について、批判的分析をしているのは当然であろう。彼は政党の発展段階を、貴族の従者集団——名望家政党——人民投票型政党として規定している。ナポレオン・ボナパルトからヒトラーに至る人民投票による独裁の特性を追及した彼が、ヒトラーが政権をとる前に病歿したことを考えると、炯眼であったといえよう。

社会学上、「大衆社会」という語が重要な概念になって来たのは、一九三〇年代、つまりファシズムの興隆によってである。「大衆社会」が、十九世紀の社会形態と区別して認識されるのは、資本主義の発達と共に、機械技術が進歩し、生産力が飛躍的に増大し、産業組織が大規模に合理化された反面、人間が無定形な集合の中にほうり出され、人間と人間とを結びつけていた中世的な第一次的な絆が切断され、孤独や不安や無力感にとらわれる結果、非合理性を生み、衝動的、激情的な性格を濃くして来たからである。マンハイムは、このような傾向について、大都市の大衆は、有機的に結合され、かつ比較的型の小さい集団の中で固く団結しているよりも、はるかに暗示や制御を欠く衝動の爆発や、心理的変化にかかり易い傾向を持っている。このように、近代の産業的大衆社会は、社会においてのみならず、個人的生活においても、もっとも自己矛盾的な行動様式を生む傾向がある、とのべている。

こうして、一方で、不安で孤独で、衝動的になっている大衆層の増大があり、他方で、少数者の掌中にいよいよ集中する高度の近代技術によって、管理組織は巨大化して、多数の大衆を自由に動かす機構組織が発達し、発達したマス・メディアは、不安で無力感にとらわれた大衆を支配し、操作するためのきわめて有効な手段となっている。

マスコミの発達が、大規模な選挙に、ほとんど決定的とも思われる影響を与えた例は、一九六〇年の米国の大統領選挙に見出される。一九六〇年の有名なケネディ―ニクソンの四回にわたるテレビ大討論は、ジョージ・ギャラップ博士の調査によれば、その中一回もしくは四回を見たアメリカ人の数は八五〇〇万人とされている。NBCの調査によれば、その数字は一億一千五〇〇万人といわれ、CBSは一億二〇〇〇万人だとしている。そしてエルモ・ローパー博士の全米にわたる標本抽出の調査によると、投票者の五七%が、テレビ討論が彼らの支持決定に影響を与えたと考えており、他の六%が、つまり四〇〇万人以上の投票者が、テレビ討論のみによって彼らの投票を決定したという。そして、この四百万人の投票者の中、二六%（約一〇〇〇万人）がニクソンに投票しており、七二%（約三〇〇〇万人）がケネディに投票した、という推論が出されている。この調査がかなり正確なものだとすれば、ケネディの得票中、二〇〇万票は、テレビ討論のおかげで、ケネディの掌中に入ったものといわねばならない。そうなると、一般投票で、ケネディはニクソンを、僅か一一万二〇〇〇票しか引き離したに過ぎなかった事実を考えると、世界の運命の決定権の半分を持つといわれる米国大統領の選択は、両候補者のテレビ討論によって大衆に与えた印象ないし影響力によって決定されたということができる。

では、そのテレビ討論は、どのようにして行われ、どのようにしてその影響力が行使されたか。

T・H・ホワイトは、そのピューリッツァー賞受賞作『大統領への道』（拙訳・弘文堂刊）の中で、このテレビ討論について、心にくいまで精細な分析を試みている。彼はその中で、ニクソンの失敗の原因のひとつとして、服装とメーキャップをあげている。

ケネディは、第一回の討論の日に、彼の着て行った白いワイシャツが、テレビ・スタジオの背景と対照上、反射して悪い効果を与える、というので、急ぎ秘書をホテルにやって青いワイシャツを持って来させ、着替えている。一方ニクソンの方は、ホワイトによると、午後おそくなってヒゲが生えた時に、男性がそのひげをかくすために塗る白粉の一種である「レイジー・シェイブ」という肌色のパンケーキをつけていたのだが、テレビ出演中に、そのレイジー・シェイブが、汗のためシワがより、画面のニクソンに逆効果を与えた。ニクソンは、元来、白い、すきとおった皮膚の持主である。普通のカメラ写真なら、この透明な皮膚をきれいにうつし出す。しかし、テレビ・カメラは、X線真空管の同類であるオーシコン真空管によって、電子工学的に投射されたものであり、このカメラによると、ニクソンのすき通った皮膚は、ほんの少しの毛ののびをも映し出すのである。この結果、テレビに現われたニクソンの顔は、目は暗くくぼみ、あご、ほほなどは、緊張のあまり意気沮喪したように見え、一般に彼の顔は、暗い、陰欝な人間として、数千万の大衆の目に映ったのである。さらに、青いワイシャツとダーク・スーツを着たケネディの映像がくっきりと映ったのに対し、明るいグレイの背広を着たニクソンの輪郭は、すっかりぼやけてしまった。このような、映像効果が、この大国の最高指導者の選択にあたって、大きな影響を与えた事は、多くの学者によって認められているが、そうとすれば、メーキャップの技術の巧拙が、政権の帰趨を決定したということになりはしまいか。さらに、その討論の内容について、T・H・ホワイトは次のように指摘している。

「テレビもラジオも、本性から沈黙と〝死の時間〟を嫌う。経験の永い新聞記者や研究者は、困難な質問に対する考え深く、適切な答えは、多くの場合、長い間の会話の中断の後に出てくるものであること、またその中断が長ければそれだけ、光彩のある考えが出て来ることを知っているのだが、しかし、電子工学的マス・メディアは、五秒以上の会話の中断を許さないのである。放送中の三十秒の沈黙の中断時間は、余りに長たらしく、あきあきするほどに思えるのだ。それ故、二分半の応答をやりとりすることによって、両候補者は、テレビ・カメラと視聴者に反応することしか出来ず、考えることはできないのだ。そして、この時間では、裸の考えの断片と、生の事実の一端をのべることしか許されない。……すべての問題は、十分論争されずに、二分間の答弁の中に、確実な事実と、確固とした確信となって片づけられてしまった。ゆっくりと、反省や沈思黙考にふけったり、決断の前にゆっくりと質問するために時間をおくことは、どちらの人物にとっても不可能であった。そうすることは、指導者の内なる資質そのものだったのだが」

一九六〇年の大統領選のしばらく後で、私は訪米して、各方面の専門家と会って、テレビ討論の効果と意義について聞いて歩いた。その時、元共和党全国委員長のレオナード・W・ホール氏も、「ニクソンの負けたのはテレビのためだ。しかも負けた理由は、メーキャップの失敗のためだ」と語っていた。またカリフォルニア大学のスカラピーノ教授は、「あのようなテレビ討論は、廃止すべきだ。米国の最高指導者の選択が、あのような皮相浅薄な論争によって決定されるのは忍び難いことだ」と語っていた。さらに、ミシガン大学のミラー教授は、「米国の大統領選挙の方法は、一九六〇年以来商品販売の宣伝とそっくりになってしまった」ことを強調していた。一方、ケネディびいきの、インディアナ大学のラベス教授のように「今までニクソンを見たこともなくて支持しようとしていた人間が、あのテレビを見ることによって、ニクソンが悪者であるということを認識した点で、非常によい効果があった」との声もあったが。

D・J・ブーアスティン教授は『幻影《イメジ》の時代』（星野郁美・後藤和彦訳・東京創元新社刊）の中で、やはり、この一九六〇年のテレビ討論をとりあげ、次のように最も否定的な解釈をしている（同訳書五〇頁参照）。

「四日にわたって放送されたこの番組は、放送会社がもったいをつけて独善的に広告したが、国家は大問題を、取るに足らない次元に引き下げたという点では大成功であった。この番組は、〝四十万ドルの質問〟と呼ぶのにふさわしかったかも知れない。（賞品は四年間にわたる年俸十万ドルの仕事）。この番組は、それがいかにして製造され、なぜ人々を魅惑し、またアメリカの民主主義にどんな結果をもたらすかを明らかにする、疑似出来事 Pseudoevent の臨床的実例となった。――偉大なる対論《グレイト・ディベイト》は発端においては、政治家とニュース製造家との混乱した合作であった。大衆の関心は、照明、メイキャップ、討論の規則、メモの使用の是非といった疑似イベントに集中した。大衆の関心は、番組で実際に語られた内容よりも、演技そのものに注がれた。――この討論のドラマは、多部分見せかけのもので、本来の、しかも忘れ去られてしまった問題、すなわちどちらの候補者が大統領としてより適任であるかという問題とは、きわめてあいまいな関連しか持っていなかった。強力なライトに照らされながら、ノートもなしに、この瞬間まで知らされていなかった質問に二分三十秒で解答するという能力と、大統領として多勢の顧問の意見を参考にしながら長期にわたる公共問題について慎重な決定を下すという能力との間に、たとえ、いくらかの関連があるとしても、それは非常に不確かなものに過ぎない。米国の歴史上偉大だったといわれる大統領は（フランクリン・D・ルーズベルトを別にして）第一の種類の能力においてきわめて劣っていたが、これに対し、最も悪名高い扇動政治家たちはきわめてすぐれていた。――テレビを見ている聴視者は、思慮深い人によって研究された問題についてではなく、両候補者のテレビ・カメラの前での演技力について判断を下すことを余儀なくされた」

我が国でも、昭和三十八年に登場した三党首テレビ討論が、選挙戦のヌーベルバークとして脚光を浴びた。が、我が国の場合、このテレビ討論の効果は、かなり積極的に評価されており、米国におけるような否定的評価はほとんどない。その主な理由の第一は、我が国の政界分野が、テレビの影響によって政権が移動するほど流動的でないこと、その第二は、アメリカのような直接民主制でなく、議院内閣制による問接民主制をとっているからである。

そこにこそ、また我が国の政治家の〝人気〟の持つ意味の、欧米の直接民主制のケースと本質的な差違がある理由が存在する。ここで、注釈を加えておく必要のあるのは、英国が我が国と同じ議院内閣制をとっていながら、実質的には直接民主制的性格が強いことである。それは、我が国の二大政党制は、実は一カ二分の一政党制といわれもするように、保守の半永久的独裁となっており、総選挙による政権の交代が、保守合同以来、長期的に不可能になっているのに比し、英国の二党制は、その単純小選挙区制と、政策の近接性とにより、総選挙による大幅な政界分野の変動と政権の移動が可能であり、したがって、党首の〝人気〟が、その政党の勢力の消長に非常に大きな影響力を持ち「党首は政党の資産である」とまでいわれるのである。

これに対し、中選挙区単記非移譲という選挙制度をとっている日本では、各国会議員の選挙は、実は党の組織によって行われるのではなくて、個々の議員が日頃培養し、組織している個人後援会によって遂行され、かつ、勝敗を争うのは、多くの場合、対立する政党の候補者の間ではなくて、同じ政党の候補者同士である。こういう選挙では、党首や政党の人気はあまり影響力はなく、候補者個人の日常的選挙運動や資金力、中央で得る役職や、せいぜい所属派閥の親分の力の入れ方で勝敗が左右される。だから党首のテレビ討論が、直接に総選挙に、決定的な影響を及ぼすことは、ほとんどあり得ない。したがって一九六〇年の米国の大統領選挙で猛威を示したようなテレビの影響力を恐れる必要はない。

政党や党首の人気が、大規模な選挙に決定的な影響を与えたのは、最近では、造船疑獄による自由党の凋落と、鳩山民主党の躍進くらいなものであり、特に保守合同以後の政党の得票動向は、ほとんど固定してしまっている。ただ都会地で、若干の突然変異的変動が起きている。昭和四十年七月の参院東京地方区選と都議選がその好例である。が、現段階ではこうした現象が、全国的に起り得る兆候であるか否かは、別に検討を要する問題であろう。

ここで言い得ることは、党首の人気の投票に与える影響や、テレビなどマス・メディアによる政治宣伝の効果は、我が国の現段階の社会状況にあっては、そのマイナス面よりも、プラス面の方が多いことである。都会地はともかく、郡部の有権者は、政策や政治家の人格識見に対する批判力はほとんどなく、町村落の有力者の投票誘導や、買収供応によって、その投票を決定する傾向が強い。このような有権者層に対しては、テレビをはじめ、近代的マス・メディアがその影響力を行使し、政治教育をすることの方が望ましい。

いいかえれば、党首や政党の〝人気〟が、個々の候補者に対する投票の選択に強い影響を及ぼし得る状態の方が、そのような〝人気〟が何の影響を及ぼし得ない状態よりも、我が国の民主主義の高度化に役立ち得るのではあるまいか。

そこで、論点を整理しよう。

本来政治家の人気は、浮動的なものであり、技巧的なものであり、特に機械技術の発達した二十世紀の大衆社会にあっては、マス・メディアを通ずる大衆操作によって、政治家の人気は作られ得る。それは条件さえ備えれば「地獄を天国と思わせることもできる」。その条件とは、政治的、経済的な危機の中で、社会がダイナミックな変動の中にあるということである。また比較的静態的な民主主義社会にあっても、選挙制度及び政党の勢力と性格によって、浮動票が与野党勢力を容易に逆転し得るような場合には、大衆操作のテクニックの巧拙が、政治権力の移動を決定し得る。

ところで、我が国の不完全な二党制下（一年以内に多党制に移行する兆候はあるが、とりあえず現時点では）にあって、しかも中選挙区単記非移譲という選挙制度と、広大な保守農村選挙区の存在を考慮に入れると、未だ人気が政権の移動に大きな作用を及ぼし得ず、むしろ、人気の政治的比重の増大が、民主政治の発達にプラス作用を及ぼす……と断じることができる。そして、我が国の比較的健全なマスコミの持つ批判精神は、むしろ人気の持つ悪作用に対する自動制御装置としての役割を果している。したがって、各政党とも、大衆操作のテクニックの向上について、真剣な努力が進められており、ポスターやパンフレットなどの宣伝文書、テレビ・ラジオの利用等に、技術の発達が見られるが、このような技術の発達については、有権者からの否定的批判はない。

かえって、我が国のように、買収供応といった選挙違反の実質化が日常化している政治的風土にあっては、人気政治は、政界の浄化に役立つであろう。

米国のような、人気が政治権力の移動に決定的な影響を持つ社会では、大統領とか州知事とか上院議員の選挙にあたって、候補者の人格や私生活が、くまなく大衆の批判にさらされる。ニクソン副大統領が、テレビの前で財産目録の公開を止むなくされたり、ロックフェラー・ニューヨーク州知事が、離婚歴のために、大統領候補になれなかったりする。

したがって、重要な公職の候補者は、私生活の清潔な人物（少くとも表面上は）でなければならない。我が国のように、むしろ二号や三号を持つほどの生活力のある人物でなければ、政界実力者となれず、また政界実力者とはあらゆる利権を遂行することによって、巨大な政治資金を所有する人物であることが、常識になっているというような国では、大衆の人気の指導者の選択に及ぼす作用が濾過装置の役割を果し得るほど、高度化されることは、好ましいことであろう。

人気とりを目当とした佐藤首相の昭和四十一年九月いわゆる「内遊」が失敗してヤブ蛇の結果に終ったのは、佐藤首相の〝官僚政治家〟としての元来の人柄、持味、風貌といったものが大衆に受けなかったこともあるが、要はその政治宣伝のテクニックが余りに人為的であり過ぎたため、政治家の露骨な人気とりに対して我がマスコミが、自動制御装置としての機能を果したことによる。

第三章　資　金

——政界の土壌——

大臣の値段

戦後のいくつかの内閣の中で、明らかに政治献金の代償として入閣させて貰ったと思われる大臣がいる。そうした大臣の多くは、あまり行政手腕を必要としないポストについている。消息通の間では、カネの力で大臣になる場合、戦後二十年間の前半期は二千万円くらいが相場だったが、後半期に入ってからは一億円くらいにはねあがっているともいわれる。私自身も、「大臣になった以上、総裁と親分に三千万円は献金しなければならない」という言葉をある大臣の口から直接聞いたことがある。

財界で十分に財をなし、あとほしいのは名誉だけ……という人物は、戦前は、爵位、貴族院の勅選議員、位階勲等を買った。そのため「売爵」、「売勲」などという言葉があったし、「売勲事件」というスキャンダルが世間を騒がしたこともあった。

戦前、貴族院の勅選議員は、毎年、二、三人ずつ死んだ。その補充に当って、首相は一人五万円は献金を受けることが出来た。つまり、毎年十万円から十五万円の不労所得、今日のカネでいえば一億円以上が、首相の機密費としてころがりこんだ（戦前派の某長老議員の話）。陸軍大将田中義一が政界入りし、政友会総裁になった時の〝持参金〟は、三百万円（今日のカネでは三十億円程度）だったといわれるが、これなどは大正期の政党黄金時代の「総理大臣の値段」であった、といえよう。当時の反対党憲政会は、田中を陸軍の機密費を三百万円消したとして攻撃している。陸軍のほかに三井財閥がバックだったらしい。

細川隆元著『田中義一』時事通信社刊・一六二頁＝「田中首相は三井財閥をバックに選挙資金を豊富に集め、必勝を期したこと勿論であるが……自党候補者を一人ずつ部屋に呼び入れ、積み上げた札束の山から、適宜の厚さの百円札束をとり出し、目勘定で古新聞に包んで渡したというのも、このころの話であった」

当時は、党総裁は、ドル箱として党外から輸入されるケースが珍らしくなかった。田中の前任政友会総裁高橋是清も、党からさんざんに搾取されたらしい。当時の報知新聞は、「高橋（是清）は裸にされたうえ、借金を背負わされ、さらに党費の工面と称して、小泉（策太郎）から百五十万円の手形の振出しを強要されるに至って、さしものお人よしのかれも立腹し、とうとう傘一本で逃げ出した」と書いている。（今村武雄著『高橋是清』時事通信社刊・一〇七頁）

さて戦後は爵位も貴族院も廃止され、生存者叙勲も最近まで制限されていた。そこで、財力の満ち足りた人の最後の欲望は、国会議員の椅子、そして大臣の椅子ということになったようだ。

このように、大臣の椅子を栄典として受けとる人物の数は、しかしかなり少い。多くの議員は逆に、大臣になることによって、新たな資金源を獲得することを期待している。したがって、大臣になるために献金するだけの資力を持たぬ国会議員は、下積みの党務や閥務や国会活動に精励し、首相および実力者（すなわち親分）に忠勤をはげみ、派閥の序列に従って入閣するか、総裁選挙の票集めの論功行賞によって入閣させて貰うのだ。

このような、大臣へのコースを見る時、一方で、自己の財力を傾けて国会議員になり、大臣になる人、つまり政治家生活を通じて、資金的に見れば、縮小再生産の方向をとる人と、国会議員から大臣への階段を登りつめるに従って、資金的には拡大再生産の方向をとる人と、異なったふたつのタイプを発見できる。藤山愛一郎が前者の典型なら、河野一郎、池田勇人、佐藤栄作らは、後者の典型であろう。

大蔵大臣の椅子

石橋内閣が成立した時、池田派の入閣が、池田勇人の蔵相一人に制限されたので、組閣本部で池田は不満の意を示した。これに対し、その席にいた大野伴睦は、「大蔵大臣の椅子は、伴食大臣の椅子四つ分に当る」と発言して、その不平を封じた。後に、第二次池田内閣で、逆に大野派の入閣数が水田三喜男の蔵相一人に減らされた。この時、大野は池田に不満を示したが、すかさず、池田は大野に、「大蔵大臣の椅子は大臣四人分だからネ」といい、さすがの大野もグウのネも出なかった。これは、生前の大野伴睦から、私が聞いた話である。

ここで、大蔵大臣がなぜ、伴食大臣四人分に相当する……という算術が成立つのか？　という素朴な疑問が湧くのは当然であろう。答は簡単である。ある派閥が、その所属メンバーを大蔵大臣の椅子に送りこむことによって得る政治資金は、伴食大臣四人を送りこんだ場合のそれと匹敵する、という意味なのである。

もちろん、過去において大蔵大臣になった人物が、すべてその地位を利用して、巨額な政治献金を集めた、という証拠はない。日銀総裁から政界に出て、鳩山内閣で大蔵大臣になった一万田尚登などは、逆に政治献金の太いパイプにならなかった、という理由で、その後、自民党内の指導的地位を失なった。

かつて私は、鳩山内閣の閣僚であった大久保留次郎から次のような話を聞いたことがある。「鳩山内閣の組閣の時、石橋湛山が大蔵大臣の椅子を要求して、組閣本部にすわりこんでねばったことがあったが、鳩山さんと組閣参謀だった三木武吉は、ついにこれをはねつけ、一万田を蔵相に起用し、石橋を通産相に回した。その時の三木や鳩山は、一万田なら、前日銀総裁時代の顔もあるし、相当の政治資金を作ってくれるだろうと期待したからだ。しかし、この期待はまったくはずれた。」

一万田はその後、第一次岸内閣の三十二年七月の改造で、大蔵大臣として再び入閣したが、一期ではずされている。この時も、私は当時の幹事長川島正次郎から、同じような批評を聞いたことがある。

明治以後太平洋戦争終戦までの首相を、その首相在任前にすわった閣僚の椅子をしらべると次のようになる。（臨時兼任を除く）

外務大臣＝大隈重信、西園寺公望、加藤高明、幣原喜重郎、広田弘毅（五名）
大蔵大臣＝松方正義、若槻礼次郎、高橋是清、浜口雄幸（四名）
内務大臣＝山県有朋、原敬、浜口雄幸（三名）
司法大臣＝山県有朋、清浦奎吾、平沼騏一郎（三名）
文部大臣＝西園寺公望
農商務大臣＝黒田清隆
逓信大臣＝原敬、犬養毅（二名）

このほか、軍人出身の首相が一五人（内陸軍一〇人、海軍五人）もいる（黒田清隆、山県有朋、桂太郎、山本権兵衛、寺内正毅、加藤友三郎、田中義一、斎藤実、岡田啓介、林銑十郎、阿部信行、米内光政、東条英機、小磯国昭、鈴木貫太郎）。

つまり、伊藤博文から鈴木貫太郎に至る四十三代、二九人の首相のうち、大蔵大臣の経験者は、たった四人、利権のありそうな農商務の経済大臣の椅子を含めても僅かに五人に過ぎない。

戦後の歴代首相を見てみよう。前半期は幣原、吉田、芦田と外相経験者が続いているが、これは、占領時代の特殊事情から、GHQとの渉外能力が必要とされたためでもある。また、戦後の民主化の過程で、片山哲、鳩山一郎（戦前の文相）の二人の古い政党人の登場があり、一方で、戦前派官僚エリートの岸信介（戦前の商工大臣）が、外相の椅子をステップに、首相の椅子にのぼった。その他の首相は、石橋湛山、池田勇人、佐藤栄作といずれも蔵相経験者が続いている。そして、今後の有力な首相候補と目されている福田赳夫、田中角栄も蔵相経験者であり、前尾繁三郎も大蔵省主税局長出身である。（なお、岸信介以後のすべての首相および、今後の有力な首相候補の大部分――つまり三木武夫、福田赳夫、田中角栄、前尾繁三郎、川島正次郎――は、党資金を一手に握る幹事長を経験している）。

戦前の首相に、意外に経済閣僚出身者が少なかった理由は、①政治資金が、後述するように、宮中、財閥、軍から、太いパイプで政党に注ぎこんでいたこと、②政権の移動の決定権が、藩閥官僚、宮廷的権力、の手中に握られていたことの二点に集約される

それにしても、戦後の後半期及び近い将来の首相が、蔵相の椅子をステップとして、最高権力の座に

のぼり、またのぼろうとしているのは、何故か。余りにも、過去七十年近くの歴史と異なり過ぎているのではないか。

このことは、特に戦後の保守合同後の総裁公選のあり方と、無関係ではないと思われる。政権を得るための条件としての資金力のウエイトが、いかに大きくなって来ているかを、物語っているとしか考えられないのである。

政治資金源の変化

政治家の資金源は、明治以後、時代と共に、変化している。その変化の過程を次に概観してみよう。

明治期の藩閥官僚政権時代には、巨大財閥のほかに、ばく大な宮廷費が、首相のフトコロに流れこみ、それが「民党」の抑圧や買収懐柔に使われた。『原敬日記』によると、山県有朋が宮中から得たカネは九十八万円で、このうち、十万円ないし三十万円が、憲政党の実力者星亨を通じて、憲政党にばらまかれたという（当時は米一升が十銭であった）。

大正期の政党政治の黄金時代には、三井・三菱、住友などの大財閥から直接政党の党首に通ずる太い資金パイプがあって、総選挙ともなれば、今日のカネで二、三十億円もの資金が一手に、調達できた。大正期の政党の党首のリーダーシップは、このような資金源を背景にして発揮された。

大正末期から昭和期に入り、戦雲が漂って来ると、新興成金が強力な政党資金源となり、中島知久平や久原房之助が、党首に選ばれるようになる。下って戦争に突入するや、「臨軍費」が政党資金として流出し、政党解消―翼賛政治体制へと進み、軍人首相が続出する。臨軍費とは、昭和十二年九月に公布された「臨時軍事費特別会計法」によって支出された経費で、その支出内容は会計検査を受けなかったから、いわゆる「親軍派議員」のドル箱とされた。このドル箱の恩恵にあずかった戦前派議員の何人かは、今日もなお生き残って議席を持っているはずである。

敗戦後は、宮廷費も臨軍費もなく、財閥も解体された。そのため、終戦直後の保守政党の資金源は、きわめて特殊な様相を示した。今日の自民党の源流である日本自由党（初代総裁鳩山一郎）の創立資金の多くは児玉誉士夫や辻嘉六らの、いわゆる「黒幕」によってまかなわれたことは事実である。

河野一郎氏は当時の日本自由党の幹事長として、資金を担当していた。以下は筆者が河野氏の死去の少し前に、直接聞いた話である。

「あの頃、自家用自動車というものを持っていた代議士は私くらいのものだった。そこで、児玉君が鳩山さんのところにもって来た妙なものを一粒ずつ私が売って歩いてカネにかえた。当時新円がうなっていたのは、米屋だった。だから、私は自動車に乗って東京郊外の米屋を一軒ずつ廻って、例のものを売り、新円にかえたんだ。そうして苦労して作った日本自由党は、鳩山や私の追放によって、吉田に乗っとられてしまったわけだ」

この話の中の「妙なもの」というのは、「児玉機関」の持っていた手のひらいっぱいといわれたダイヤモンドであった。

このような特殊な資金源も絶え、一時は復興金融金庫の融資や、特定産業に対する利子補給などのリベートが、大口資金源となり、〝昭電事件〟や〝造船汚職〟が起った。これにこりた政治家や財界の間で考案されたのが、三十年一月に作られた「経済再建懇談会」や三十六年七月に発足した「国民協会」である。こうした組織を通じ、ガラス張りの政治資金を集め、汚職の発生を防ごうというわけである。国民協会は、現在法人会員が五〇〇〇名、個人会員が六万人に達しているといわれるが、それでも、自民党本部の経常費をまかなうにも足りないという。

だから、事実上の政治資金、つまり、首相が各派閥を操縦し、各派閥の親分が子分たちを掌握するために使うカネや、実力者のタマゴ級の中堅議員が、陣笠の小集団を作るために使うカネや、さらに、個々の議員が、その選挙区の培養のために集め、使うカネは、この「ガラス張り」の資金の何倍、いや何十倍にも達している。そうしたカネは、どのようにして集められるのか?

役職と金ヅル

経団連、日経連、経済同友会の幹部たちが、しばしば政界の腐敗を嘆き、その浄化と近代化を望む談話を発表したりする。しかし、私の見る所では、政界を腐敗させた責任の半分は財界にあるのではないかと思う。というのは、多くの大企業経営者は、一応国民協会を通ずる献金はするものの、その数倍の献金を、自民党の実力者や特定の国会議員に対して与えている。そうした献金は、ほとんど、何らかの反対給付をアテにしているのである。その反対給付とは、土建会社に対する公共事業の割当てとか、特定の産業に対するその製品の物品税の引下げとか、原材料の輸入関税の引下げとか、特定の企業に対する利子補給とか、である。復興金融金庫融資をめぐる「昭電事件」とか、造船利子補給をめぐる「造船汚職」とか、そうした実例は、数えあげれば、キリはない。

私が面接したある化学産業の大企業の社長は、次のように語っていた。

「私の会社では、自民党の八個師団に対し、選挙のたびに五百万円ずつ献金していた。私の会社の利権で最も関係のある某省にしてもその大臣が、毎年の内閣改造でどの派閥から出るかもわからないから、全派閥に保険をかけておくわけだ。しかし、最近では、派閥やその実力者の統制力が弱まり、派閥の親分にカネを渡しても効果は少なくなった。何といっても、カネの効果が最もあがるのは、その省の現職大臣か高級官僚にジカに渡すことだ。だから、これから全部の派閥への献金は止めようと思っている」

このような角度、つまり献金↓利権での還元というギブ・アンド・テイクの法則が、政治献金ルートを決定しているのだから、利権を握らぬ政治家は、〝実力者〟になれず、また利権をにぎった子分に対する統制力を持たぬ実力者は、没落するのである。

もうひとつの例は、旧河野派（春秋会）の弱体化の理由である。旧河野派は、河野一郎の存命中は、「三金会」という名の財界の後援団体があって、一八の大企業が加盟しており、年間一千万円ないし二千万円を献金していたという。だから旧河野派には、年間二億円前後の経常費があり、巨大派閥の勢威を誇った。しかし、河野親分の死亡後は、一社去り二社去り、残った社も、献金額をへらしており、このため旧河野派は分裂の危機にひんしている。これも、故河野一郎を失い、佐藤政権下で党役員も出せず、伴食閣僚一名と、利権の関係のまったくない衆参両院の正副議長をあてがわれているだけで冷飯喰いの状態にある旧河野に対し、献金しても、それだけの利益還元を期待できなくなったことに対する財界人の計算の結果である。

陣笠代議士は、役職をほしがり、役職のついた代議士は派閥実力者をめざし、派閥の実力者は、主流派になりたがり、やがて政権亡者となる……というのも、政権をにぎらず、主流派でなく、役職を持たない政治家には、カネが集まらないからである。

役職にもよりけりである。同じ大臣でも、行管長官や科学技術庁官では、カネにならない。大蔵大臣や通産大臣といった利権のある官庁の大臣とくらべては、まったくネウチが違うのである。そこで、自民党の実力者になるためには、有力な経済官庁の大臣にならなければならない。今日の実力者で、経済官庁の大臣を経なかった人物は、ほとんどない。党の役職でも、党三役、つまり幹事長、政調会長、総務会長の椅子は、経済閣僚の椅子と同等のネウチがある。だから、今日の自民党の全部の派閥の実力者は、皆これらの椅子をかつて占めた人物ばかりとなっているわけだ。

佐藤栄作＝大蔵大臣、幹事長、政調会長
岸　信介＝幹事長、商工大臣
福田赳夫＝幹事長、大蔵大臣
三木武夫＝幹事長、通産大臣
川島正次郎＝幹事長
船田中　＝政調会長
石井光次郎＝幹事長、商工大臣

藤山愛一郎＝経企庁長官、総務会長

旧河野派が、一人の指導者、つまり親分をきめられないでいるのは、党三役と経済閣僚の双方を経験した人物がいないからであろう。

私が直接聞いたところであるが、ある若手の代議士が、某経済官庁の政務次官になってから、年間二千万円の献金が、得られるようになった、という。これが大物になれば、一任期（一年）で一億円は軽く集まるというのが相場のようだ（もちろん利権のない伴食大臣の場合はそうはいかないが）。

そこで、政界に入った者が、誰でも辿ろうとするコースが、陣笠→政務次官（当選二回）→常任委員長（当選五回）→大臣（当選六回）→党三役（当選七、八回以上）であり、このうち、政務次官や大臣は、当然大蔵、通産、農林、運輸、建設などの利権官庁、常任委員長も、大蔵、商工、農林水産、運輸、建設などの利権の結びつく常任委員会である。こうしたコースを辿るためには、前記カッコ内のような当選回数を重ねなければならないのだが、吉田内閣時代の特例で、佐藤栄作が議席もないのに官房長官に抜擢されたり、池田勇人が当選一回で大蔵大臣になったりしたことがあるが、その故に、池田は当選五回で、佐藤は七回で首相の地位につけたのである。藤山愛一郎が、議席のないまま外相になり、やがて実力者になったのは、その資金を使ったからで、彼は今日まで十億円以上の私財を子分たちのために費消したといわれている。

ワシントンの金権政治

以上のように書いて来ると、金権万能のような我が国の保守党政治の腐敗ぶりは、絶望的なもののように見られるかも知れない。しかし、現代の民主政治は、どこの国でも、次第にカネのかかるものになりつつあるのである。

一九六〇年の米国大統領選挙で、ケネディは、一説では一億ドル使った、といわれる。出費の大部分は、一年間チャーターされた豪華な専用飛行機を含む候補者および運動員の旅費および、テレビの宣伝費を中心とする広報費用であるが、消息通の話では、州によっては、代議員の買収にも、ケネディ一家はかなりのカネを使ったという。テレビのスポット放送の料金は、馬鹿にならぬものがあり、追いこみの一週間に数百万ドルもかかったらしい。

カネのかかることでは、最近のカリフォルニアの州知事選挙では、民主、共和両党とも三百万ドル使ったというし、テキサス州に至っては、知事選挙の場合は、一千万ドルだという。テキサス州知事の年俸は二万五千ドルであるから、四百年分の年俸が使われることになる。一体、これほどのカネを使って知事になって、どんなウマ味があるのかと、疑問に思うのは、当然のことであろう。

このような巨額のカネは、しかし、全部が候補者のフトコロから出るのではない。米国の政党の募金戦術はかなり進歩しており、一九六〇年の大統領選挙では百ドル・ディナー方式（百ドルの会費でパーティを開き、資金を集める）により、共和党がイリノイ州クック郡だけで、一夜に五十万ドル（一億八千万円）を集めた記録があり、さらにこの方式を大規模にして、テレビを利用し、同時に何カ所かで百ドル・ディナーを開いて、一夜に三百万ドルから五百万ドルの収入を得た事実も伝えられる。

また、日本の選挙では、特に保守党の場合、無報酬の運動員はほとんどいないが、米国では、ボランティア（自発的運動員）が発達しており、レジャーを楽しむと同じように、両政党の支持者が、熱狂的に選挙運動に参加し、これらの運動員が広範囲な募金活動を展開しているようだ。

大企業からの大口献金は、労組のそれと同時に禁止立法が行われているので、表面上は、献金は、中産階級による小口化している。

とはいえ、個々の地方選挙などでは、候補者は、党の援助をあてに出来ず、自力でまかなわねばならぬから、大企業や利権団体、つまり圧力団体からの献金に頼っているのが本当のようだ。ダグラス・ケーターは、『ワシントンの権力』の中で、次のように書いている。

「議会選挙に初出馬する新人候補は、全国委員会からの資金援助をあてにできない。もらっても、せいぜい二、三千ドルだろう。ところが、激戦の都市部選挙区から下院選挙に立候補するには、十万ドル以上かかるようだし、大きな州の上院選挙だと百万ドル以下ではすまないのだ。ここに圧力団体にとって豊沃な土壌がある」

ケーターによれば、各種圧力団体（外国政府も含まれる）の手先として政界工作をするロビイストたちは、巨額の資金を使って買収活動をしており、これを規制する法律によって、ロビイストは議会に登録し、その財政報告書を提出しなければならないことになっているが、「毎年議会に報告される支出金額が氷山の一角にすぎないことは周知の事実である」。

そして、「あたりをかぎ回った記者なら、どれだけの金額が動いたかの証拠はつかんでいなくても、不快な金の取引きのリストを握っているものだ。議事堂周辺には、おどし専門の圧力工作者がうろついている。議員にとっては、選挙区の法律事務所に払いこまれた合法的な謝礼から、利益団体の大会でぶった演説の〝お車代〟まで、収入にはこと欠かない」と書いている。

アイゼンハワー時代に、フランシス・ケース上院議員が、石油ロビイストから賄賂をもらったことを暴露したため、アイゼンハワーは、元来自分が賛成であった天然ガス規制法案に対して、疑いを残さぬために、あえて拒否権を発動せざるを得なかった。というような事実は、右のような、米国の政治権力に巣食う腐敗の一端を示すものでもあろう。

米国では、所得税法と連邦および州の腐敗行為防止法によって、大口献金は表面上禁止されているが、西ドイツ以外の先進諸国では、政治献金の損金算入は否認されており、政治献金は利益処分として処理されねばならないのが通常である。その点、日本では、一定率内で、政治献金は損金算入が認められている。西ドイツでは、企業は、総所得の一〇％、または総売上高および、一暦年に支払われた賃金並びに俸給の二％までは、控除されることになっている。

西ドイツの選挙は、小選挙区制を加味した比例代表制であり、個々の国会議員選挙は、カネがかからぬものとされているが、それでも、社会民主党でさえも、大企業から巨額の寄付を得ている。しかも、キリスト教民主同盟、社会民主党、自由民主党の三大政党に対しては、公然と、法律によって、国家予算の中から、毎年三千八百万マルク（約三十四億円）もの巨費が、政治活動資金として、交付されている。政党の政治資金にここまで公共性を持たせる思想に立脚すれば、日本的金権政治も超克され得るかも知れない。

資金源の細分化と派閥の発生

先にも述べたように、戦前から戦後にかけて、資金源は、大きく変貌した。その最大の理由は、軍と財閥の解体である。財閥もしくは軍を通じて、巨大なパイプで政党に流れ込んだ資金がなくなると、保守政党は、個々の何百という企業から、小口の献金を集めなければならなかった。各企業は、利権の還元を期待して、権力を掌中にする政治家や、近い将来に再びあるいは新たに権力を掌中にしそうな政治家に献金するようになった。その中で、一億円前後の巨額の金（選挙の時には、一億以上数億円に達する）を集める能力を持った人物が、派閥の親分、いわゆる実力者と呼ばれる権力者になるようになったのである。ある派閥の親分の定期的に献金を受ける企業の数が、一〇〇〇社に達する例もある。

もし、政治資金が合理化され、たとえば西ドイツのように、国費で負担するとか、あるいは、比例代表制の採用によって個々の議員の出費が少額ですむようになるとかすれば、資金パイプとしての派閥およびその親分の存在理由の大部分は失われ、少なくとも、今日の派閥の持つ機能および実力者の条件、資質は、まったく異なったものとなるであろうし、派閥間の密室政治の中から、実力者の合従連衡によって生み出されて来た総理大臣の性格も異なり、首相になる者の条件と資質は、すっかり変質することとなるであろう。

第四章　派　閥（上）

――権力への階段――

派閥と権力

総理大臣になるためには、派閥の〝親分〟にならねばならない。派閥の〝親分〟になるということは、総裁候補市場に上場されることを意味する。

保守合同後、「三分の一の壁」を野党第一党たる社会党が破れぬ状況下にあって、政権は、自民党の半永久的独占に委ねられている。こうした条件の中にあっては、首相即自民党総裁であり、自民党総裁は、約五〇〇人の代議士の投票によって決する仕組みになっているため、総裁に選ばれるためには、派閥を基礎にする合従連衡による以外にはない。

基礎票が十数名しかない小派閥から出て政権をとった例は、石橋湛山だけである。その後は、総裁の地位を得るためには、自ら巨大派閥の所有者でなければならぬ傾向が、はっきりして来た。巨大派閥とは、衆議院で五十名前後の議員を擁する派閥のことである。岸信介も総裁に立候補した時すでに数十名の勢力を擁しており、首相になってからは、一時七十を超える派閥勢力を擁した。池田勇人も、佐藤栄作も同様であった。

河野一郎が、三十八年十一月の総選挙で、各地で非公認の新人を立ててこれを強力に応援し、一挙に一四人の新人を当選させ、それまで三〇名余であった河野派の規模を、五〇近くに拡大した時、大野伴睦は、「河野君は自派の勢力拡張のため、至る所で他派を敵に廻した。政権をとるステップのつもりで、派閥の拡大をはかっているのだろうが、政権をとるためには、他派との同盟が必要だ。それを、他の各派をことごとく敵に廻して、どうして政権をとれると思うのか」と語っていた。大野はそれを河野に忠言したし、他の各派の親分衆も、同じような批評をしていた。

しかし、河野は、この強引な勢力拡大策を、彼の長い政治経験から割り出したもので、盟友の忠言にも頑として耳を貸さなかった。彼は、政権をとるためには、どうしても大派閥の領袖にならねばならぬ、と確信していた。

岸政権以後、いかなる政権も、衆議院で四〇ないし五〇の議員を擁する巨大派閥の二ないし四個師団の同盟によって、政権は、作り出され、かつ維持されて来ている。岸政権は、岸、佐藤、河野の三派同盟で総裁選に出て、いったんは石橋に敗れたが、その後短期間で大野派を加えた四派同盟を作って政権をとり、かつその前半期を維持し、後半期には、河野派と池田派を入れ替えて、岸、佐藤、大野、池田の四派連合で、政権維持をはかった。池田は、池田、岸、佐藤の三巨大派閥の同盟で政権をとり、後に、岸派の分解もあって、主流派閥を池田、大野、河野、三木、川島の五派連合に乗り替えた。このような河野一郎の存命中までの合従連衡について言えることは、池田、河野、佐藤という三巨大派閥のうち、いかなる政権も、そのうちの二派を味方にしているということ、換言すれば、二派を共に敵に廻しては、政権を維持できなかったことである。

だが、池田勇人、河野一郎、大野伴睦の死去以後、このような強力な発言権を持った巨大派閥は存在しなくなり、逆に二〇議席前後の中型派閥が発言権を拡大し、合従連衡の妙を発揮している。

派閥の適正規模

これまで、巨大派閥が、一時的に数十名を超える規模に拡大したケースは、吉田全盛時代の広川派と、岸政権下の岸派が、衆議院だけで七〇名を超えたケースだけである。池田内閣の全盛時代にも、衆議院の池田派が五〇名を越えたことはなかったし、佐藤政権になってからも、佐藤派が五〇名を超したことはないが、それでもすでに、派内に保利、田中の対立があり、分裂の前駆症状を示している。故河野一郎が、いかに強引な手を打って、派閥拡大をはかっても、やはり五〇名の大台に乗せることはできなかった。無条件で五〇名を超えれば、その派閥は必ず分裂作用を起す。吉田派が、おのずから池田派と佐藤派に分裂し、岸派が川島派と福田派に分裂したのも、その適例であろう。ここには、派閥の規模に関するある法則があるように思える。

故大野伴睦は、生前「派閥の規模は、衆議院で四〇名が限度だ。これ以上多くなると、統制がとれなくなるし、カネがかかってやり切れない」と語っていた。故池田勇人の名秘書であった伊藤正哉も、「政権をとり、あらゆる権力をにぎっても、派閥の勢力を、衆議院で五〇名以上にふやすことは困難だ」と述懐している。川島正次郎は、日頃「派閥を維持するのに最もよい数字は、二〇名前後で、二五を超えると、余計なカネもかかるし、重荷になるだけだ」と語っている。事実川島は二〇名足らずの派閥で、一時は副総裁に閣僚二名をとり、勢威をほこっている。

派閥の規模が何故五〇名を超すことができないのか。その主因は三つある。

第一は資金上の理由である。五〇名の代議士を持つ派閥を維持するためには、経常的に年間二億円を必要とし、総選挙になれば、落選中の議員や新人候補もかかえねばならないから、五億円前後の資金を必要とするというのが定説である。二〇名前後の中型派閥の場合は、年間経費が数千万円ないし一億円以内、総選挙に際しては一億円ないし二億円以下で事足りる。一人の実力者が、一時に財界から集め得る献金の限度は、総裁公選のような特殊のケースを除いては、五億円が限度であろう。

第二は、人事上の理由である。大臣、政務次官、常任委員長等の官役職に、〝子分〟たちを順序よくあっせん就職させるのが、〝親分〟たる実力者の役目であるが、これらの国会議員ならば、誰でもなりたがる役職の派閥割当て数には限度がある。通常、政権をとった派閥は、自派から多数役職をとるのが普通だが、それでも、閣僚は四ないし五名が限度である。いかに首相といえども自派で閣僚を大量独占すれば、政権は一年ともたない。したがって、一派閥の数があまりふくれれば、派内に不平派が起るのは当然である。

第三は、これが最も重要な要因であるが、選挙区制上の理由である。現行選挙区制によると、全国は一一八選挙区に分割されている。周知のように、この中選挙区制では、多くの場合、選挙戦は、対立政党の候補の間ではなくて、同一政党の候補者の争いとして行われている。四〇〇もの候補者を持つ自民党は、この傾向がより決定的である。したがって同じ選挙区で相争う候補同士が、同じ派閥に属することは、例外的である。同じ吉田派が佐藤、池田両派に分裂、対立したり、同じ鳩山幕下の党人派であった旧河野派と旧大野派が、大野、河野の蜜月時代にあってさえ下部ではしっくりいかなかったのは、やはり、大部分は、選挙区での対立が原因であった。派閥の構成員が五〇以上となると、一一八の選挙区のどこかで、ぶつかりあうケースが必ずふえて来る。この点からも、派閥の成員数には限界が生じるのである。

第三の理由を説明するために、一選挙区に自民党が三人以上の代議士を出しているケースを選んでいくつかの実例をあげてみよう。これはひとつの選挙区の中で自民党の議員同士が、派閥籍をそれぞれ異にしていることを示している。

北海道五区	中川　一郎	船田派
	本名　武	三木派
	松田　鉄蔵	河野派
岩手二区	小沢佐重喜	藤山派
	椎名悦三郎	川島派
	志賀健次郎	三木派
宮城二区	長谷川　峻	石井派
	大石　武一	河野派
	内海　安吉	船田派
栃木一区	高瀬　伝	佐藤派
	船田　中	船田派
	森山　欽司	三木派
	渡辺美智雄	河野派

同　二　区｛小平　久雄　池田派
　　　　　　森下　国雄　岸　派
　　　　　　藤尾　正行　河野派

このような例は、限りなくあげられるほどである。例外的に、同一選挙区に同一派閥の代議士が同居している場合もある。しかし、これは、広い選挙区で、同一選挙区でありながら地盤が異なり、利害が一致するケースか、あるいは強力な政治家が、自分の子分を「抱いて出る」ケースである。神奈川三区で、故河野一郎が、安藤覚、木村剛輔と二人の子分を抱いて出て、一選挙区で同一派閥から三人当選した例があるが、このようなケースは後者の数少ない典型のひとつである。

岸信介、佐藤栄作のような、血を分けた兄弟でも、選挙区が同じである（山口二区）ために、両者の運動員たちは、血で血を洗う対立をしているのは、有名である。

派閥の発生理由

派閥の構成員数（衆議院における）の限界についての法則を説明する前記三つの要因は、とりもなおさず、同時に派閥の発生の要因でもある。つまり、派閥の発生する理由は、第一には国会議員が、官役職を得る足場として派閥に属して、その序列を待ち、〝親分〟たる実力政治家の力を頼ろうとすることにより、第二には、資金的な恩恵を得ようとすることにより、そして第三には、中選挙区制による同一選挙区内の対立によるのである。

この三つの原因によって、保守合同後の自民党の派閥体制は自然発生的に出来あがったが、もうひとつ、派閥を定着させるに至った原因を見落すことができない。

それはほかならぬ総裁公選制度である。この制度の下にあっては、総裁候補は、一定の基礎票を持つ派閥のリーダーでなければならない。総裁になるために大会有権者の過半数を得るためには、巨大派閥を土台にして、いくつかの派閥と同盟を結ばねばならない。こうした仕組みの中では、小派閥の領袖はますます政権を握りにくくなっているのである。

また、総裁になって直接政権を握ることを狙わぬまでも、党内で発言権を持つためには、一応の票を握って、総裁候補となる実力者と同盟し、新政権を握る人物に貸しを作った上で、新政権下で、役職配分や利権の分配などに関して、その投資に対する元利の返済を求めるという方法がとられる。自らが要職につき、また自分の有力な腹心を要職につかせるためには、一定数以上の派閥勢力を掌握しなければならないし、また、かりに党内の反主流派の立場にあっても、一定数以上の派閥勢力を持っていれば、主流派もこれを無視できなくなる結果、閣僚や党役員を送り出し得ることともなるのである。

したがって、現行の総裁公選制度がなくならぬ限り、自民党の派閥はなくならないだろう。派閥を維持するために、公選に立候補するというケースすらある。藤山愛一郎が、三十五年七月、三十九年七月、同十一月と三たび、勝敗を度外視して立候補したのも、派閥の票を固めることが、主たる狙いであった。この藤山の出馬は、オリンピック精神をもじって、「立候補することに意義がある」からだと世評されたものである。かつて石井光次郎が、三十一年十二月、三十五年七月の二回出馬して敗退したのも、立候補することによって、党内に「領袖」としての存在を示威し、それによって、派閥の親分としての地位を維持するという効果を狙ったものといえよう。

新興派閥と斜陽派閥

派閥の勢力消長の変化は著しい。派閥の消長のいちばん大きな契機となるのは総裁公選であり、総裁争いの勝敗をめぐって、新興派閥が登場したり、斜陽化する派閥が出たりする。何といっても、政権に近づく可能性のある実力者をリーダーとする派閥が新興勢力となり、総裁候補を持たぬ派閥が斜陽化する傾向は否定できない。他面、直ちに総裁候補を持たなくても、時の政権に密着し、人事、利権、選挙のテコ入れなどで、子分の「面倒をみる」能力を発揮する実力者の派閥は、威勢がよくなるものだ。

岸派、池田派、佐藤派は、〝親分〟が総裁選に出馬することによって巨大化した。〝親分〟が総裁候補たることを断念したことによって斜陽化したのは、石井派であり、政権を失うことによって、没落、解体したのが、岸派であった。現時点で、閥勢を弱めている河野派、船田派、村上派などは、総裁候補を持たぬことが、悩みのたねで、斜陽化の傾向がある。だから、船田派では、船田中か水田三喜男を、一度総裁に立候補させてみようではないか、という話もあるくらいだ。有力な総裁候補を持つことによって、新興勢力として規模を拡大しているのが福田派であり、福田派は表面上は、二十余名の中型派閥であるが、潜在勢力数十名といわれる。

時の政権に密着し、人事、利権、選挙のテコ入れなどで、子分の「面倒をみる」能力を発揮することによって、実力者の地位を確保したのは、かつては故大野伴睦、今では川島正次郎であろう。共に副総裁の要職を占めた。大野は、一方で叛骨の大衆政治家というイメージを一般に与えたが、裏面では「向日性の政治家」といわれもした。つまり、吉田、鳩山、岸、池田の四政権下にあって、一時的に不遇の立場に立ちながらも、やがていつの間にか、「陽のあたる場所」に登場し、政権に密着していた。これは最盛時には四〇人を超す派閥をかかえ、〝子分〟たちに、人事、資金、選挙で面倒を見るために、必要不可欠な方便であった。かつこの大野派は、当選回数による入閣の序列が整然としていることでも知られていた。これは、派閥内の不平をなくし、結束を固めるための手段であったが、それでも、大野派の最盛期は、総裁候補として登場した時であろう。川島正次郎も、大野よりもっと徹底した「向日性の政治家」であり、大宅壮一は、彼を「日本のジョゼフ・フーシェ」だと呼んでいる。しかし、川島派が今日、自民党内で有利な地位を占めているのも、ひとつには川島正次郎が、今日「暫定総裁」の可能性を持つ人物だとされているからであろう。

主流派と反主流派

保守合同後、自民党は三分の二近い議席を独占し続けて来ているため、政権は、自民党内の巨大派閥のたらい廻しである。八ないし九個師団の合従連衡で、総裁を争い、勝った派閥連合が「主流派」となって、「獅子の分け前」を喰い散らし、負けた派閥連合は「反主流派」もしくは「非主流派」となって、「冷飯を喰う」のであるが、次の政権争奪の前哨戦が始まる頃となると、合従連衡の変動が起り、主流派、反主流派の入れ替えが行われる。

この派閥連合の組み合せほど、デタラメなものはない。派閥の離合集散を決定する主要因は、人事、資金、選挙および、次の政局の主導権争いであって、これらの争奪戦の中で、「明日の敵は今日の友」となるのである。そこには、政策や思想やイデオロギーや信念の異同などは問題ではない。時として外交政策や経済政策上の意見の相違が、派閥抗争の「錦の御旗」に利用されるが、内実は、そんなものは、どうでもよいのだ。いよいよ名分がなくなると、「党風刷新」とか「人心一新」といったキャッチフレーズが、派閥抗争を合理化する旗印に使用される。

鳩山政権を作ったのは、鳩山派、岸派、旧改進党系（三木・松村派を含む）であったが、鳩山政権の中期から、三木・松村派は旧吉田派と結んで反鳩山派に廻り、かつて鳩山民主党と戦った自由党系の大野派と緒方派は、主流派に廻った。しかし最後には、主流派の岸派と緒方派は、次期政権を狙って鳩山の足をひいた。鳩山政権の反主流派の派閥連合組織は、「時局懇談会」であり、そのスローガンは日ソ交渉反対であった。そのメンバーの中には、今日、日中接近派となっている古井喜実の顔もあり、池田派、佐藤派、三木派、岸派、石井派（当時は緒方派）が網羅されている。

岸内閣は、岸、佐藤、河野の三派連合に、反岸であった大野派が加わった四派連合でその前半期を継続した。反主流派だった池田、石井、三木の三派は、岸内閣の警職法改正を批判して、池田勇人、三木武夫、灘尾弘吉の三閣僚辞任事件を起した。後半期には、河野派と池田派が、主流、反主流の所を変えた。反主流派となった河野派は、三木派と共に、安保改定強行策を批判した。

池田政権は、池田、岸、佐藤三派の同盟で発足しながら、後半は、反主流派だった大野派、河野派、三木派と岸派の支流川島派が主流に廻り、佐藤派は、倒閣に廻って、「党風刷新」「人心一新」のキャッチフレーズと、高度成長政策批判をかかげて、池田を攻撃した。

佐藤政権は、政敵池田派の支持によって一時河野派すら主流に廻るかとみられていたが、佐藤栄作は、佐藤、岸、福田の両派を中核に、かつての反佐藤勢力であった三木派と川島派を「新主流派」にひ

主流派	歴代内閣	反主流派
三木武吉派、岸派、大野派、緒方派、鳩山直系	鳩山内閣後期	旧吉田派、三木松村派
池田派、石井派、三木松村派、石橋派、大野派	石橋内閣	佐藤派、河野派、岸派
佐藤派、岸派、河野派、大野派	岸内閣（前期）	石橋派、石井派、池田派、三木派
佐藤派、岸派、池田派、大野派	岸内閣（後期）	石橋派、石井派、河野派、三木派
池田派、佐藤派、岸派、藤山派	池田内閣（前期）	三木派、石井派、河野派、大野派
河野派、大野派、三木派、池田派、川島派	池田内閣（後期）	石井派、岸・福田派、藤山派、佐藤派
佐藤派、岸・福田派、石井派、三木派、川島派	佐藤内閣	村上派、船田派、藤山派、池田派、河野派

きこみ、佐藤政権を作ってやったはずの旧池田派や、三十九年七月の公選では、佐藤と結んで池田に挑戦したはずの藤山派は、「反主流」ないし「非主流」に廻っている。別表では反主流派に区分した船田派、村上派は、次第に主流に傾斜しつつあるが、佐藤政権下の現在、派閥関係はかなり流動的である。この両勢力同盟関係だって、いつごろ変動するか、まったく保証の限りではない。

保守合同と派閥の定着

今日の保守党の派閥政治が、前記のような存在理由と機能とをもって定着したのは、保守合同後、半永久的保守独裁体制に固まり、政権が保守党内の派閥＝実力者のタライ廻しとなってからのことである。すなわち、昭和三十年十月十三日の社会党統一大会に続いて、同年十一月十五日に自由民主党が結成され、これと共に、戦後十年間続いた多党制時代が終幕し、二党制（不完全ながら）時代が始まってからのことである。

保守合同前にも、各保守党内に派閥はあった。「日本自由党」（二十年十一月九日結党）創党の頃には、鳩山一郎、三木武吉ラインと芦田均一派の対立があって、芦田派が脱党して「民主党」に流れ、さらに、鳩山の追放後、保守合同に至るまでの鳩山派（戦前派）と吉田派（戦後派）の長い対立が続いた。一方、「日本進歩党」（二十四年十一月十六日結党）の内部にも、進歩派と保守派の対立が内蔵されていたが、「民主党」に看板を塗り替えた（二十一年十一月十六日）後、芦田均、幣原喜重郎両派の対立が激化して、幣原派が脱党して「同志クラブ」を作り、日本自由党と合併して「民主自由党」（二十三年三月十五日）が生れた。民主党内では、さらに野党派（苫米地義三ら）と連立派（犬養健）の対立が起き、連立派は民自党に合体し、民自党は「自由党」と党名を変更した（二十五年三月一日）。一方、船田中、黒沢酉蔵らの「日本協同党」（二十年十二月十八日結党）から山本実彦のひきいる「協同民主党」（二十一年五月二十四日結党）へと流れる系譜は、笹森順造らの「国民党」（二十一年九月二十五日結党）と合同して、二十二年三月八日に、「国民協同党」（三木武夫ら）を結党したが、これが、民主党野党派（苫米地義三ら）と合併して、「国民民主党」を結党した（二十五年四月二十八日）。国民民主党内では、林屋亀次郎、稲垣平太郎らの保守的分派が脱党して「民主クラブ」を作り、やがて自由党に吸収された。一方、追放解除で政界に復活して来た旧民政党、進歩党系の松村謙三、大麻唯男らは「新政クラブ」を作っていたが、国民民主党と合併して「改進党」（重光葵）が誕生した（二十七年二月八日）。また自由党の内部での、吉田派と鳩山派の対立は、二十五年三月十八日の鳩山派の離党と復帰、「日本自由党」（三木武吉、河野一郎ら）の〝八人のサムライ〟の独立（二十八年十二月一日）があった後、鳩山派と岸派が改進党と合同して「日本民主党」が結党された（二十九年十一月二十四日）。

このような政治勢力の離合集散の中に見られた派閥抗争の動機と要因の主要なものは、戦前に根をひく政治経歴の相違と、人事権をめぐる主導権争いにあった。保守合同前の派閥と、保守合同後の派閥との大きな違いとしては次のような点があげられる。

①保守合同後は、党内の派閥対立が脱党、新党結成もしくは他党との合同といった規模には発展しなくなった。それは、地方組織の強化や選挙地盤の固定化などから、脱党して新党を結成することが苦し

く困難になったからである。

②その代り、保守合同後の派閥は、独自の資金ルートと選挙応援の機構と、独自の事務所すら整備し、党自体が小政党の連合体のような性格を持つようになった。

③保守合同前の派閥は、人事の争いが主要因ではあったが、政策や思想上のある種のまとまりもあった。しかし、保守合同後の派閥には、政策や思想上の同質性は薄くなり、たとえば、同一派閥内に中国問題での外交政策の両極端な人物が混在したり、経済政策でも高度成長論者と安定成長論者とが存在したり、政権の移動についても、相対立する思想が共存したりしている。

④保守合同後の派閥は、そのリーダーをして次の政権を担当させるための組織であり、また閣僚や党役員の分配を確保するための機関である、という性格を、保守合同前にくらべ、濃くして来た。

⑤保守合同後は、派閥間の移籍が非常に困難になって来た。

次に、保守合同時における派閥分布の状況を概観してみよう。三十年十一月十五日の保守合同時における保守党の諸勢力の配置は別表のようになっていた。

別表に見られるとおり、旧改進系は、岸派、河野派、三木・松村派などに分散して、現在では、三木、松村両派に形を留めるのみとなっている。旧改進革新派は、保守合同を前後に、北村派と三木派とにはっきり分裂し、北村派は鳩山―三木武吉―河野一郎ラインに接近し、三木武吉の死去後、河野派と合体して「春秋会」を作った。広義の鳩山派は、鳩山直系、石橋派、旧広川派の一部を含むが、今日では各派に分散してしまい、鳩山の後をおそって政権をとった石橋派も、石田博英一派は「一匹狼グルー

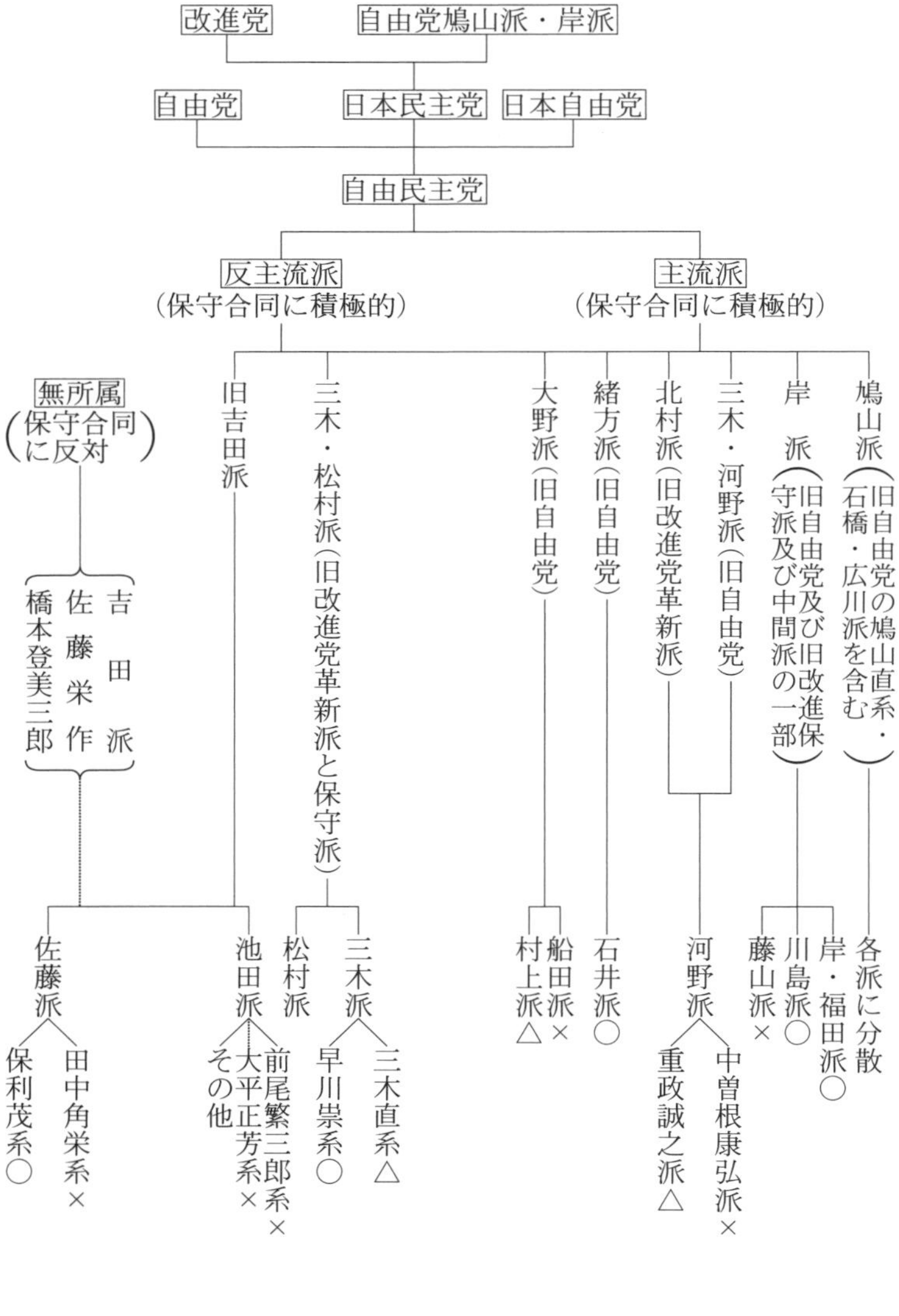

○印は佐藤体制下の主流派　× 印は非主流派
△印は非主流派中佐藤体制には接近しつつあるもの

プ」を作って孤立し、森清、中川俊思、松田鉄蔵らは河野派に行った。緒方派は、石井が跡目を継いで以来、著しく斜陽化した。岸派が福田、川島、藤山三派に分裂したのに続き、大野派はすでに船田、村上両派に分裂、河野派も中曽根、重政両派に対立して、分裂は時間の問題とされている。佐藤派もやがて、佐藤内閣の退陣と共に分裂は必至であろう。

このように見て来ると、保守合同と共に、旧来の諸政党の系譜は、ミックスされて、ほとんど原型を留めなくなり、また、その後の三回にわたる総選挙の結果、約三分の一が保守合同後に政界に出た新人で占められ、合同前の旧政党の体質を比較的大幅に残存させている派は、旧自民党系の池田、佐藤派と、旧改進党系の三木、松村両派のみになっている。

大型、中型、小型いりまじっての今日の一一個の派閥は、佐藤政権の退陣が近づけば、再び大きく離合集散することになろうが、それについては後に述べることとし、次章では、現在の形の派閥がいつ、どのようにして発足し、現在どのような勢力を持っているか、について述べてみよう。

第五章　派閥（下）

——実力者の系譜——

〔池　田　派〕

保守合同が成った時、政治権力は、鳩山一郎、緒方竹虎、三木武吉、大野伴睦の四人の総裁代行委員と幹事長岸信介、農相河野一郎を加えた六人の手中に握られていた。佐藤栄作は吉田茂に殉じ、子分橋本登美三郎ただ一人をひきいて、無所属席にあったし、保守合同に参加した池田勇人も、鳩山政権下にあって、閣僚、党役員を含め、何らのポストも与えられなかった。つまり、旧自由党の正統たる旧吉田派の実力者池田勇人、佐藤栄作の二人とも、鳩山政権下では、冷飯を喰わされ権力の中枢部から疎外されていたのである。自由民主党の中にあって、旧自由党の代表者は、緒方竹虎と大野伴睦の二人であった。この頃まだ、「池田派」という派閥も、「佐藤派」という派閥も今日のような派閥の形をなしていなかった。

吉田茂が政権を失ったあと、「吉田派」は集団指導体制をとっていた。誰が、その頃の指導者集団に入っていたかを、一応示すのは、昭和三十年十一月十三日の会合の出席者である。

この日、すなわち、保守大合同の行われた二日前に、一三人の代議士が、新宿諏訪町の林譲治邸に集まった。吉田派が、最後まで反対した保守合同に、参加するかしないかを論議するためであった。政権は宿敵鳩山一郎の下にあり、吉田内閣を総辞職に追いやったブルータスたる緒方竹虎が旧自由党最後の総裁として新党参加の主導権を握り、彼らの目には悪党としか映らなかった三木武吉と河野一郎が、内閣の執権として納まっているその下に、一党員として参加することは、この吉田派にとって、耐え難い苦痛であったのは、無理ないことではあった。

しかし、この日、林邸に集まった一三人の代議士のうち、一二人までが、政権から離脱して孤立することの不利を悟り、保守新党参加を決した。残る一人は、最後まで新党参加に反対して、党外に去り、無所属席に坐するとの決意を変えなかった。その一人が佐藤栄作であり、他の一二人は、池田勇人、林譲治、益谷秀次、福永健司、小坂善太郎、愛知揆一、田中角栄、故橋本竜伍、保利茂、周東英雄、大橋武夫、小金義照であった。

池田勇人と佐藤栄作との出会いは、二人が五高受験のために、当時試験場であった名古屋に行き、市内のある旅館に泊り合わせた時だというが、以来結ばれた二人の友情は、この日、復することのないヒビが入ったのであった。将来、両者そろって「吉田学校の優等生」となり、ついには相ついで首相の地位につくのであるが、その吉田茂にはまず佐藤が松野鶴平のあっせんで面識を得、佐藤が池田を吉田に紹介したのであった。後に池田が、総裁公選に打って出て、大野、石井らの党人派と、天下分け目の決戦をした時、池田に勝利を与えたのは佐藤であったし、佐藤を後継総裁・首相に「指名」したのは、池田であった。が、この二人の間の感情的対立は、このような表面の政治行動とは別に、かなり深刻なものがあったことは、政界消息通の間では、常識となっている。

さて、佐藤が、党外にあって沈黙している間、旧吉田派をひきいる実力者として、池田は次第に頭角を現わして来た。旧吉田派のリーダー群の中で、圧倒的に党歴の古いのは、元鳩山幕下で、共に衆議院議長の経験者である林譲治と益谷秀次であり、また、保利茂、周東英雄、福永健司、小坂善太郎らは、吉田政権下にあって、池田、佐藤らとは、むしろ同格であったろう。

因みに、池田も佐藤も、昭和二十四年一月の総選挙で初当選し、政界入りしたのであるが、同じ時に、政界入りした人物には、前尾繁三郎、福田篤泰、遠藤三郎、有田喜一、床次徳二、大橋武夫、福永健司らが居り、小坂善太郎、田中角栄らはそれより早く政界入りしている。

また、吉田内閣の全盛期の終ろうとする頃、すなわち昭和二十七年八月の抜き打ち解散直前の、民主自由党内の派閥勢力図を、当時の新聞紙上に表われたものをもって示すと、次のとおりになる（27年8月25日付東京タイムズによる）。

吉田派（140）
- 広川派（33）
- 準広川派（41）
- 増田派（25）
- 犬養派（17）
- 佐藤派（7）
- 池田派（6）
- 保利派（5）
- 側近派（6）

鳩山派（119）
- 大野派（47）
- 準大野派（43）
- 石橋派（6）
- 同志ク派（6）
- 植原派（2）
- 久原派（2）
- 松野派（5）
- 林派（4）
- 星島派（2）
- 益谷派（2）

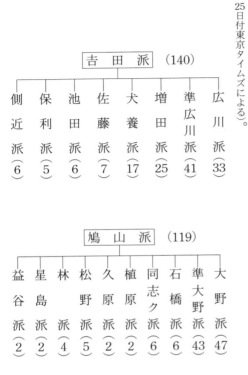

右票のうち、最大勢力をなしていた広川派は、後に、鳩山派と緒方派に分断され、吉田内閣の末期の自由党内の最大派閥は緒方派となっていた。また増田甲子七は、池田、佐藤より早く、運輸、労働、建設、北海道開発などの各省庁の大臣を歴任、官房長官（国務大臣兼任）や幹事長、政調会長の要職を経て、かつては強力な派閥をひきい、池田、佐藤よりもはるかに有利な政権への最短コースを歩んでいた。それが今日はまったく政治勢力を失い、佐藤派の一メンバーに過ぎぬ存在となり、宰相への階段をまったく踏みはずしてしまった。理由のひとつは、一時大病をし、昭和三十年の選挙に落選したことにあるが、それにしても、政治家の運命の不思議な例に、広川弘禅のケースと並んで、しばしば増田の名が数えあげられる。

池田が、右のような先輩や同輩を抜いて頭角を現わした理由は、第一に大蔵官僚の後輩が相次いで政界入りをし、類は友を呼んで、親分肌であった池田の周辺に集まったことであり、第二には、大蔵官僚出身の強みと、当選一回にして蔵相に抜擢され、秀れた政治資金源をつかみ、資金力を身につけたこと、の二点に集約されよう。

だが、岸信介が幹事長の地位に拠って岸派を巨大派閥に育て、石井光次郎が緒方竹虎の死去後、石井派を独立させ、三木武吉の死後、河野一郎が、河野派を巨大派閥に養いあげた頃、なお、池田派は師団単位の派閥として、自民党の派閥第一市場に上場されていなかった。吉田派内に、「池田系」として、いわば店頭株的存在としてあったに過ぎなかった。

当時の私のメモによると、「吉田派」内で「池田系」としてマークされていたのは、前尾繁三郎、黒

金泰美、大平正芳、高橋等、小山長規、内田常雄、奥村又十郎、川村善八郎、植木庚子郎、野田卯一（以上衆議院）塩見俊二、高橋衛、宮澤喜一（以上参議院）らであった。

池田派が、佐藤派と共に、派閥として定着したのは、鳩山内閣の末期、三十一年十二月の総裁公選で、池田が石橋を、佐藤が岸をかついで争った時以来のことである。この時の総裁公選をめぐり、「吉田派」は、はっきりとふたつに割れ、「池田派」と「佐藤派」の二つの派閥が独立したのであった。この公選をめぐり、それまでの池田系から、佐藤派に走った者も何人かおり、また佐藤系から池田派に属することとなった人物も若干あった。そして、この頃から、池田と同格もしくは先輩格であった林讓治、益谷秀次、周東英雄らは、池田派の一員としての地位に落ち着いて行くのである。

池田は、三十一年の公選で、はじめから旧鳩山系の石橋をかついだのではなかった。旧自由党系の正統は、緒方竹虎の死去後、石井光次郎がついだ。保守合同後の初代自民党総裁を選ぶ三十一年四月の第一回総裁公選の時、吉田派は鳩山に対し、白票を投じて反対の意志表示をした。その際、池田は、岸信介に会って、鳩山に対抗して立候補することをすすめた。岸は、次の政権をねらうのに、この際鳩山と対立するのは不得策として、このさそいに応じなかった。その後、池田は細川隆元に「あの時、岸が踏み切って立候補していれば、負けても後は岸にきまったようなものだ。どうも思い切りが弱くていけない。あまりフラフラしているなら、ぼくもいつまでも岸はかつがぬよ」と語ったという（細川隆元『昭和人物史』文芸春秋新社刊・二二九頁）。

その岸は、やがて吉田派にとって仇敵である河野一郎と結んで、総裁選に出馬した。池田は、吉田内閣が倒れる日のブルータスである緒方を嫌ってはいたが、自民党内での旧自由党正統の主導権を打ち立てるため、緒方の跡目となっていた石井光次郎をかついで、三十一年十二月の総裁公選にのぞんだ。結果は、石橋、石井の「二、三位連合」によって、石橋の勝利となったが、池田は、公選の前夜まで、石井が石橋を抜いて二位になり、政権を握れるとみていたらしい。が、石橋が勝つや、三木武夫、石田博英と結んで石橋政権の中枢に位置し、再び蔵相の地位についた。

この時の公選で、池田と佐藤とは、同じ吉田派の票の切り取り、奪い合いを、凄絶なまでに展開した。それによって池田、佐藤の対立は、一層決定的なものとなったようだ。

不幸にして石橋は政権をとって間もなく病に倒れた。この時、三木と石田は、ひそかに、石橋から岸への円満な政権のバトン・タッチを密室の中で謀議していたが、池田は、この密室の取引きには参画していなかったらしい。だから、岸内閣の前期の改造人事で、三木は政調会長に、石田は労相に横すべりしたが、池田は、自派の前尾繁三郎を通産相に送りこんだに留まり、翌年の第二次岸内閣で、無任所相として入閣するまで冷飯を喰うことになる。

前期の岸政権は、岸、佐藤、大野、河野の四派連合で主流派を形成していたから、池田にとっては、苦難の時代であった。しかし、佐藤体制の内部では、間もなく、岸、佐藤兄弟の官僚派と、大野、河野の党人派との間の微妙な亀裂が始まっていた。池田が、この間隙に乗じ、林譲治、益谷秀次を使って、ひそかに、大野派の切りくずしをはかった形跡がある。そして、一挙に岸体制の倒壊を狙い、いわゆる「警職法騒動」に乗じて、三木武夫（当時経企庁長官）灘尾弘吉（同文相、石井派）と共に、「三閣僚辞任事件」を起す。が、このクーデターは成功しなかった。岸が、大野に例の政権授受の「証文」を渡し、大野派が再び岸内閣に忠誠を誓ったからである。

その一年半後、池田は、突如戦法を変える。三十四年六月の内閣改造で、「政治理念を異にする人物」の下に通産相として入閣したのである。この時の彼の政治行動には、一片の政治理念も見られない。党内派閥勢力間のバランス・オブ・パワーの変動をはかり、将来の政治的立場を有利にすることを狙っただけである。

政権を狙う政治家にとって、理念に生き、冷飯を喰うことは、きわめて困難なことである。ここで「冷飯を喰う」とは、いうまでもなく、政治資金源から遠ざかるということである。政権をとるためには、資金力が必要であり、理念は不要であるのみならず、時として有害ですらあるのだ。

が、ここでは、政治理念や政治道徳のあり方を論ずるものではない。結果的に見て、保守合同後の、派閥政治下にあっては、政権を狙うためには、常に資金源と密着する権力の地位を保持しなければならぬ、という教訓ないし法則に、池田は従ったのである。もしこの時、池田が入閣していなかったなら、河野一郎が入閣していたであろう。もし、池田も、河野も入閣していなかったならば、岸内閣は間もなく倒れていたであろう。そのいずれの場合でも、岸の次に、池田に政権が行く可能性は、きわめて薄くなっていたであろう。少なくとも、池田が入閣せず、河野が入閣して岸政権への協力を続けていたとするならば、三十五年七月の総裁選挙の決選で、池田の得票は、三〇二票をかなり下廻ることになったことだけは、確実である。

この時、池田に入閣をすすめたのは、田中角栄と賀屋興宣だとされているが、背後で、例によって財界人がはげしく動いたであろうことは、当然予想される。田中は池田内閣で蔵相の要職にすわり、賀屋も法相として台閣に列したのは、ひとつにはこの時の功績によるものだろう。

このことを裏返せば、河野はこの時閣外に去ったために、政権への階段を踏みはずしたことになる。河野と池田とのこの際の去就は、明暗二筋道へ通じるものであった。

この時以来、政権を狙う政治家にとって、たとえ政治理念を異にしようとも、時の政権の内部に入りこまなければ損であるという教訓が打ち立てられた。池田内閣の後期に、池田首相との不仲が一層深刻になりながらも、三十八年の改造で佐藤栄作は、池田内閣に伴食大臣の地位で入閣したし、三十五年の公選で池田と正面から戦った大野伴睦も、やがて副総裁として池田の下で忠勤をはげんだし、佐藤内閣の成立にあたって、河野一郎は宿敵の下に無任所相として留任して、水対策などで大いに精励した（もっとも逆に、四十年七月の改造で、河野は佐藤によって不意打的に閣外に追われてしまったが）。また、藤山愛一郎も、池田政権を批判しつつも、閣僚や党総務会長の地位について、権力の分配を受けていたし、佐藤政権下でも、批判的な立場に立ちつつ、四十年七月改造で入閣している。

このような習慣は、政治家の思想や理念や政策をあいまいなものにし、一般陣笠に至るまでに、無思想な権力追随ムードをびまんさせるのに役立っている。

それはさておき、三十一年十二月の公選で、吉田派は、池田派と佐藤派に分裂し、三年余の岸内閣時代を通じて、今日の池田派が定着した。池田内閣は、四年半の長期政権持続中、二度にわたる総選挙を断行し、この二度の選挙を通じて、一三人の若手議員を新たに加え、衆議院で四八人、参議院で一八人、計六六人の巨大派閥に成長した。

池田派を内容的にみると、何といっても、典型的な官僚派閥である。それがこの派閥の短所でもあり、長所でもある。

長所という意味は、官僚エリートの出身だけに、政策に明るく、行政技術に練達していることだ。短所は、官僚の通弊だが、決断力、勇気、行動力に欠けていることである。

病床にあった池田は、池田派の後継者を前尾繁三郎に指名し、子分たちに、前尾を立てるよう要望した。だから、池田派は、池田の死去後も、大野派や河野派のように、内紛や分裂騒ぎを今までのところ、起していない。しかし、池田が死去する直前、見舞いに行った水田三喜男（池田内閣の蔵相、船田派）にこう洩らしたという。「私が死んだら前尾君のもとに残るのは池田の半分くらいだろう」

今日、池田派からの脱落者は、大橋武夫と野田卯一の二人だけだといわれていることからすれば、幸運にも、池田の予言は当らなかったことになる。とはいえ、前尾のリーダーシップが、池田のように、強力であるというのではない。

前尾は、有名な蔵書家であり、読書を趣味とする書斎派である。また、肋膜や糖尿病の持病があって病弱である。その上、行動を起すに、不必要なほどに、慎重である。前尾は、常に大勢を見て、その大勢がきまってから、やおら行動を起すタイプである。こうしたタイプの人は、結局はセカンド・マンであって、集団のトップに立てるタイプではない。

三十五年に、池田が、総裁公選でイチかバチかの大勝負をすべく、凄絶な物量戦を展開した時も、前尾は、あまり積極的な役割を果さなかったようだ。この時の物量戦の兵站と砲撃とを一手にひき受けたのは、大平正芳であったといわれる。前尾と大平との間がしっくり行かないのは、こうした過去の役割も無関係ではなさそうだ。

前尾自身の心境は、佐藤に対しては、非常に批判的であり、藤山愛一郎に近い。かつて、前尾は、佐藤を「悪魔の政治家」と呼んだほどであり、三十九年末の後継総裁指名に際しては、内心佐藤に反対であって、藤山をかつごうとしたほどだ。しかし、四十一年八月の改造人事に際しては、総務会長の椅子に留任を希望しながら更迭され、池田派内にも、党三役に留任できぬなら入閣を拒否すべきだとの声が強かったにもかかわらず、伴食閣僚として入閣している。この入閣については、池田派内にも、批判はあったが、前述の〝教訓〟に従って、権力の配分を受けた方が得策だと、打算したのであろう。こうした行動の不明瞭さは、実力者としての彼の限界を示すものでもある。

前尾は一応、将来の総裁、首相候補である。もし、総裁の椅子を狙うとすれば、現在の非主流各派の票を集めねばなるまい。佐藤が、後継者に福田赳夫か三木武夫以外の人物を考えることは、あり得ないからだ。非主流各派のリーダーとしては、現段階では藤山愛一郎しかいないが、個性の強い藤山には、ハバの狭さがあり、その点、個性のない前尾の方が、脈があるともいえる。が、非主流各派も、前尾の、どっちを向いているか、わからぬ態度に対してあきたらぬ感情もあり、さらに、何よりも病身であることが、彼の政権への道を、暗いものにしている。

池田派が官僚派といわれるのは、高級官僚が、その半数を占めているからで、自民党内のどの派閥に比しても、この派が官僚出身者数では最多数である。以下に池田派に所属する官僚出身者の名を列挙してみよう。

▽衆議院

〔大蔵官僚〕（一一名）前尾繁三郎、大平正芳、黒金泰美、野田卯一、内田常雄、浜田幸雄、金子一平、正示啓次郎、谷垣専一、岩動道行、村山達雄

〔内務官僚〕（四名）山崎巌、丹羽喬四郎、高見三郎、亀山孝一

〔その他の官僚〕（七名）益谷秀次（判事）周東英雄（農林）荒木万寿夫（商工）佐々木義武（満鉄、科学技術庁）伊東正義（農林）小沢辰男（厚生）大久保武雄（逓信、運輸）

▽参議院

〔大蔵官僚〕（二名）塩見俊二、高橋衛

〔その他の官僚〕（六名）亀井光（労働）松野孝一（農林）山本茂一郎（陸軍）林田悠紀夫（農林）黒木利克（厚生）平泉渉（外務）

すなわち、衆参両院を含めると、三〇名の官僚出身者が、池田派に集まっており、これが池田派の持つ官僚臭を吐き出しているわけだ。

池田首相の在世中、池田派の中には、「党人派」と「官僚派」の対立があった。池田が、大蔵官僚出身の子分たち、つまり、大平正芳、黒金泰美、宮澤喜一らを偏重したことに対する非官僚派の抵抗で

あった。その頂点は益谷秀次で、小坂善太郎、福永健司らは、そのリーダー格であった。しかも、官僚派の中でも、前尾直系と大平正芳系との対立がある。これらの対立が、池田の死去後爆発して、この派が程なく分裂するのではないか、との見方があったにもかかわらず、予想に反して、今日なおまとまりを示しているのは、この派のリーダーたちが、いずれも、あまり個性的、行動的でないからでもあろう。前尾、大平、小坂らのうち、誰が今後強力なリーダーとして成長するかは、未知数である。

大平正芳が、池田在世中から、独自の子分を養っていたことは、公然の秘密である。大平系には、三年生以下の若手議員が多い。服部安司、佐々木義武、田沢吉郎、浦野幸男、小沢辰男、伊東正義、田中六助、登坂重次郎らが、その直系とみられる。

佐藤首相は、その政権維持のために、すでに大野派が分裂し、河野派が前分裂症状を呈している今、唯一のまとまりある巨大派閥である池田派の分割統治をはかっている。四十一年八月改造で、宮澤喜一を官房長官にひきぬこうとしたことは、そのひとつの表われであるが、政調会長の本命であった大平正芳を役職に起用しなかったことも、同じ狙いによるものだ。田中角栄とつながる大平正芳の勢力の拡大を、未然に防ぎ、いわゆる田中―大平ラインを抑制して、大平を中心とする池田派の強力化を阻止することを狙ったものである。大平のかわりに、元来佐藤派と接近していた福永健司を、総務会長に起用したのも、対池田派分割統治策の一端を示すものであろう。この八月改造に際して、前尾が大平の入閣もしくは党三役入りを、いささかも推進しようとしなかったのは、前尾と大平との間の亀裂を示すものだと見る向きもあった。

大平は、池田の在世中、池田派の資金源を委ねられていた。これが、大平の今日の政治力の源泉のひとつである。今日、資金力の面で、池田派の中で、大平の上を行く人物はないであろう。大平の強みは、もうひとつ、大蔵官僚出身として財政通であることと、二期にわたる外相在任を通じて、外交政策にも通じたことである。彼の弱味は、弁説が下手なこと、寝業裏芸に秀で過ぎ、表芸立業がニガ手なことである。この点は、雄弁で立業が得意の小坂善太郎とは、まことに対照的である。

以上の顔ぶれのほか、この派の将来のリーダーは、鈴木善幸、小山長規らの民間出身者であり、才人宮澤喜一は、才におぼれて孤独なのが、その限界となっている。

〔佐藤派〕

三十年十一月の保守大合同に反対した佐藤栄作は、吉田茂と共に、子分の橋本登美三郎一人だけを連れて、衆議院の無所属席にポツネンと坐っていた。

造船疑獄の被疑者として、歴史的な法相指揮権発動によって司直の追及を免れた上に、今また無所属席に坐った佐藤は、〝政界の孤児〟であった。もちろん、指揮権発動がなかったら、その後の彼の政治的命運は、もっと暗いものだったろうが、いずれにせよ、不遇の身で、保守合同反対の所信を貫いて自ら無所属に行くことは、勇気を要することではあった。

その頃、本会議場の記者席から、無所属席に淋しく坐した佐藤栄作を見下ろしていた我々は、彼の政治生命は、たとえ吉田前首相のバックがあろうともこれをもって終りを告げるのではないかと、気の毒に思ったものである。

とはいえ、彼が、保守合同に反対したのは、保守合同それ自体が国政にマイナスになると考えたからではない。宿敵鳩山の下に一党員として屈するのを不本意とする点で、吉田茂と共に意見が一致したからであろう。今日、彼が保守二党論に反対し、保守一党独裁体制を維持するために、党紀の強化を呼号しているのを見ると、変れば変るものだとも思われる。

一時は政治生命を失うかに見られた佐藤栄作は、鳩山の退陣によってようやく、自民党に入党した。そして彼が〝佐藤派〟という巨大師団を作りあげたのは、三十一年十二月の総裁公選で、実兄岸信介をかつぎ、旧吉田派のごぼう抜きを、果敢にやってのけた頃のことである。

旧自由党時代の吉田全盛時代に、佐藤の幕下にあり、〝佐藤派〟と呼ばれた数名のグループで、今日議席を持っているのは、木村俊夫、西村英一くらいのものである。今日の佐藤の腹心で参謀長格の保利茂は、別派をなしており、今日佐藤派の代貸格である田中角栄は、まだ佐藤の幕下に入ってはいなかった。増田甲子七は二十数名の一派をひきい、佐藤の数倍の勢威を示していた。

その後、保守合同後、「吉田派」の集団指導体制時代に「佐藤系」とみられるに至っていたのは、久野忠治、南好雄、北沢直吉、中馬辰猪、二階堂進ら十余名であった。それが、三十一年十二月の総裁選挙で岸をかつぎ、やがて翌年二月、岸内閣が成立した頃には、「佐藤派」は、衆議院で四〇名を超える巨大派閥にふくれあがっていたのだから、この時期の高度成長ぶりは、まことにめざましいものであったわけだ。

佐藤は敵を作り、力で敵を倒すタイプの政治家である点で、河野一郎に似ている。

吉田内閣時代には、鳩山一郎、三木武吉、河野一郎ラインと果敢に戦ったことは周知のことである。また同じ吉田側近の関係にありながら対立した広川弘禅に対しては、選挙区で対立候補を立てて落選させ、政界から葬り去った。河野一郎、石橋湛山の除名に大きな役割を果したただけでなく、ひとたびは実兄岸信介を除名したことすらある。吉田内閣の末期には、緒方竹虎とも対立した。大野伴睦との犬猿の仲は世に聞えたが、三十五年の総裁公選で〝証文〟を反故にして敵に廻って、大野をして敗者の涙にくれさせたし、池田政権下では、池田と対立して、執拗な攻撃を続けた。佐藤内閣樹立後、一時河野を抱擁するが如く装いながら、四十年七月十九日の改造で、最後の土壇場で、抜き打ち的に斬って捨て、さすがの河野を唖然とさせた。実兄岸信介と共に、彼が「権道の政治家」といわれるゆえんでもある。

しかし、彼のこのような無残ともみえる政敵の葬り方は、独特のオブラートに包まれており、自らが正面に出て激突するという方式をとるものではなかった。それ故に、どちらかというと、陰性な政治家というイメージを世間に与え、これが、首相になってからも、一向に人気のわかぬ原因のひとつとなっている。陽性の河野と共に、政界で常に敵役とみられる理由でもある。

不思議なことに、彼の有力な政敵は、ことごとく、今日政界を去っている。広川弘禅は、長く議席を失ってもはや復活のチャンスは乏しく、緒方竹虎、大野伴睦、河野一郎、池田勇人は世を去った。かつて政敵の関係にあった石井光次郎、三木武夫らは、彼の体制の内部に入ってしまっている。現時点で、彼に対抗する可能性のある実力者は、藤山愛一郎、前尾繁三郎、中曽根康弘くらいしかいない。そして、これが、佐藤政権を二年間にわたり安泰にして来た最大の理由といわざるを得ない。

彼には、自分の政権下にあっても、頭角を現わしかけて来る人物は、未然にこれを叩くクセがある。政権をとってからの前期の内閣改造の人事の際に、幹事長三木武夫を本人の意に反して追い、腹心の田中角栄を後任にすえた。その田中が勢力を持ってくると、これをまた抑制にかかり、四十一年八月の内閣改造で、官房長官に横すべりさせようとしたが、果さなかった。しかし、それを機に、佐藤と腹心の田中との関係が、すっかり冷却してしまったことは、かくれもない事実である。

池田勇人は、腹心の参謀にめぐまれた人物であった。前尾繁三郎、大平正芳、宮澤喜一、伊藤昌哉など、しかりである。こうした腹心の人物によって、池田のリーダーシップと人気とは生み出され、支えられていた。彼は、腹心を用い、その進言に従い、その智恵を借りる型の政治家であった。

佐藤栄作は、この点で池田と対照的である。彼は腹心に一切を委ねるタイプではない。本質的には、吉田茂のワンマン的性格を継承しており、配下が自由にものを進言できる空気を作らない性格がある。世間では、最高のブレインと見られていた田中角栄すら、その信任と信頼を得ていなかったという事実も、彼のそのような性格の一端を物語るものであろう。ある意味では、彼はかつて無所属席に一人ポツネンとすわった時のように、孤独な政治家である。

佐藤派内の保利茂、田中角栄両系統の対立があって、はげしい抗争を続けていることは、誰でも知っている。佐藤は自らこの対立を調停しようとの意志はないようだ。ディバイド・アンド・ルールというローマ以来の政治の鉄則を、彼は自分の派閥に対しても適用しているのであろうか。

保利茂は、岸信介―福田赳夫と近い。田中は、岸―福田ラインとは、対立している。これまで、佐藤の後継者は、田中か福田といわれているだけに、この両者のライバル意識が強いのは、無理のないところである。

保利―福田は、池田政権時代、池田に対する仮借のない批判を続けて来た。その間にあって、田中は不断に池田との妥協により池田からの禅譲を期待する姿勢をとり続けて来た。議席を失っていた保利は当然のことであるが、福田は三十六年七月の改造で、政調会長の椅子を去って以来、三年余にわたり、冷飯を喰い続けながら、池田内閣の打倒に邁進して来た。その間、田中は政調会長一期、大蔵大臣三期をつとめ、陽の当る場所を歩き続けて来た。このことが、佐藤派内にジェラシーと池田との妥協姿勢に対する批判とのまじった反感を生み、それが、保利系を結集させたともいえる。

保利系は、松野頼三、中野四郎、木村武雄、塚原俊郎、坪川信三ら、田中系には西村英一、瀬戸山三男、二階堂進、竹下登らがいる。

＊　＊　＊

佐藤栄作が、やがて政権の座を去る時、誰を後継者に選ぶであろうか。目下のところ、佐藤体制の内部では、福田赳夫と田中角栄とが、総裁候補の双璧とされているが、佐藤は田中ではなくて、福田を選ぶのではあるまいか。その点では、福田の方が有利であるが、福田には池田体制下の主流派、つまり今日の非主流派の大勢が批判勢力として立ち向い、これが彼の政権への道の壁となるかも知れない。これに対して、田中は、非主流各派に通じるものがあり、潜在勢力を養っている。両者とも資金力には恵まれているので、その勝負はミモノであろう。

佐藤派の両実力者、田中、保利の両者とも、自由党生え抜きではない。田中は、民政―進歩党系の大麻唯男のすすめで政界に入り、二十二年民主党所属で初当選、幣原派に属して、幣原喜重郎と共に民主党を脱党して「同志クラブ」を作り、後に自由党に走った。吉田内閣時代には、型の如く、政務次官、副幹事長、常任委員長を歴任した陣笠に過ぎなかったが、吉田内閣の倒壊後旧吉田派の幹部の地位を占めていた。故池田勇人とは遠縁の関係にあって、一時は池田系とみられていたが、三十一年の総裁公選前から、佐藤派に定着した。彼が今日の政治勢力を養ったのは、三十五年の総裁公選で、池田派の大平正芳と結んで、池田のために佐藤派を中心とする票集めに挺身し、その功労で政調会長、大蔵大臣の要職を重ね、また、三十八年の池田内閣の改造で、佐藤栄作の入閣を推進し、三十九年末に池田から佐藤への政権の禅譲を実現した功労で、党幹事長の地位についたことによる。

保利茂も、かつて民主党の中にあって、犬養健をリーダーとする「連立派」に属し、小坂善太郎、久野忠治、坪川信三らと共に民主党を脱党して民自党に走った人物。毎日新聞記者から山崎達之輔農相の秘書官となって政界入りし、二十四年から二十五年にかけて、民主党連立派の幹事長となった。吉田政権下では官房長官、農相、労相を重ね、池田、佐藤と並ぶ権力を持った。三十一年の総裁公選では、池田と共に反岸陣営にまわり、石井に接近したこともある。岸内閣時代に、岸、佐藤に接近し、池田政権時代には、親池田の田中と反対に、反池田的立場に立った。今日の政界きっての寝業師であるが、陰性な性格から、集団のトップに立つ人物ではない。現在議席がないが次の総選挙で復活すれば、佐藤内閣の幹事長の有力候補である。将来は福田赳夫を擁立するであろう。

佐藤派が官僚派と呼ばれるのは、主として佐藤自身の官僚臭のためであり、佐藤派内の官僚出身者の数は、衆議院で一六名にとどまり、これに対し、県会議員など地方政界出身者数は一二名、新聞記者出身が六名もおり、残余も民間出身者で占められている。

非官僚陣営は、田中、保利を含め、まことに雑多な配合を見せている。橋本登美三郎は新聞記者をやめて戦後郷里の潮来町長をやり、石川達三、戸叶里子らと日本民党を作ってその代表委員となったが、後に自由党に入党した。旧改進党系には、中島茂喜、中野四郎、中村庸一郎、高瀬伝、伊藤隆治らがいる。元広川派の系譜には、上林山栄吉がいる。相川勝六、松野頼三らは、石井派からの転籍者である。木村武雄は、戦前の東方会所属で、戦後は鳩山派に属し、後松野鶴平に従い、佐藤派に走った。愛知揆一は、吉田派時代むしろ池田勇人に近かったし、保守合同後は、「賀屋派」の幕僚に納まっていたが、岸内閣で官房長官、法相に起用され、佐藤派に定住することとなった。

このように、人脈的な雑多性が、佐藤派の結束を弱めており、佐藤が政権をとってから、早くも分裂の兆を見せている。恐らく、佐藤が政権を失えば、かつて岸派が福田、川島、藤山三派に分裂したように、この派も、二分三分するのではないかとみられている。

〔河　野　派〕

河野一郎ほど、敵の多い政治家はなかった。終戦直後、日本自由党を創党した頃、河野一郎は三木武吉と結んで芦田均一派と対立し、やがて芦田らを追い出した（芦田は進歩党に走って民主党を作った）。追放解除後は、吉田派と正面から戦いながら、同じ鳩山派の内部で大野伴睦、林譲治、益谷秀次ら、鳩山幕下の直系と対立した。「八人のサムライ」と呼ばれた日本自由党の同志の中でも、池田正之輔、故山村新治郎とは後に絶縁した。岸信介とは同盟を結びながら、後に敵対した。至る所で彼は敵を作り、しばしば四面楚歌となったが、それでも晩年は衆議院四五人、参議院一五人、計六〇人の国会議員を擁する巨大派閥の頭領であった。

河野が敵を作った大部分の理由は、その傍若無人、傲慢といえる態度であったが、特に、鳩山政権下で「執権」といわれるほどに人事をほしいままにした時の反感と、三十八年十一月の総選挙で、全国各地で大量に新人を立候補させて、現職議員たちのキモを冷やさせ、一四人の新人を当選させた時の選挙の恨みが、大きな原因となっている。

河野一郎にしてみれば、戦後の自由党の創立は、彼が強引に集めた資金によって作られたものであり、吉田派は、彼と、鳩山との追放中に、その遺産を相続したものに過ぎず、その遺産の継承者として池田や佐藤が自分の先を越して政権をとることが、まことに不合理なことに見えていたらしく、生前の彼の言動には、そうした自負と不満が常に表われていた。吉田内閣時代の長期にわたる欲求不満が、鳩山政権時代に爆発的に表われたものともいえよう。それが、人事上の彼の専断となって表われたともみられる。彼は競馬マニアであったが、政界での勝負を賭けて彼の買った馬は、鳩山一郎を除いてよく負けた。三十一年十二月の公選でかついだ岸信介、三十五年の公選でかついだ大野伴睦と石井光次郎、そして三十九年末の総裁争いでは、自ら出馬して、佐藤に敗れた。にもかかわらず、河野派という派閥は、めざましい高度成長をとげた。

「河野派」の出生は、三木武吉の死後である。長い追放中の間、子分を作れなかったのは当然である。しかし吉田政権時代、鳩山の自由党復帰に反対して「日自党」に立てこもっていた時も、「八人のサムライ」のうち、河野の子分は故山村新治郎と安藤覚の二人だけであり、残る松永東、池田正之輔、松田竹千代、中村梅吉の五人は、三木武吉の子分であった。だから、この派閥は「三木（武吉）派」もしくは「三木・河野派」と呼ばれていた。その後山村は河野派を去って岸派に転籍したから、当時の直系の子分中、残ったのは安藤一人ということになる。したがって、「河野派」が巨大派閥になったのは、保守合同後、三木武吉が亡くなってからのことであった。すなわち、いわゆる河野派は、保守合同後に生まれたわけである。

三木武吉が世を去った後、河野派は、旧改進党革新派の北村徳太郎系を吸収した。「春秋会」の名は、その時につけられたものである。この北村派は、かつて進歩党時代から、「革新派青年将校」といわれたグループで、政策マンでありかつ行動力の旺盛な若手議員の集団であり、このグループは、以来河野派の高度成長の中核的原動力となった。中曽根康弘、桜内義雄、稲葉修、白浜仁吉、園田直らである。川崎秀二も当時はこのグループに属していたが、後に同じ改進党系の三木派に復帰し、さらに松村謙三に従って三木派を脱藩、最近では再び、河野派と接近している。

このグループの中で、最も頭角を現わしているのは、中曽根康弘であり、「春秋会」という巨大派閥の河野亡きあとのリーダーは、結局中曽根に落ち着くのではないか、と見られ、彼は将来の実力者―党首の候補の一人とも目されているので、このグループの成長過程を若干説明しておく必要がある。そのためには、同じ旧改進党革新派といわれたグループが、なぜ、この北村系と三木派とに分裂したかのプロセスを知らなければならない。同じ近代派《モダニスト》の派閥でありながら、この両派の提携が困難な理由を知る一助となろう。

終戦直後結党された進歩党は、旧日政会の翼賛政治家によって結成されたが、その中に古手翼賛政治家にあき足らぬグループがいて、犬養健を中心に集って「新進会」を作った。それが北村徳太郎、中曽根康弘、川崎秀二、桜内義雄らである。進歩党は後に「日本民主党」に衣替えした。その中で幣原喜重郎と芦田均との総裁争いが起った。この時新進会グループでは芦田を擁立して、あらゆる党機関で幣原反対の行動を起した。その頃「青年将校団」のニックネームがついたのである。しかし犬養健が間もなく公職追放になったので、彼らは、年長の北村徳太郎をリーダーに選んだ。この総裁争いは、幣原派の脱党で決着し、北村は芦田内閣の蔵相に起用され、「北村派」が固まった。その後、昭電事件で芦田が失脚し犬養健が追放解除で復活した時は、彼は革新派と総裁の椅子を争うこととなった。この時、革新派は、三木武夫、北村徳太郎の二人の中から一人をしぼって総裁候補に選ぼうとしたが、ついにいずれもゆずらず、止むなく、楢橋渡を立てて、犬養と争って敗れた。このあたりから、同じ革新派の中で、三木系と北村系とが対立する芽が生じた。さらに、改進党を結成した時にも、両派の分割をはかろうとした寝業師大麻唯男が、川崎秀二の幹事長案を出して、三木幹事長と争わせたことがある。やがて、改進党は自由党の鳩山派、岸派と共に民主党を作り、北村派は三木武吉―河野ラインと提携して日ソ交渉を推進したが、三木武夫―松村謙三派はこれに消極的もしくは反対の態度をとった。そして保守合同にあたっては、北村派は推進、三木派は反対に廻り、ここに至って、旧改進党革新派は三木派と北村派にまっぷたつに分裂して、北村派は河野派に吸収され、「春秋会」を作ったのである。

重政誠之、森清らは、この北村派とは別系列で、自由党時代からの鳩山直系組である。

河野派の膨脹過程を見るにあたって、旧広川派の吸収は重要な要素をなしている。鳩山が自由党から脱党した時に、広川弘禅に従って脱党し、鳩山派に参加したグループである。根本竜太郎、松田鉄蔵、浜地文平、田中彰治らがそれだ。

このほか、「山崎首班事件」の参謀山口喜久一郎、大野派から移った大石武一、戦前の民政党―旧改進党大麻唯男系の野田武夫らを含め、この派の特色は、官僚出身がきわめて少なく、いわゆる「党人派」の典型であることだ。この派の中で、高級官僚出身は中曽根康弘（内務）根本竜太郎（満州国）重政誠之（農林）唐沢俊樹（内務）山本幸雄（内務）くらいのもので、これにくらべ地方政界出身者（府、県、市議・村長など）は一四名に及び、新聞記者出身が六名、その他は民間企業経営者、元秘書などである。

この派が巨大派閥に高度成長したのは、三十八年の総選挙で、この選挙だけで、一四人の無名の新人を当選させた。その大部分が非公認であったから、河野派は各派からはげしい攻撃を受けた。現在、当選三回以下の若手は二四名に達し、春秋会所属衆議院議員の半数に達する。この勢力は、過去に他派に在籍したことのない、純粋な河野派である。これら若手のうち、宇野宗佑、田川誠一、藤尾正行、砂田重民、木部佳昭らは、河野の秘書あがりであり、河野の〝親分〟的政治力の産物である。だが間もなく、気鋭の山中貞則ら若手議員が中曽根康弘の擁立運動を始め、一年後の四十一年七月には、分裂寸前まで行き、結局重政が代表幹事の座を下りて、重政、中曽根のほか、中村梅吉、野田武夫、河野謙三の五幹事による集団指導制に落ち着いた。だが、つまるところ、この派は、中曽根、重政両派に分断されるのではなかろうか。

両派のうち、重政派は、河野の死去後、河野在世中の方向に大きくハンドルをきり、佐藤派、福田派に急速に接近した。これに対し、中曽根派は、故河野の批判勢力的性格を持続し、旧池田派、藤山派、船田派、松村派との提携をはかり、反主流色を保っている。中曽根は、福田赳夫と同一選挙区で対抗関係にあるため、将来とも岸、福田派との接近は予想されない。

重政派の参謀は、中曽根の改進党時代の盟友園田直であり、同派は、松田竹千代、浜地文平、根本竜太郎、松田鉄蔵、中川俊思、安藤覚、白浜仁吉、森清など当選五回以上の古参組を集め、若手では宇野宗佑、藤尾正行の二人だけである。

これに対し、中曽根派は、古参の中村梅吉、野田武夫を顧問格とし、大石武一、桜内義雄、稲葉修、山中貞則らの中堅幹部を中心とし、当選三回以下の大部分を従え、代議士数では、重政派の約二倍の勢力を持っている。若手の中心は、倉成正、蔵内修治、八木徹雄の三人組であり、高橋清一郎、松山千恵子、天野光晴、湊徹郎、渡辺美智雄、藤尾正行、坂村吉正、四宮久吉、大石八治、木村剛輔、木部佳昭、砂田重民、木村武千代、大竹太郎、佐藤孝行、森下元晴らが、中曽根派の行動部隊をなしている。

河野の死去後、中曽根、稲葉、桜内、山中に森清を加えた反重政五者同盟ができ、これが重政に対抗する勢力になっていた。このうち、森は、四十一年八月改造に際して、この五者同盟を離れ、重政に接近、俄かに親佐藤の姿勢をとった。山本幸雄は、森直系といわれ、上村千一郎は、森と中曽根の両者に属しているようだ。

佐藤首相が、河野の死去後、この派の分割統治を考えたのはいうまでもない。そのため、佐藤は山口喜久一郎（衆議院議長）園田直（同副議長）を通じ、重政を四十一年三月に、鎌倉の別邸で開いた自らの誕生パーティーに招待した。だが、この年の八月改造人事で、重政は党三役かもしくは閣僚の有力候補とされていながら、代議士会長という伴食のポストをあてがわれたのは、内紛の末、重政派が少数派となったことから、佐藤がその足もとを見たからだと伝えられた。

中曽根派のこのような拡大は、予想に反したものであった。中曽根は、国会の常任委員会、政務次官の経験がなく、経済閣僚になったこともなく、財界との利権ルートにふれる機会がなかった。これまで、原子力開発と、憲法問題、首相公選論などに精力を集中して来たため、実力者としては資金力が弱いという欠陥があった。それが、今日衆議院で約三〇名、参議院で数名以上の派閥のリーダーにのしあがった理由は、政治的ビジョンの創出と雄弁によって、大衆的人気を高めて来たからであろう。金力による密室政治を不得手としたことが、その人気をささえる理由となったわけだ。このようなケースは、保守党内では珍らしいことに属する。しかしこれが、果して密室政治の終焉と保守党近代化の兆候であるか否かは、なお今後の保守党政治の動向を見届けねば断定できないかもわからない。

中曽根は、たしかに、ビジョンあふれる政治家である。しかし、しばしばビジョン過剰になる点が、彼の欠点ともなっている。彼の首相公選論は、米国流の大統領制《プレジデンシャル・システム》を導入し、首相を国民の直接投票によって選び、総裁公選の腐敗政治と首相とのつながりを断ち切れ、との発想にもとづく。直接民主制は、独裁を招くとの恐れから、学者の間からはこれに対する批判もあるが、このアイディアは国民各層の間に、同調する者も少なくなかった。しかし、現実問題としては、憲法改正を要するこのアイディアは、まず実現の可能性がない。現実の利権政治を追求せず、ビジョンを追う政治家は、必要ではあるが、中曽根は、今現実政治の中で〝実力〟を持つチャンスに逢着している。このため、彼も当面首相公選論は「休火山」状態におき、自民党内の実力者の地位を確保することに、精力を集中するハラを固めたようだ。

中曽根が政治権力に近づき得るためには、今日の保守一党制は適当な環境ではない。二、三年中に到来すると思われる多党制時代に入った時、このタイプの政治家は特色を発揮し、強力な指導力を発揮するチャンスにめぐまれるであろう。

〔三　木　派〕

三木武夫に対して一般が持っているイメージは、保守党の中の進歩派、モダニストである、ということだった。小党出身である点から、一時〝バルカン政治家〟とのニックネームがつけられたりしていたが、保守合同後、再度にわたって党幹事長をつとめたこと（石橋・岸内閣および池田・佐藤内閣）から、今や保守党の総裁候補の一人となった。かつて犬養木堂が、小政党「革新クラブ」から政友会に合流し、政友会総裁・首相に登ったと同様に、彼が政権をとるか否かは、今後の問題であるが、〝バルカン政治家〟のニックネームが消えた今、進歩派、モダニストとしてのイメージも、やや薄くなって来た。

三木は、昭和十二年四月の林銑十郎内閣の「喰い逃げ解散」で二十八歳の若さで政界に初登場した時、無所属であったし、東条内閣の翼賛選挙でも非推薦で当選している。このため、戦前派でありながら、戦後のパージを免れた。戦後は笹森順造、岡田勢一、林平馬らと「大同クラブ」を作り、「日本民主党準備会」を作ったが、後に協同民主党から国民協同党の創党に参加し、早くも書記長になっている。国民協同党は、協同民主党と国民党との合同によって作られている（昭和二十二年三月）。協同民主党（委員長山本実彦）は、船田中、徳川義親らによって作られた日本協同党が、日本民主党、日本農民本党を吸収してできた（昭和二十一年五月）ものであり、国民党は、笹森順造、早川崇、岡田勢一らによって作られた（二十一年九月）もの。国協党は結党時七八議席を持っていた。二十二年四月の総選挙で、衆議院三一議席、参議院一〇名の勢力に激減したが、社会、民主両党の片山内閣の連立に参加し、三木はこれに逓信大臣として入閣した。四十歳二カ月の若い大臣であった。二十三年六月の国協党大会では、三木武夫は中央委員長に選ばれ、小党ながら、はじめて一党の党首になった。国協党は二十四年一月の総選挙では三九議席が二四議席に転落し、このため二十五年四月に、民主党野党派と合同して、国民民主党を作った。さらに二十七年二月には、松村謙三、大麻唯男ら旧民政党の追放解除組で作られた新政クラブと合同して、改進党を結成、改進党は、自由党の鳩山派、岸派と合同して、二十九年十一月日本民主党を作り、これが三十年十一月に、自由党と合同して自由民主党となった。こうしたプロセスで、三木は、小政党のジリ貧になる経過をつぶさに体験したが、それが、今日の三木を、現実政治家に変えた理由であろう。

保守合同には当初反対し、このため、保守合同後の鳩山内閣では冷遇された。しかし石橋政権の樹立に大きな役割を果し、幹事長の椅子を得たが、石橋内閣は政権二カ月で倒れた。岸内閣では長く反主流の立場をとり、三十三年十二月に、池田勇人、灘尾弘吉と共に、閣僚を辞任して倒閣運動を起した。三十五年の総裁公選では、池田に対抗して石井をかつぎ、一敗地にまみれた。そのため、第一次池田内閣では、三木派は一閣僚も得られなかった。しかし、三十六年の第一回改造内閣に入閣してより、次第に主流派に転じ、三十九年七月の総裁公選では、池田のために、必死の票集めをした。

三十九年末の総裁争いに際し、三木は、幹事長として副総裁川島正次郎と共に「調整役」にまわり、池田から佐藤への政権バトン・タッチに重要な役割を演じた。

三木にとっての打撃は、三十九年七月の総裁公選で、三木派の早川崇一派が、いわゆる「忍者部隊」を作って、三木の意志に反し佐藤支持に廻ったことであった。〝早川連隊〟ともいわれるこの親佐藤派は、中村寅太、本名武、森山欽司、藤田義光、毛利松平、藤井勝志、渋谷直蔵、吉川久衛らである。かねて組織調査会長として、派閥解消、党近代化のための、いわゆる「三木答申」を書いた三木としては、三十九年七月の公選では、派閥のしめつけをしなければならなかったことは、まことに苦しいことであったに違いない。

また、三十九年末の総裁争いで、「調整役」として、河野一郎、藤山愛一郎をしりぞけて、思想的にも、体質的にも、最も異質的な佐藤栄作を指名したことは、彼にとっては、矛盾であった。

だが、彼にとって、この矛盾は、政権に近づくための階段として、避け得がたいものであった。三木は、もし池田が病に倒れず、三期六年の政権を続けたら、池田の次は自分が政権をとるつもりであったろう。それだからこそ、三十九年七月公選で、必死になって池田のための票固めをしたのだ。この計算は、池田の病気によってくずれた。三十九年七月の公選で、衆参両院で一六〇票をとった佐藤は、かりに三十九年末の総裁指名を受けられなかったとしても、陰然たる勢力をもって、将来とも再び総裁の座を狙ったであろう。これが、将来の三木にとっての一大敵国となったに違いない。池田政権が六年続けば、佐藤も戦力がつき果て、かつての石井光次郎の二の舞をしたかもしれない。しかし、三十九年七月公選で養った戦力は未だ温存されていた。だからまず、佐藤の政権欲を満たしておく必要がある。一方、河野は党内で余りに敵が多く、これと同盟しても、あまりトクはない。第一、モダニストの三木と、ヤクザの親分的な毒気の強い河野とは、肌合いがあうはずもない。藤山派に至っては、小派閥で同盟軍としての戦力は期待薄である。しかも財界主流派は、池田から佐藤へのバトンタッチを狙って強い圧力を三木にかけて来た。財界主流派を敵に廻しては、将来政権をとりにくいことは、過去の歴史が証明している。しかも、彼がもし、河野か藤山を支持すれば、二十人近くの三木派の中の「早川連隊」が、三木派を離脱する恐れがあった。これは将来政権に近づくための彼の勢力をいちじるしく弱めることになる。……こうした計算から、三木は、現実的な立場で、佐藤を選ぶことに決したようである。

この三木の決断を不満として、松村謙三、古井喜実、川崎秀二、笹山茂太郎、竹山祐太郎、佐伯宗義の六代議士が、三木派を離脱した。これと共に、三木は、オーソドックスの保守党政治家の軌道に乗ることとなった。

この時の決断が、将来の三木にとってプラスであったかマイナスであったかはまだわからない。三木は佐藤政権発足後、最初の改造人事で、期待した幹事長留任を、佐藤によってこばまれ、通産相として入閣した。以来、佐藤体制下の「新主流派」として、わずかな距離をおきながらも佐藤政権にほぼ密着している。

今日の時点で考えれば、三木政権の可能性は、佐藤、岸・福田両派および川島派の票を貰うことによって生れる。旧河野、旧池田、藤山などの非主流各派が、佐藤の次に、佐藤体制に密着していた三木に票を入れる可能性は少ない。衆参両院で、佐藤派（九五）岸・福田派（二四）川島派（二四）に三木派（四五）を合計すれば一八八票となる。これに石井派の大部分のほか非主流各派から散票をとり、地方代議員四六の約半数を加えれば、総裁公選で過半数をとる可能性が出てこよう。

しかし、岸・佐藤兄弟が、後継の本命として考えているのは、福田赳夫である。佐藤政権が長期化すれば、岸・佐藤は福田をおすのではないか。佐藤政権が短命となり、しかも退陣に際して、佐藤人気が地に墜ちていれば、佐藤との同質性の故に、福田の目は薄くなり、佐藤政権の主流派連合が三木に固まる可能性はある。

三木政権のもうひとつの可能性は、藤山、前尾らと、何らかの取り引きを成立させた場合である。この取り引きが成功するためには、三木は佐藤政権との距離を広げねばならない。

が問題は、終章に述べるように、やがて多党制時代に入った時には、このような計算の基礎が成り立たなくなることだ。公明、民社、保守第二党のような、第三党的勢力の発言が、政権の交代にモノを言うようになり、正統的保守派内での勢力布石だけでは、政権がとれなくなる可能性があるからである。

三木にとって、今日ほど政治経路の選択の困難な時期はなかろう。

三木は、昭和十二年以来、一一回連続当選という長い党歴がある。官僚の食をはんだことのない純粋な党人である。党人派の中では、たぐいまれな政策通であり、近代的感覚の持主である。再度の自民党幹事長や通産相在任を通じ、財界正統派の支持もとりつけたようだ。過去に大きな汚職事件に連なったこともなく、知的であり、近代的な政治家としてのイメージがある。これらの点で、官僚出身の福田赳夫や前尾繁三郎や財界から横すべりした藤山愛一郎よりも、保守党党首としての条件は、完全に近いものがある。不足しているのは、野性味と国民的人気である。そして、あまりにメン密な計算にもとづく行動が、他派の政治家に安心感を与えないことである。とはいえ、未だ五十代という年齢の若さが、自民党内各派領袖中で彼の足場をきわめて有利なものとしている。

さて、三木派の内容を見てみよう。その特色は、圧倒的に旧改進党出身者が多く、他派閥からの転籍者がほとんどいないことである。所属衆議院議員三一名中、一九名が旧改進党系である。官僚出身は至って少なく、早川崇（内務）森山欽司（外務・軍需）館林三喜男（内務）渋谷直蔵（労働）の四人に過ぎない。地方政界出身者は九名に及び、新聞記者出身が三名、ほかおおむね民間企業経営者や、代議士二世（三名）および秘書あがりなどである。若手議員は比較的多く、当選四回四名、三回一名、二回五名、一回五名である。参議院の一四名が加わって、総計四五名の準大型派閥となっている。直系の腹心は、井出一太郎、松浦周太郎、山手満男、赤沢正道、鍋島直紹（参）らであるが、親佐藤派の早川崇が中村寅太、野原正勝、本名武、吉川久衛、森山欽司、藤田義光、毛利松平、藤井勝志、大西正男、谷川和穂、西岡武夫らと一グループをなしており、これが三木派の結束をゆるめ、三木自身がリーダーシップを発揮するにあたって障害となっていることは否定できない。が、これらの事情も、三木が旧時代的親分的政治家の持つ非合理性を持つことが少ないことから生じる矛盾であり、近代政党化への過渡期にある自民党の領袖として、避けがたい道程とも見ることができる。

〔岸・福田派〕

旧岸派が派閥の形をとったのは、旧自由党内で岸が新党工作を始めた頃のことである。この初期の岸派は、二十九年十一月に、鳩山派と共に自由党を脱党して、改進党と合体し日本民主党を作った時の、岸信介と共に脱党した顔ぶれである。

岸が日本民主党の幹事長になってから、岸派は旧改進党系を逐次吸収して膨脹して行った。これが第二期の岸派である。この期間は保守合同後、鳩山の後を狙って石橋・石井と総裁争いをした時までつづく。

三十二年二月、ついに政権をとってから、第三期に入り、政権を土台にして、岸派は衆議院だけで七十余名もの巨大派閥に高度成長する。

しかし、三十五年の総裁公選に際し、その一部が「ノレン分け」をして、藤山派の創立に参加し、池田内閣時代に入って、岸自らが岸派の解散を宣言したため、川島正次郎を中心とする「交友クラブ」が独立、ついで、福田赳夫を中心とする一派が「党風刷新連盟」の母体となり、やがて整理されて、「岸・福田派」が固まることとなった。そうして、往年の巨大派閥「岸派」は、今日では、三つの中小派閥に跡を留めているのである。

戦時中、東条内閣の閣僚であった頃の岸とつながっていたのは、川島正次郎、椎名悦三郎、赤城宗徳（以上川島派）、大倉三郎（岸・福田派）、南条徳男、馬場元治、小泉純也（藤山派）、松浦周太郎（三木派）らだ。戦後岸が政界登場を狙った時、その土台としようとしたのは「日本再建連盟」である。「日本再建連盟」は、岸が巣鴨にいた頃、三好英之によって立案され、岸の出所後に発足した。当時の役員は、理事長が三好英之、理事に森下国雄、有馬英治、中村梅吉、永山忠則、馬場元治、川島正次郎、永野護らがあり、顧問には、藤山愛一郎が名をつらねていた。再建連盟が、二十七年七月三日に、政治結社届を出した時、岸はその「会長」になっている。だが、この年の八月の抜き打ち解散の結果行われた十月一日の総選挙では、岸信介、綾部健太郎は立候補しなかったが、再建連盟公認で出馬した候補は、故武知勇記以外全員落ちてしまっている。このため、岸は再建連盟の党首としての政治活動を断念した。もっとも、再建連盟系として自由党公認で出た川島正次郎、南条徳男、馬場元治、森下国雄、改進党公認として出た小泉純也などが当選している。

岸は再建連盟の失敗の後、自由党に入党し、しばらく鳴りをひそめ、時を待った後、新党運動に着手して、約三〇名の同調者を作っていた。しかし、彼の新党運動は吉田ワンマンの怒りにふれ、石橋湛山と共に除名される。そして二十九年十一月二十二日に、鳩山派と共に脱党して民主党の創党に参加したのだが、この時岸に従って脱党したのは、次の一三名であった。川島正次郎、赤城宗徳、藤枝泉介、小笠公韶（以上現在川島派）、遠藤三郎、南条徳男、永田亮一（現在藤山派）、福田赳夫、田中竜夫、坊秀男（現在岸・福田派）、始関伊平（佐藤派）、岡本忠雄、故武知勇記。これらの人々が、当時の岸直系である。

この直系組に対して、第二期、第三期の膨脹期を経て、各派から異質な分子が続々参加した。鳩山派の星島二郎、大村清一（後に反鳩山派になった）、菊池義郎、旧広川派の故首藤新八、旧河野派の池田正之輔、先代山村新治郎、旧改進党系の大麻派から唐沢俊樹、故宮沢胤勇、故三浦一雄、山本粂吉、野田武夫、中村庸一郎、真鍋儀十、芦田派から小島徹三、有田喜一、床次徳二、山本利寿、改進党中間派から千葉三郎、楢橋渡、小川半次らであった。これらの人々は、もとより現在各派に分散している。

こうした膨脹過程を経て、その絶頂時には衆議院だけで七〇名を超える勢力を養ったが、池田内閣時代に、彼は自ら岸派（十日会）を解散するという挙に出た。なぜ岸は、この巨大派閥を解散する気になったのであろうか？

その理由の第一は、彼はその巨大な派閥勢力を土台にしていったん政権をとったが、政権を離れてみると、もはや派閥は不要となったし、巨大派閥を養うには巨額の資金を要するから、その面倒を見るのは苦痛とすらなった。

第二の理由は、前首相として、その身を一派閥の師団長ではなく、吉田茂的な元老的地位におくことを考えた。

第三に、派閥解消の旗印のもとに、自ら率先して派閥を解消し、これによって他派の解体を触発し、各派の既成実力者をハダカにしてしまうことを狙った。

第四に、岸派自体の内部に、反河野・反池田的系列と、親河野・親池田的系列ができて内部抗争が始まっていたし、岸自身は後者の系列を代表する川島正次郎らよりも、前者の系列を代表する福田赳夫を後継者に考えていたので、一応岸派を分裂解体させ、福田中心の新派閥へ整理再編成しようとした。

一応以上の理由ないし動機が考えられる。

岸信介が公式に岸派の派閥組織である「十日会」の解散を宣言したのは、三十七年十月三十日のひるに開かれた十日会の世話人会の席上でであった。これより先、同年七月四日に、ホテル・ニュージャパンで藤山愛一郎と会った際に、岸は十日会解散の意向を示しており、この翌五日の十日会総会で、川島正次郎が、十日会解散に反対の意志表示をしている。

ちょうどこの頃は、三十七年七月十四日の、自民党総裁公選の直前であった。

そもそも岸は、三十五年の公選で池田を支持し、池田政権の誕生に一役買っていながら、その第一任期の終る前に、池田に対してきびしく批判的になっていた。池田不信になったのは、池田が大野伴睦、河野一郎らの党人派を起用し、接近し始めたことがおもな理由だったようだが、一方、岸としては実弟佐藤栄作の政権を早く実現したいという思惑から、池田内閣を倒そうと考えるに至ったようだ。

また、佐藤派内でもすでに、池田政権に協力し、政権の〝禅譲〟を待つべしとする田中角栄一派と、池田は長期居すわりを策すに違いないから、政権は戦いとるべきだ、とする保利茂一派との対立が始まっていた。

このような情勢下で、三十七年一月三十日に、「党風刷新懇談会」が旗上げした。党近代化・派閥解消を旗印にかかげていたが、これは反河野、反池田分子の結集による佐藤政権の樹立を狙ったものであり、同時に将来の福田派創立の布石でもあった。当初はかなり広範に人を集め、同年六月二十四日現在一二〇名に達した。常任世話人として岸派の福田赳夫、小島徹三、佐藤派の塚原俊郎、三木派の薩摩雄次、石井派の坂田道太、大野派の倉石忠雄、青木正、池田派の小金義照らの人々があげられたが、中心は福田、倉石、小金の三人で、現在いずれも岸・福田派に固まっている。この組織は、後に「党風刷新連盟」と改称し、三十八年十二月二十一日にいったん解消したが、その後「人心一新・党近代化推進本部」として復活し、池田内閣の党内野党の中核的役割を果した。

さて、十日会は、三十七年七月十四日の臨時党大会の総裁公選にのぞんで、親池田、反池田に二分して、支持候補を決定することができず、公選の直前の十二日に赤坂プリンスホテルで開かれた十日会総会の席上、「自主投票」とすることを決定した。この時の公選では、当初出馬の構えを示していた佐藤栄作、藤山愛一郎の両者とも、大会の直前に立候補を辞退してしまったため、池田首相が四六六票中三九一票をとって、無事総裁に再選された。この時投じられた七五票の無効票および白票は、党風刷新連盟を中心とするものであった。

この公選の行われた年の十月三十一日、十日会は岸信介の宣言によって解消されてしまったので、川島派は、十一月二十六日、新派閥「交友クラブ」を結成した。残余の大部分は、福田赳夫を中心にして、党風刷新連盟にこもった。いずれにも属さず、岸に従った森下国雄、小川半次、大倉三郎、今松治郎の四人は、しばらくは「岸直系」と呼ばれていたが、後に福田派と合併し、今日の「岸・福田派」として定着するに至った。

旧党風刷新連盟系、つまり福田派は、佐藤政権樹立にあたって、佐藤派の別働隊の役割を果した。しかし、佐藤政権の人気がすでにして下り坂をころがり落ち始めた今日、むしろ、佐藤派の中の保利茂系が、将来の福田政権樹立のための、別働隊の役割を果しているといえる。

岸・佐藤兄弟が、彼らの政権の延長上に福田政権を考えていることは間違いない。その点で、佐藤の〝跡目〟が福田か田中か、と問えば、すでに福田に決しているといえよう。四十一年八月改造の舞台裏を知っている者は、佐藤が田中に距離をおき始め、福田―保利ラインに傾いたことを認めたであろう。

だが、佐藤内閣が倒れる日、佐藤と一体視されている福田に政権がころがりこむか否かは、これまた疑問である。池田政権時代の、福田の果敢にして執拗な池田・河野に対する攻撃は、旧池田派・旧河野派に多くの敵を作ったし、佐藤派の半ばをにぎる田中幹事長も福田に対して、かなりの敵意を持っていることは公然の秘密である。福田の政権への階段に立ちはだかる者は、これまでに彼自身が作って来た多くの政敵である。

佐藤政権の誕生後間もなく、三木武夫と福田赳夫の同盟が成立したと伝えられた。福田夫妻が、熱海で三木夫妻と、会食したからだ。その翌年のはじめ、参議院議長公邸で、重宗雄三議長夫妻主催の「タラフク会」という会合が開かれた。タラとフグをタラフク食う会という意味のこの会合には、岸信介夫妻、佐藤栄作夫妻、三木武夫夫妻、林屋亀次郎夫妻が出席し、出席予定だった福田赳夫夫妻は欠席したが、福田の腹心の田中竜夫が出席していた。

この席上、重宗雄三が、突然こう発言した。

「私と林屋君が一緒になって集めれば、参議院自民党で一〇〇票は集められる。総裁公選でこの一〇〇票をまとめて得る者が、次の政権をとることになるだろう。そこで、佐藤さんの次の総裁だが、まず三木武夫君、次は福田赳夫君としようではないか」

この時、日頃佐藤の次は福田とばかり考えていた岸信介は、妙な表情を浮べていたという。三木派が、この情報を喜んだのはいうまでもない。

福田は自民党内の右派のリーダーである。三木は、過去の経歴などからすれば、どう見ても、左派のリーダーであった。三木自身がかつて認めていたように、三木は佐藤とは思想的、体質的に最も遠い性格を持つ。だから、佐藤政権が倒れた時、佐藤とまったく同質的な福田よりも、異質的な三木の方が、新政権のリーダーとなり易いという論理は成立つ。いわんや、岸、佐藤勢力がこれを支持するならば、三木の可能性はかなり強くなるといわざるを得ない。

だが問題は、三木より年長の福田が、三木のために、先をゆずるかどうかである。四十一年の夏、福田に対する怪文書がとんだ。福田派では、一時、三木派が、福田に対するライバル意識からとばしたものと観測したことがあった。このあたりに、三木、福田両派間の微妙な空気が、示されている。

福田は現在、別働隊たる佐藤派保利系のほか、各派閥内に潜在勢力を養っている。三木派の中にも、例の〝忍者部隊〟を中心に手をのばしているし、旧河野派重政系や村上派の一部にも脈絡がある。藤山派にも、福田の忍者部隊がひそんでいるといわれるし、旧池田派すら例外でない、ともいわれる。

福田は、筆者がインタビューした折、現状では総裁公選制度の改革案はない、といっていた。田中角栄も同じ意見であった。つまり、この両者とも、これまでのような無記名投票による公選で政権を争うハラと受けとられる。そうなれば、各派に培養してある潜在勢力がものをいうことは、当然である。また、その時に備えて、福田も各派に潜在勢力を養っているのではないかと思われる。

福田の地位は、保守一党体制下では、ますます強力になるであろう。しかし、多党制時代に入ると、福田の右派的立場は、彼を孤立化に導く恐れがある。保守第二党、公明党、民社党などは、自民党右派との連携を嫌うだろうからである。

福田赳夫は、昭和四年大蔵省に入り、財務書記官としてイギリス、フランスに駐在し、主計局、理財局で働いたのち、官房長、銀行局長、主計局長と、エリート・コースを進んでいる。昭和二十一年末、石橋湛山が蔵相であった時は、福田の銀行局長に対して、池田勇人が主税局長、愛知揆一が官房長であった。

二十七年の総選挙で、彼は無所属で出馬、当選した。当時、大蔵官僚出身の政界出馬組は、挙って自由党に入り、池田勇人の周囲に集まったが、福田は元来池田とはソリがあわず、自由党入党後もひとり岸信介に近づいて、民主党結成に参加している。

元来、官僚出身者は、不断に権力に接近し、陽の当る場所に出たがるものである。福田が、池田政権下に、三年半にわたって冷飯を喰いながら、池田に抵抗したのは異例のことである。また福田は、主計局長時代昭電事件に連坐して、長く不遇にあった。そうした環境と経験の中で、彼は一種の政治度胸を身につけたように思われる。この政治度胸が、彼のからだから官僚臭を消去するのに、役立っているようである。

現在の「岸・福田派」が、名実ともに「福田派」と看板を塗り替えるのは時間の問題であろう。現在の岸・福田派は、衆議院で二四名の中型派閥であるが、佐藤政権が退陣すれば、佐藤派内の保利系を合して、巨大派閥になる可能性がある。目下のところ、福田は、参議院には派閥勢力を持っていない。

岸・福田派中、岸直系と称されるグループは岸を含めて五名である。戦前派で民政党―再建連盟―自由党岸派―民主党と、終始岸と行動を共にした森下国雄、やはり戦前派で大阪府会議員から叩きあげ翼政会―自由党岸派―民主党コースを来た大倉三郎、旧改進党芦田派から転じた小川半次、内務官僚出身で、旧自由党、保守合同後の砂田派から転じた今松治郎、以上四名が、岸直系である。

残余の一九名も、その経歴、性格はまことに多様である。

官僚出身は、福田のほか、小金義照（商工）有田喜一（逓信）高橋禎一（検事）田中竜夫（企画院、貴族院議員）保科善四郎（海軍）一万田尚登（日銀）、地方政界出身者が永山忠則、小枝一雄、渡海元三郎、久保田円次、新聞界出身が池田正之輔、坊秀男、その他弁護士出身の小島徹三、民間企業経営者では倉石忠雄、三池信などである。

福田派は、池田政権下に岸派の解体後登場した新興派閥であるため、自然各派からの転籍者が多い。元来の岸派（岸信介と共に、旧自由党を脱党したグループ）は、福田のほか田中竜夫、坊秀男の二人だけ。池田派から転じたのが小金義照、大野派からの転籍者が永山忠則、倉石忠雄、旧改進党系に千葉三郎、小島徹三（芦田派）高橋禎一、有田喜一（芦田派）があり、池田正之輔は旧河野派から転じた。小枝一雄は旧国協党出身である。一万田尚登は、鳩山一郎―三木武吉のすすめで政界入りし、十余名の「一万田派」を従えていたこともあったが、一時三木派と接近、その後反池田の立場に変り、党風刷新連盟に属し、三十九年七月の公選では、忍者部隊の統轄役のようなことをし、福田派に定着した。保科善四郎は、一万田派にいたこともあり、石井派と見られていたこともあるが、岸派に属してから福田に従った。渡海元三郎は民主党時代からの岸派である。

岸・福田派は、既成派閥からの脱落者を集めた新興派閥だけに、若手議員が少ない。当選三回以下は久保田円次（当選二回）ただ一人である。しかし、来たる総選挙で、最も多く新人を立てそうなのは、福田派と三木派のようであり、次の総選挙後、福田派は第二の膨脹期に入るのではなかろうか。

〔川　島　派〕

大宅壮一が、かつて週刊誌に、川島正次郎を、「日本版フーシェである」と書いたことがある。川島が今日自民党副総裁として、衆参両院で二十余名という小派閥の領袖でありながら、強力な権力を持つに至ったのは、フーシェそこのけの変り身の早さのせいであろう。

川島は専修大学卒業後、東京日日新聞記者になったが、記者時代に、東京市長後藤新平の知遇を得、そこで政治感覚を身につけて東京市商工課長を経て、政友会所属で衆議院に出馬した。政友会時代は前田米蔵に親しかった。政友会が久原派と中島派に分裂した頃は、中島派に属していた。戦時中、翼政会情報部長、商工省委員、軍需省委員をしていた頃に、東条内閣の閣僚であった岸信介と近づいた。戦後、岸が再建連盟を作った頃には、彼は連盟の幹事となったが、追放解除後は自由党から出馬している。昭和二十九年十一月の日本民主党結党に際しては、岸に従って自由党を脱党している。第二次鳩山内閣で、自治相兼行管長官に起用され、はじめて党実力者への階段に一歩を進めたが、当時の岸派の入閣者としては、第一次鳩山内閣に入閣した三好英之、武知勇記（何れも故人）に次いで三番目であった。

三十一年の、岸、石橋決選の総裁選挙戦の時には、川島は持病のゼン息で病臥しており、その戦いの指揮をとったのは南条徳男であった。川島が今日の政治的足場を得たのは、三十二年七月、岸内閣の幹事長に起用されてからである。川島は、二期一年半幹事長をつとめ、一時福田赳夫にその地位をゆずった後、再び三十四年六月から幹事長をつとめている。

川島のみごとな転身は、三十五年七月と三十九年十一月の二度の総裁争いで、いかんなく発揮されている。三十五年七月には、最後まで大野伴睦をかつぎ、大会の当日になって池田支持に変った。三十九年十一月には、池田の後継指名の前日まで河野支持の立場をとりながら、当日の朝、佐藤支持に変っていた。そしていずれの場合も、新政権の主流派として要職を占めている。

私は彼に、その転身の理由をただしたことがある。第一回の時に関する彼の説明によれば、「私は大野君を支持する約束をしたが、大野君が出馬辞退をした以上、石井君を支持する義理はなかった。いわんや、あの大会の朝、石井のまわりには、三木武夫、松村謙三らが河野と組んで勝手な気勢をあげていた。だから私は兵を引いたのだ」ということであった。

また、第二回目については、河野一郎の強引な過去の政治行動に対する批判であった。

こうした転身の際に、私が感心したのは、昨日までの盟友と敵対関係になろうと、そんなことは、一向に彼は気にせず、しかも間もなくヨリを旧に復してしまうことであった。彼の信条は「政治などというものは、半年先のことはわからぬものである。半年先のことをとやかくいうよりは、明日どうするかを考えることだ」というにある。

つまり、彼は徹底した現実政治家であり、経験主義者であって、ビジョン溢れるタイプの政治家ではない。彼の〝子分〟たちが、彼から期待するものは、ビジョンや政治思想上のリーダーシップではなく、主として人事に関する政治力である。「派閥解消」「適材適所」の人事を自ら唱えながら、四十一年八月の改造人事で、自派の序列入閣だけは守り、とかくの評判のあった荒船清十郎を強引に入閣させたその政治力である。かつての大野伴睦の政治力と共通する強引さであるが、大野との違いは、大野はそういう際に、「派閥解消」や「適材適所」などの美辞を口にしなかったことである。

「川島派」の創立は、三十七年十一月二十六日である。岸信介の「十日会」解散宣言に対応して、直ちに新派閥を結成した手ぎわはかなりのものであった。当初この派は「川島派」といわず、川島および椎名悦三郎、赤城宗徳の三人による集団指導体制をとることとされ、また名称は「交友クラブ」と称され、皇居前のパレス・ホテルに事務所をおいていた。川島の椎名、赤城に対する遠慮であったようだ。と同時に、当時から今日に至る川島と赤城との微妙な肌合いの差と感情のミゾが、その理由でもあったようである。

川島は岸内閣時代に、小選挙区制と日米安保条約を強行したこともあり、今日でも思想的には自民党右派に近い。赤城宗徳は、川島にくらべ、かなりリベラルな思想の持主で、どちらかというと進歩派である。また川島は、今日、佐藤政権に密着しているが、赤城は佐藤政権に批判的である。

「交友クラブ」が結成された時、参加した代議士は二五名いた。しかし、今日までに、その顔ぶれのうち、宮沢胤勇、寺島隆太郎、笹本一雄、山村新治郎らが物故し、松本俊一が落選したりして、新人に粟山秀、山村新治郎二世を加えたが、現在衆議院勢力一八名、参議院六名の小派閥となっている。当選三回以下の若手が三人しかいないことは、この派閥の将来性をみる時、いささか暗いものがある。とはいえ、川島の不思議な政治力によって、一部には「川島暫定総裁」説もあり、本人もチャンスがあればと狙っている風情も見受けられる。

四十年末の日韓国会で、船田衆議院議長が辞任した時、川島は、有力な後任議長にあげられた。しかし、彼は最後までこれに抵抗、佐藤首相の説得にも応ぜず、副総裁の現職に留まった。恐らく、議長にタナあげされ、実際政治上の発言権を失うことを恐れたためであろうが、古来議長をやめたあとで首相になった人物がないことから、これを拒否したものであり、「川島内閣」の夢を持っていることのあかしであると見るのはカングリであろうか。

川島派の官僚出身者は、藤枝泉介(内務)椎名悦三郎(商工)岡崎英城(内務)小笠公韶(商工)纐纈弥三(内務)の五人であり、いずれも、かつての岸派である。地方政界出身者は六名に及ぶ。新聞記者出身が二名、代議士の二世が二名、残余は民間企業経営者出身である。

加藤高蔵、長谷川四郎は旧改進党系、菊池義郎は旧鳩山派である。

〔藤 山 派〕

岸内閣の登場と共に、藤山が議席のないまま外相に就任した頃、世間では、岸信介の後継者は、福田赳夫でもなく、川島正次郎でもなく、もっぱら藤山愛一郎だと思われていた。事実、岸信介自身、藤山に総裁立候補をすすめている。

それは、三十五年の六月三十日のことであり、岸は藤山を呼んで「私は次期総裁には吉田茂が最適だと思っていたが、本人にその意志がない。こうなれば、藤山君しか適任者は見当らないから、来たる総裁選挙に立候補するように……」とのべたという。それまで、周辺の代議士連からたきつけられても決意のつかなかった藤山は、この言葉で総裁選出馬のハラを固めた、と伝えられている。だが、そのとき、いうまでもなく岸派の票の大部分は池田勇人に投じられ、藤山はようやく四四票を集めたが、それも決選で池田に吸収されることとなってしまった。

藤山愛一郎は、藤山コンツェルンを築いた藤山雷太の長男で、戦時中すでに日本商工会議所および東京商工会議所の会頭をつとめ、第一級の財界指導者になっていた。岸信介とは、岸が商工省を牛耳っていた頃からの仲であり、巣鴨時代の岸家の面倒もみたし、三十一年の総裁公選では、岸にかなりの弾薬を提供したといわれる。岸が再建連盟を作った時には「顧問」に名をつらねている。

藤山は、いわゆる「お坊ちゃん」でありながら、一面頑固であり、一種の叛骨を持っていた。池田成彬、近衛文麿らと連絡を持って、東条内閣の打倒工作を進めたこともあり、戦後の吉田全盛時代にあって、反吉田的立場をとり、吉田からひどく嫌われたものだ。保守合同にあたっては、三木武吉と大野伴睦の間をあっせんしている。

岸内閣の末期に、次の政権を狙って、岸派から「ノレン分け」を受けたうえで、今日の「藤山派」を創立した。三十五年の総裁選挙で、勝ち目のないのに立候補したのは、創立間もないこの派閥が、他候補派の草刈場になって切り崩されることを恐れたからである。三十七年の池田総裁再選の際にも、一時出馬しようとしたが、御手洗辰雄、大野伴睦らの説得で、中途で辞退した。しかし、三十九年七月の公選には、池田首相と争って出馬し、七二票をとった。だが、この時も勝ち目はなく、佐藤派は「二、三位連合」に利用するために、あえて岸・福田派の票を流して、藤山派を元気づけるという作戦をとった。藤山固有の票は、衆参両院で三十数票と読まれていた。このような、勝ち目のない出馬について、世間では「出馬することに意義があるオリンピック精神だ」と評したものだった。

三十九年末の総裁争いでは、一転して佐藤と争うことになった。この背景には、池田派の前尾繁三郎のひそかなテコ入れがあったようだ。前述のように、前尾は一応、河野を下ろして藤山を立てる作戦のようであったが、河野の強気を見て、さっさと手を引いてしまった。

政界出馬以来、藤山は今日までほとんど自力で藤山派を経営して来た。一説ではこの間三十億円を使ったともいわれる。私が三鬼陽之助氏から聞いたところによると、三鬼氏の計算では、藤山が政界に出馬して以来費消した財産は、今日の価格で七億円であろうとのことであった。

藤山派の成立は、彼のこの資金力によるところが大きいが、元来、政治資金は、個人財産に依存していたのでは、限界があるものだ。個人財産を使って一応党首になったのは、政友会末期の久原房之助と中島知久平だけであり、二人とも、政権はとれなかった。藤山コンツェルンの傘下にあった日東化学やホテル・ニュージャパンはすでに人手にわたり、ナショナル金銭登録機の大株主の地位も失い、芝白金の大邸宅も売り払った。一部には、藤山は「井戸塀」になるのではないか、とささやかれているほどである。ばく大な投下資本がみすみすとザルに水のように消費されて行くのを見て、彼と親しい財界人には、政界引退をすすめるものもあるという。

たしかに、佐藤政権が長期化すれば、彼の出る目はなくなるであろう。だが、佐藤内閣が、戦後最低の不人気にあえいでいる今、今後彼の政権の登場するチャンスはないとはいえない。

次の政権の可能性を考える時、佐藤政権の主流派の中では三木武夫と福田赳夫であろう。しかし、非主流派から選ばれれば、当面は前尾繁三郎と藤山愛一郎の二人しかいない。前尾の病弱と不決断を考えると、藤山の命脈は十分あるのではないか。佐藤政権の倒れ方のいかんにもよる所が大きいではあろうが……。

藤山の弱点は、基礎兵力たる「藤山派」が中型派閥であることだ。衆議院一八、参議院一一、計二九の兵力で勝利するためには、よほどのチャンスが必要だ。いや、むしろ藤山にとって必要なのは、藤山派のカラを捨てることであろう。それによって旧河野派、旧大野派の一部や松村派などを吸収することによって、一挙に巨大派閥に成長することである。既に、松村派および旧河野派中の中曽根系は、藤山派と密接な連絡をとっているようだから、その可能性は十分あろう。もうひとつの「藤山政権」の可能性は、多党化時代に入って、中道連立政権の公算が出てくる時であるが、それについては後章でふれよう。

佐藤政権が出来たのち、一時、藤山派は、岸・福田派の侵略を受け、二分するのではないか、ともいわれた。しかし最近では一応のまとまりを見せ、どうにか一本化したようである。しかし、このような藤山派にとっては、異質の血を導入し、体質改善をしなければ、政権への足場として、心細いものがあることは否定できない。

藤山派が、若手議員が二人しかいないことも、派閥的活力を生彩なくする理由である。同派の一八代議士中当選一七回の星島二郎を筆頭に、九回が四人、八回が二人、七回が三人、六回が一人、五回が三人、四回が一人で、あとは当選一回が二人という派閥構造は、いたずらに役職の配分に苦しむのみで、政権を争う実力者にとっての戦力としては、きわめて不利である。

藤山派の顔ぶれを見ると、旧大野派─砂田派からの参加者である江崎真澄、旧自由党中間派であった小沢佐重喜、石井派から転籍した馬場元治、旧河野派だった小泉純也、砂原格、三木派にもいた中山栄一のほかは、すべて岸派からの転籍者である。

旧岸派の中で、南条徳男、綾部健太郎は政友会以来の戦前派で、戦時中から岸と交わりがあった人物。政界最長老、当選一七回に及ぶ星島二郎は、立憲国民党（大正九年）革新クラブ（大正十一年）を経て政友会入りした古参組で、戦後は鳩山系、吉田時代に山崎猛をかついで、いわゆる「山崎首班事件」の首謀者となったこともある。そのほか早稲田柳右衛門、床次徳二、遠藤三郎、永田亮一、池田清志らが岸派からの参加者である。

旧自由党系としては、星島、南条、馬場、小沢、江崎、砂原、旧改進党系は、早稲田柳右衛門、小泉純也、床次徳二、中山栄一、森田重次郎、池田清志、と分れる。

この派の参謀は、南条、小沢、江崎、綾部、遠藤らだが、江崎のほかは往年の行動力を失ったようだ。

藤山派の官僚出身者は三人、地方政界出は六人、ほかもすべて民間出身者である。

〔石　井　派〕

緒方竹虎が政界入りしたのは、古島一雄の勧誘による。吉田茂を政界に入らせ、吉田内閣を作ったのも古島一雄である。古島は緒方の政界入りに当って、吉田茂を助けるよう頼んだ。

英国留学の経験のあるインテリ新聞記者で、朝日新聞代表取締役、主筆、副社長、小磯内閣の国務大臣、東久邇内閣で国務大臣、内閣書記官長兼情報局総裁、貴族院勅選議員。端正な風貌と堂々たるものの腰。これは、吉田茂にとっても、最高の逸材と見えたようだ。昭和二十七年五月、吉田首相の特使として東南アジア歴訪、帰国後抜き打ち解散があって自由党から衆議院に立候補して当選、直ちに国務大臣兼内閣官房長官となり、副総理に指名される。衆目の見るところ、吉田の後継者は緒方竹虎だ、ということになった。

これに面白くなかったのが当時吉田の寵を得て権勢をほしいままにしていた広川弘禅である。緒方と広川との冷戦はたちどころに始まり、吉田の寵を緒方に奪われたと知った広川は、三木武吉と通じ、鳩山一郎と結んで叛乱を起したが、やがて失脚。

広川を追ったあとの緒方は、しかし今度は吉田側近勢力及び池田勇人、佐藤栄作らとの冷戦に入って行く。緒方の周囲には、吉田側近筋からうとんじられた党人と、経済官僚出身者が吉田側近に集まったためとり残された内務官僚出身組が集まって、「緒方派」が形成された。

当時の、緒方派の党人グループは、緒方の秘書官をした高橋円三郎ならびに長谷川峻、戦前派党人の田中伊三次、津雲国利、馬場元治、旧広川派から転じた篠田弘作、菅家喜六、同じ朝日新聞の営業担当重役出身で、元鳩山陣営にいた石井光次郎、内務官僚出身組としては、大達茂雄、戸塚九一郎、熊谷憲一、山崎巌、灘尾弘吉らがいた。これらの人々は、吉田側近グループとはまったく肌合いが合わなかった。そして、自由党内の派閥関係は、吉田側近グループと池田派、佐藤派の一団と、緒方派と大野派が並び、党人派を集めたグループと、その間にあって去就の定かでない中間派とに分れて来た。

造船疑獄以来、下り坂を転げ落ちるように急速にリーダーシップを低下させた吉田ワンマンに対し、緒方は次第に批判的な見方をするようになったし、同時に吉田政権の先は短いと見た人々は、争って先物としてもっとも有望な緒方株を買おうとして集まった。やがて緒方をかつぐ集団は、吉田側近勢力を圧倒することとなる。そしてかつて、寵臣広川を追って、緒方を登用、政府与党指導の多くを委ね切った吉田は、その緒方によって、日一日追いこまれ、最後にツメ腹を切らされるに至る。二十九年十二月七日朝、「ブルータスお前もか」といった憎悪の表情で緒方をにらみながら、吉田は両院議長に対する総辞職通知書に、署名せざるを得なかった。

翌十二月八日、緒方は吉田の後を襲って自由党総裁の地位についた。その時、緒方は、第一党の党首として、内閣首班に選ばれるという一筋の希望を持っていたようだったが、野党は第二党の党首たる鳩山一郎に票を入れたため、政権を逸した。野党第一党総裁として翌年の総選挙にのぞんだ緒方は、〝鳩山ブーム〟の前に惨敗した。次いで歴史的な保守大合同にのぞむが、合同の主導権は、三木武吉―大野伴睦ラインに半ば奪われた。それでも、緒方は鳩山、三木、大野と並んで自民党総裁代行委員となり、鳩山の次の政権への最短コースを進むこととなった。

昭和三十一年一月二十八日、風邪をこじらせた緒方竹虎が、心臓衰弱のために、急逝した時、緒方派の受けた打撃は、筆紙につくせぬほどであった。緒方派は、背後で旧吉田派の恨みを買っていたし、正面では鳩山とこの年の四月の総裁公選で、政権を争おうとしていた。緒方政権を推進するはずであった大野伴睦は、いち早く、鳩山初代総裁賛成に転じた。

このような状況の中で、緒方派は、新しいリーダーを選ぶこととなった。緒方と朝日新聞時代から親交があり、また第一次吉田内閣以来の閣僚経歴、容貌、態度の立派さ等から、後継者は石井光次郎に落ち着いた。まっ先に、石井をかつぎにかかったのは、その頃大野派から転籍しようとしていた塚田十一郎であった。馬場元治、田中伊三次、菅家喜六、故高橋円三郎らも、石井擁立の先がけとなった。

赤坂にある小さな田中伊三次邸が、石井派「水曜クラブ」の事務所となった。当時石井派を担当していた私は、その事務所で、灘尾が「ぼくは今も緒方派であって石井派ではない」と語ったり、篠田弘作が「俺は緒方には恩があるが、石井には何の義理もない」と公言するのを聞いたことがある。緒方腹心のこの人々の、こういう言葉は、石井のリーダーシップの限界をまざまざと示すものであった。篠田は後に川島派に変り、灘尾は今も石井派に留まっているが、石井派内で田中伊三次、中垣国男、広瀬正雄らと共に、別系をなしている。

石井光次郎自身が、警察官僚と在野新聞経営というふたつの過去を持っているのを反映するかのように、石井派の中には官僚派と党人派が併存している。このため、派内でしばしば意見の対立を生じた。

その最初のものは、昭和三十一年十月三日の朝に起った。その前夜、鳩山内閣は旧吉田派を中心とする自民党内の日ソ交渉反対派の反対を押し切って、鳩山首相の訪ソを閣議決定した。その時、石井光次郎は、吉田派はじめ反主流派と行動を共にするべく、総務会長の辞任を決意、三日朝には辞表を書いた。灘尾弘吉、堤康次郎の強いすすめによるものであった。その狙いは、同年末に迫っていた次の総裁選挙にあたって、吉田派はじめ反主流派の票を貰い、政権をとろうとの思惑にあった。ところが、辞表を書いた直後、党人派の田中伊三次、菅家喜六の二人が、石井邸に急行し、「党内野党の立場に立つことは不利だ」として、翻意を強く進言した。これによって石井は意をひるがえして、留任のハラをきめてしまった。篠田、菅家、田中らは、この頃河野派との連絡を持っており、堤、灘尾らは池田派との連絡を深めたのであった。

三十一年末の総裁選挙では、石井は池田派の援助を得、石橋派と「二、三位連合」を結んで岸信介と戦ったが、一三七票を得たに留まり決選で石橋に票を投じて石橋に名をなさせた。しかしその時、第一回投票で石井に投じられた票のうち、約三〇票は決選投票に際して石井の意に反して岸信介に流れこんだ。石井は支持するが、石橋派と同調することはできぬとする篠田弘作らの票であった。

石橋内閣の成立にあたって、石井派は当然のこととして、「石井副総理」を期待していた。しかし、石橋は、大野伴睦および岸信介とのふりあいから、石井を何ら処遇しようとしなかった。石井は大野と共に、石橋にいっぱい食わされた形となった。

第一次岸内閣の成立にあたっては、大野副総裁の実現より数カ月先がけて、石井は副総理に起用され、再び主流の地位に登ったかに見えた。だが、三十三年六月の第二次岸内閣の成立にあたって、石井は岸によって抜き打ち的に「副総裁」の地位を追われ、石井派は、その代りに、石井派が最も希望しなかった灘尾弘吉を文相としてごぼう抜きにされた。石井派は、これによって、決定的に岸内閣に対する反主流派の姿勢をとることとなった。この事件の直前、三十三年五月の総選挙の終ったあと、石井派は、赤坂のプリンスホテルでカクテル・パーティーを開き、石井派の示威をした。席上、進行係の塚田十一郎が、石井派の所属国会議員数を、衆議院四〇名、参議院四三名と発表したが、実際の出席者は、衆議院二七名、参議院一九名であった。この頃すでに、櫛の歯の抜けるように、石井派からの脱落者が続き、その斜陽派閥化の傾向が露骨になって来ていた。

三十五年七月の総選挙では、石井はかつて手を握った池田派と敵対して立候補した。大野伴睦と「二、三位連合」を結んだが、石井派の握り得た票は七〇票そこそこであった。これでは三位となることは確定的であるが、決選で石井はこの七〇票を意の如くまとめる力はなかった。そこで川島正次郎、河野一郎らを動かして、二位の実力を持っていた大野伴睦を立候補辞退させるのに成功した。こうして、自派のほか、大野、河野、三木、松村、石橋四派の票を集めて立ったが、それでも一九六票しかとれず、決選では却って票を二票ほど減じている。この公選によって、石井の政治力の限界は明瞭となり、石井派はやがて小派閥に転落し、現在では衆議院一三名、参議院八名、計二一名の勢力となってしまった。まず、山崎巌、故小林錡の二人が、石井派内の処遇を不満として離脱し、山崎は池田派に、小林は佐藤派に変った。続いて、篠田弘作が河野に近づいたのち川島派に転じ、松野頼三も佐藤派に行った。荒船清十郎、永山忠則、堀川恭平、田中正巳、八木一郎、田村元らは大野派に行き、このうち荒船はさらに川島に変り、永山は賀屋派を経て岸・福田派に定着した。馬場元治は藤山派に転籍し、大坪保雄は岸・福田派となっている。一時四三名と称された参議院勢力も、今日では五分の一足らずの八名とへってしまった。

この派にも、青年議員はいない。衆議院の一三人中一一人までが、当選四回以上であり、三回以下の二人も、官界や民間ですでに壮年を迎えた人である。

〔船田派〕

吉田茂が、まだ自由党総裁にならず、総務会長の椅子のまま、組閣の「大命降下」を受けたのは、二十一年五月十六日であった。第一次吉田内閣には、現存者では蔵相に石橋湛山、農相に和田博雄、商相に星島二郎、書記官長に林譲治らが並んでいたが、その時、大野伴睦は、内相大村清一の下の内務政務次官に過ぎなかった。

大野がその内務政務次官就任の祝賀宴を張っている時、突如幹事長の河野一郎が追放され、鳩山邸では大騒ぎの末、後任の幹事長に、鳩山年来の〝忠臣〟大野伴睦を起用することが一決、その祝賀宴の途中で、彼は鳩山邸に呼び出され、幹事長の内命を受けたのであった。後年、大野が「大野派」という巨大派閥の実力者となる運命は、この時に開いたのであった。

鳩山一郎、河野一郎、三木武吉らが追放された時、それまでの自由党の主流派であった鳩山派をひきいるリーダーは、大野伴睦、林譲治、益谷秀次のいわゆる〝御三家〟となり、この中でも、大野伴睦が、持前の親分肌の義理人情と、幹事長という要職を武器にして、人を集め、鳩山派の中核となった。

ところが、二十三年の九月、昭電事件に連坐して失脚し、たちどころに大野の足場は崩れ去った。大野のあとの幹事長は山崎猛が起用されていたが、例の「山崎首班事件」でこれまた失脚、日本自由党以来四代目（当時は「民主自由党」となっていた）の幹事長には大野幹事長の下で副幹事長に過ぎなかった広川弘禅が抜擢され、やがて〝広川派〟の全盛時代が生れた。

しかし昭電事件の痛手から立直った大野は、再び旧鳩山派を結集し、広川派を中心として党内の半数を占める吉田派に対抗する勢力を築き、鳩山一郎らの追放解除をバックにして、吉田政権に対する叛乱軍の蹶起をはかった。その吉田、鳩山両派の冷戦が発火点に達したのが、二十七年七月の「福永幹事長事件」である。

当時石橋湛山系であった石田博英（議運委員長）倉石忠雄（国対委員長）らは、この大野派の蜂起の先頭に立ち、実力を行使したことは今も語り伝えられている。この叛乱の指揮者の一人、倉石忠雄は、あらかじめゴム底の靴をはき、代議士会のテーブルの上にとびあがり、乱闘する準備をしていたほどで、机はペシャンコにつぶれ、椅子は飛び、歴史に残る乱闘場面を展開したものだ。

この当時の大野派で、四十年夏の大野派の分裂時まで残った代議士には、神田博、村上勇、辻寛一、福田篤泰、福田一、中村幸八、内海安吉、大泉寛三、川野芳満らである。今日池田派にいる佐々木秀世、河野派の松田鉄蔵、前新潟県知事塚田十一郎、現岐阜県知事平野三郎らも、当時は大野派に数えられていた。「福永幹事長事件」で広川派を先頭に立てた吉田派は、一敗地にまみれた。その報復が、二十七年八月の「抜き打ち解散」であった。これは、追放解除になりたての戦前派の党人に対して、吉田が痛棒をふるうためのものであった。

一方、外交官出身の吉田は、鳩山派に対して、ディバイド・アンド・ルールの手を打った。林譲治を幹事長に、大野伴睦を衆議院議長に登用し、それより先、総務会長にすえていた益谷秀次と共に、鳩山派の〝御三家〟を陽の当る場所に置いた。こうして、〝御三家〟はやがて追放解除組の三木武吉、河野一郎との対立を深め、その結果、鳩山の〝忠臣〟大野が鳩山と別れて吉田陣営につき、吉田の寵臣であった広川が、鳩山陣営に走るという珍現象が起きたのである。こうして、大野派は、従来の鳩山色を断ち切って、独自の派閥勢力として育って行った。

大野派が、大野晩年の大野派の形に定着するまでには①吉田内閣の末期に、緒方派と共同して、吉田を総辞職に追いつめた時期、②保守合同に成功、総裁代行委員となって大野派の全盛時代を迎えた時期、③岸内閣の末期に、池田と総裁を争って惨敗した時期の、三つの時期を経過している。

右の①の時期までに、新たに参加したのが、追放解除組の船田中、犬養健はじめ水田三喜男（元増田甲子七系）堀川恭平（元犬養系）倉石忠雄（元石橋系）原健三郎（元幣原系）らである。②の時期に、大野派は最も膨脹し、衆議院のみで四十数名の勢力となっていた。この頃には、丹羽喬四郎（現在池田派）江崎真澄（藤山派）小平久雄（池田派）谷川和穂（池田派）斎藤邦吉（池田派）荒船清十郎（川島派）らも、大野派の名簿に載っていたものである。③の時期を経る頃には、落選する者や、他派に転籍する者が続き、大野の晩年には、衆議院で約三〇名（参議院は十数名）の勢力になっていた。

三十五年の総裁公選に敗れた時、大野の政治生命の絶頂期は過ぎた。もはや、彼が政権をとるチャンスは、永久に失われた。政権をとる見込みのなくなった派閥は斜陽化するのは政界の通則である。それにもかかわらず、大野は三十八年の総選挙で新人を五人も当選させたのは驚くべきことである。もしこの五人の新人の当選がなければ、大野の晩年の派閥勢力は、衆議院で二十数名の中型派閥に転落していたわけだ。しかし、この最後の総選挙での大野の耐えねばならなかった重労働による過労が、大野の肉体を蝕ばみ、高血圧症を悪化させていた。その頃連日大野邸を訪れるのが私の任務であったが、体力と気力の衰えは、保守合同時代の彼にくらべると別人のように見えた。しかし彼にとって、酒量を自制することは困難であり、高血圧症はやがて、眼底出血となって表われ、ついには脳軟化症におかされ、胸部大動脈瘤が破裂して、三十九年五月二十九日、世を去ったのであった。

絶対安静、面会謝絶の札をかけた信濃町の慶應病院の特別病棟には、腹心の代議士の出入りも許されなかった。だが、政界では、池田首相を三選した三十七年七月の総裁公選を前にして、緊張した空気が充満していた。藤山派と連合した佐藤派は、池田陣営をひしひしと追いあげていた。接戦となったため大野派が衆参両院で持つ四十余票は、キャスチング・ボートとなっていた。

結果的にみると、私の考えでは、もしこの時、大野伴睦の生命がもう一ヵ月半ほどのびていたら、池田勇人は、この時の決選で、佐藤栄作に敗れていた可能性があった、と思う。そう推理する理由はこうだ。

病床にあった大野の病状は、予想以上に悪化していた。四肢が不自由なだけでなく、脳軟化症の特性として涙もろくなり、とうてい政治情勢に関する情報をとって、適確な判断を下す能力はなかった。その頃、秘書を通じて、大野の病床の俳句が、連日のように発表されていた。が、その句は、大野自らの作った句ではなく、石原という秘書が、病室の大野を見守りながら、作った偽作の句であったのである。なぜ、偽作を発表してまで、病状をいつわったのか?

大野の正確な病状を知っていたのは、医師のほかには石原、上草の二人の秘書とかつて大野の秘書であった中川一郎代議士だけであった。当時、中川は連日悶々と考えた。過去の政治行動から推して、大野が健在ならば池田を支持したに違いない。だが、大野にはその意志を発表する能力がない。という真相がわかれば、大野派は大動揺が起り、佐藤派の「一本釣り」的切り崩し工作が、一挙に功を奏するだろう。大野派の動揺をおさえて、池田を三選させるためには、大野が健在でかつ回復の見込みがある旨を、党内に信じさせなければならない。そこで一策を案じて、石原秘書に俳句の偽作をさせ、これを発表していたのであった。

しかし、そのうちに、若干の側近代議士には、面会が許されるようになった。大野派の幹部の中で、村上勇はじめ数人は、かねてから佐藤栄作を支持していたし、できれば病床の大野を説得して、池田から離反させたい、と考えていた。

大野が世を去る直前のある日、私はひそかに大野を見舞おうとして、信濃町の慶應病院を訪れた。病院の廊下で、偶然村上勇と会ったので、二人で一緒に病室に入った。大野は、我々を見た瞬間に、眉を寄せ、泣き顔になった。なつかしさに耐えかねたような表情であった。そこで村上勇は、「オヤジさんは池田を支持するとも何ともいわず、急いで決断を下さないで下さい。そしてこの際私どもにまかせておいて下さい」

と手みじかに説いた。村上はできれば大野派を佐藤支持の方向にまとめたかったのだ。これに対し、大野は、思い悩むような表情で、イエスともノーともつかないように、顔を動かした。かつての猛虎のようなはげしい表情を見なれて来た私は、このかわり果てた老病者の姿を見て、もはや判断や決断を求めることは、あまりに苛酷であると思えた。

このような状態が、総裁公選の日まで続いたら、誰もが大野の意志が確定したとして発表し、大野派の態度を決することはできなかったであろう。

少なくとも、親佐藤派の幹部は、大野は決断を下し得ない状態にあることを暴露し、池田支持一本に大野派が結束するのを妨げ、佐藤派による大野派切り崩しを、一層容易にしたことであったろう。だが、大野は、五月二十九日の早朝、胸部大動脈瘤の破裂を直接の死因として、再びはもの言わぬ人となった。

その翌朝、大野派は総会を開いて、間髪を入れず、大野の「遺志に従って」池田三選の支持を決定した。水田三喜男、福田一、原健三郎らの作戦が成功したのである。病床で大野の意志を確認したとする二、三の代議士の発言が、反対論をたちまちに封殺した。佐藤支持を狙っていた村上勇らは、機先を制されてしまったわけだ。

こうして「死せる大野が、生ける佐藤を走らせた」のであった。

余談であるが、石原秘書の偽作の話は、その後一年余もばれずにいた。しかし最初に、偽作に対し疑問を示したのは、大野の俳句友達の橋本花風であった。橋本は、「大野さんは生前、いつも俳句には〝季〟が入っていなければならんと語っていた。しかし病院で発表された句には、季の入っていない句が多い。大野さんの句でない証拠だ」と語っていた。大野の三周忌に「伴睦句集」を出版するに当って、その編集者は病院の句を偽作であったことを認め、これを句集に集録しないこととしたのは、当然の措置であった。

このような背景と演出によって大野派の票の大部分が一本になって池田に投じられ、一〇票の小差によってようやく、池田三選が成功した。だがこの時、すでに大野派を離脱したのは、倉石忠雄、綱島正興、福永一臣、小西英雄（故人＝参議院）の四人であり、倉石は、党刷新連盟を通じ、今月では、岸・福田派に居を定め、福永は、船田派に復帰し、綱島は佐藤系のようにみられる。

一時、大野が死ねば空中分解するといわれていた大野派もこの四人のみの離脱があっただけで、一応の結束を見せた。

しかし、大野亡きあとの後継リーダーをきめる段になってから、まもなく冷戦が始まった。政界経歴からいえば、当選一一回、現職衆議院議長である船田中が、最長老である。しかし、大野派という派閥の成立過程から見れば、〝閥歴〟の最も古いのは村上勇である。村上から見れば、船田は外様であり、自分は譜代・旗本だという気持であった。その間にあって、資金力から見れば、蔵相を二期つとめた水田三喜男、通産相を二期つとめた福田一らも、将来のこの派のリーダーであるとの自負を持っていた。特に、大野死去の時、現職通産相の椅子にあった福田一は、大野派の結束を固めるために、若干の私財を献金したこともあって、指導的発言力を持つことは当然と考えていた向きもあったようだ。

水田・福田のほか、原健三郎、川野芳満、堀川恭平、中村幸八といった当選六回以上の古参議員およよび、寿原正一、中川一郎、和爾俊二郎、渡辺栄一といった当選二回以下の若手議員は、船田を擁立しようとした。船田を支持した古参議員は、村上から言わせればおおむね〝外様〟のグループである。これに対して、故大野との関係の最も古い、いわば譜代・旗本組の神田博、徳安実蔵や、中堅組の原田憲、田村元は村上を支持した。その結果、一時的な妥協策として、船田、村上両者の集団指導制をとることで落ち着いた。双頭の蛇のようなもので、この妥協策は大野派の結束を弱めるばかりであった。

一方、この内紛の経過を見ていた佐藤首相は、当然のこと、分割統治策の適用にかかった。長期にわたって、大野伴睦は、佐藤栄作にとって、最も厄介な政敵であった。積年の恨みをはらす気持が、佐藤にあったかどうかは知らぬが、結束を失った大野派は、佐藤の分割統治策にひっかかり易いスキだらけの状態にあったのも事実である。佐藤にとってチャンスは、四十年七月の内閣改造であった。

この時の改造人事で、船田系は最古参で閣僚経験のない原健三郎を入閣候補としておし、村上系は、同系統には、閣僚未経験者は当選五回の原田憲以上の古参はいなかったので、表面上、原田をおしたが、神田博らは内心村上の入閣をのぞんでいたようだ。

佐藤はこの情勢を見て、まず、かねてからの親佐藤派であった村上勇を入閣させようとした。これに対し、船田派は猛反対の意志表示をした。佐藤にとっては、村上を入閣させれば、船田派を敵に廻すことになる。しかし船田派の要望のように、原を入閣させれば、せっかく佐藤化しつつある村上派を、反佐藤に追いやることになる。そこで佐藤の考えたのは、当時は両派の中間にいた福田篤泰の起用である。

この結果、船田、村上両派とも、トンビに油揚げをさらわれた結果になった。佐藤から見れば、両派とも敵に廻さず、しかも両派をいがみあわせるという、典型的なディバイド・アンド・ルールに成功したわけである。なお、福田篤泰は、三木武夫に近く、また当人は、船田、村上の双方の子分になる気はなく、一時は「福田篤泰派」の創立を考えていたほどであるし、また佐藤から見れば、外務官僚出身の福田は、閣僚として最も使い易い人物でもあった。

この改造人事で、大野の晩年に、副総裁、衆議院議長と、衆参両院で三つの閣僚のポストを持っていた大野派は、議長のほかに北海道開発庁長官という伴食大臣のひとつだけにされてしまった。ここで、冷戦は熱戦と化し、四十年の真夏、八月上旬、小型総裁公選のような連日にわたる両派の暗闘が続けられた結果、八月十三日に船田、村上両派に分裂してしまった。

この分裂に当って、多数を制した船田派は、投票で一人のリーダーを決定することを要求した。当初は、多数を制し得ると思っていた村上派は、次第に少数派であることがはっきりして来たため、投票に反対して、前記の総会の席上、退場してしまったのである。

この時船田を支持したのは、水田三喜男、内海安吉、原健三郎、川野芳満、堀川恭平、青木正（故人）福田一、中村幸八、寿原正一、中川一郎、渡辺栄一、和爾俊二郎（以上衆院）中山福蔵、船田譲、八木一郎、近藤鶴代、大谷藤之助（以上参院）であり、村上を支持したのは、神田博、徳安実蔵、押谷富三、原田憲、田村元、大泉寛三、稲村左近四郎、三原朝雄、大野明（以上衆議院）村上寿蔵、鹿島俊雄（以上参議院）であった。どちらともつかなかったのは、辻寛一、福田篤泰、田中正巳、鴨田宗一（以上衆議院）古池信三、石原幹市郎（以上参議院）であったが、福田篤泰はこの後村上派の会合に出はじめ、辻、田中、鴨田はどちらかといえば、船田に接近しているようである。また、三十九年七月の公選で、大野派を脱藩した福永一臣、綱島正興は、この分裂後、船田派に接近している。

このお家騒動に際し、大野家では君子未亡人が船田支持に廻り、四男の明代議士は村上支持に廻った。

＊　　＊　　＊

船田中は、東大法卒、高文合格、内閣書記官という秀才コースをふり出しに、一時官界を去って、父の作った郷里の作新学院（当時は下野中学といった）の経営にあたったのち、再び東京に出て、昭和三年東京市助役、続いて市長代理になった。三十歳を過ぎて間もなくのことである。昭和五年に衆議院に出馬し、大野伴睦、林譲治、犬養健、太田正孝らと共に初当選。政友会内で鳩山一郎に近づき、太田正孝、犬養健らと共に鳩山幕下の知性派といわれた。しかし、後には中島知久平、前田米蔵に近づき、第一次近衛内閣では法制局長官に起用されている。もちろん、戦前の彼は、大野伴睦よりははるかに頭角を現わしていた。戦後の出世がおくれたのは、戦後協同党を作ったため、保守正統派の自由党内で力を得るに至らず、さらに追放を受けたことが、大きな打撃となったためであった。吉田内閣の末期に、犬養健らと共に大野派に参加した。

水田三喜男は、京大時代に左翼運動に参加したことのある理論家で、自由党時代にすでに政調会長、経済審議庁長官をやり、さらにその後通産相、蔵相、政調会長と陽の当る場所を歩き続けているから、とっくに一派の親分になってもいいところだが、元来のものぐさのために、実力を示さずにいる。原健三郎（講談社「現代」編集長）福田一（同盟通信政治部長）内海安吉（電通大連支局長、奉天公報社長）はジャーナリスト出身、堀川恭平、渡辺栄一、和爾俊二郎は地方政界出身、川野芳満、寿原正一は民間企業出身、中川一郎は北海道開発庁の官吏から故大野の秘書になった人物。高級官僚出身者は、中村幸八（特許局長官、軍需監理部長官）一人だけであり、これが〝党人派〟といわれる理由。全部が旧自由党出身であり、改進党出身が一人もいないのも特徴である。このうち原、川野は、幣原喜重郎と共に民主党を脱党し、同志クラブを作って民自党に合流したグループ。堀川恭平は、犬養健と共に民主党連立派から自由党に入ったものである。

船田、水田、原、福田一らのリーダーは、いずれも池田派と近い。原は三木武夫とも親しく、水田、福田は江崎真澄、小沢佐重喜を通じ、藤山派とも連絡がある。船田は、戦時中、藤山愛一郎が日本商工会議所の会頭をしていた時、その事務所長をしていたが、藤山との関係はぴったりしていない。川島正次郎のブレインの藤枝泉介は、船田の実弟である。船田は旧河野派中曽根系とも親しい。また党内右派のイデオローグの一人として、岸・福田ラインにも通じるものがある。

小派閥の船田派としては、今後、どの派と合従連衡するかが問題。四十一年八月改造では、水田が政調会長に起用され、準主流派化するかとも見られているが、同派内の若手の空気は、反佐藤的であり、藤山・中曽根ラインに近いようだ。

〔村　上　派〕

大野伴睦が一時昭電事件に連坐して失脚した頃、大野の周辺にいた人たちは、いっせいに各派に散ってしまった。その時、なお大野の〝子分〟として離れなかったのは村上勇と神田博であったという。徳安実蔵はもっと古く、大野伴睦が東京市会議員時代からの〝子分〟で、東京芝区（大野も東京市議には芝区から出た）の区議を三期つとめ、東京市議になった。区制変更後、港区議会議長を経、区議二十年、区議会議長十年という地方政界の古豪であり、二十七年の抜き打ち解散で、はじめて衆議院に議席を持った。

この派はすべて旧自由党出身である。官僚出身者は福田篤泰（外務）ひとり。村上は佐藤派の保利と親しく、徳安は故池田勇人によって閣僚に起用された恩顧から、池田派に親しく、前尾を支持している。神田は自宅が佐藤栄作邸の隣。各派に顔が広い。福田篤泰は、三木武夫と遠い縁戚の関係があって、三木ときわめて近い。押谷富三は川島正次郎に接近している。原田憲は田中角栄と近く、田村元は、同じ慶大出身のせいか、かねて藤山愛一郎に私淑している。稲村左近四郎は、福田赳夫とよく、大野明は、石田博英のもとにも出入りしているようだ。岐阜県知事平野三郎は村上派に属する。

船田派が、政策派閥的色彩を強めているのに対し、村上派は大野伴睦以来の義理人情型派閥の色が濃く、対照的である。

これまで親佐藤的立場をとっていながら村上派が四十一年八月の改造で、一人も閣僚および党役員をとれなかったのは、小派閥の悲しさであった。

〔松　村　派〕

松村派は、自民党内の最小の派閥である。

派閥が、政党の内部で発言力を持ち、指導力を発揮するためには、その派閥内の結束が固くなければならない。しかし派閥は大きくなると、自然結束はゆるむ。その点小派閥の場合は、結束が固く、身軽に政治行動ができるという利点がある。かつて「八人のサムライ」といわれた三木武吉、河野一郎の日本自由党が、自由濶達に動いて、日本民主党の結党、鳩山政権の樹立に大きな役割を果したのも、その一例である。

現在の松村派も、そうした政治的指導力を発揮する可能性を持っている。当面、佐藤政権下では、何の役職にもありつけないことがはっきりしているだけに、なまじ左顧右べんしないし、選挙に強い人物が多いため、資金を必要としないから、利権に絡んで妙な行動をする心配もない。また、これまでの政界汚職事件に首を出したことのない人物ばかりだという点も強味であろう。

松村派は、今後、保守党が必ず直面しなければならない最大の問題をふたつ、先駆的にとりあげている。第一は、中国大陸との国交正常化問題であり、第二は、保守二党制の問題である。いずれも、保守党が、数年以内にぶつからねばならぬ問題であろう。このふたつの問題は、保守党の主流派は、否定的に処理しようとしており、また保守党の知的な分子の大部分は、不可避であることを知りながら、当面は目をつぶって通り過ぎようとしている。それだけに、このふたつの問題を、果敢にとりあげる松村派は、日本の知識階級やジャーナリズムの間で、他の眠れる巨大派閥よりはむしろウエイトをおかれて、注目されているのである。

松村派がこのふたつの問題と前向きにとり組んでいくかぎり、当然、現実政治面では、反岸になり、従って反佐藤となり、佐藤体制の主流派となった三木派から脱落したのも必然である。

松村謙三は、報知新聞記者出身、大正八年富山県会議員となり、昭和三年に民政党から初出馬して当選。今日まで政友会―自由党系とことごとに対立して来たのも、彼の古い民政党意識のためかと思われることとすらある。浜口内閣で農相秘書官、斎藤内閣で農林参与官、平沼内閣で農林政務次官、幣原内閣で農林大臣……という経歴からわかるように、農政通である。なお東久邇内閣で厚相兼文相、第二次鳩山内閣でも文相を経験したが、資金力は弱体であり、そのため、かつて「松村・三木派」の実力者であったのが、いつの間にか「三木・松村派」となり、「三木派」となり、〝実力者〟の地位を失っていた。

松村は戦後、旧大日本政治会所属議員が集まって作った進歩党に属していたが追放され、二十六年、追放解除後、大麻唯男らと「新政クラブ」を作って、二十七年二月に、三木武夫らの国民民主党と合同し、改進党を作り、中央常任委員会議長となり、また重光総裁のもとで幹事長となっている。この頃は、三木武夫、北村徳太郎らの「革新派」に対して、改進党内の「保守派」と呼ばれている。自由党を脱党した鳩山、岸両派と合同して「日本民主党」を作った時は、岸信介幹事長、三木武吉総務会長と並んで政調会長となり、三役の一角を占め、後に第二次鳩山内閣に入閣した。保守合同には、「保守二党論」の立場からはげしく反対し、また岸内閣では、大野伴睦の副総裁指名に反対して、文相での入閣交渉を拒否し、以来今日までの長い冷飯時代に入った。

三十一年の総裁選挙に際して、旧改進党系の大麻唯男一派は岸支持に廻り、革新派の北村系は早くから河野派と一体化して、その大部分は岸支持に廻ったのに反し、革新派の三木武夫系と松村系は、石橋を支持した。残る中間派は楢橋渡、小川半次などで「山王会」を作っていたが、これも次々に岸支持に踏み切って行った。その結果旧改進党系で石橋支持、岸反対の立場をとった松村、三木両系統が合流して「松村・三木派」が生れたわけである。岸首相が三十四年一月に党大会を繰上げて総裁再選に出た時は、当時の反主流派である池田、三木・松村、石井、石橋の四派は連合して、松村謙三を立てた。反岸の執念に燃える松村は、この勝算のなかった公選で、岸の三二〇票に対し一六六票を集めた。三十五年七月の公選でも、松村は、今度は池田勇人に対抗して立候補したが、大野伴睦の辞退と共におり、石井光次郎にその票を投じた。三十九年七月の公選では、佐藤に反対するため池田を支持し、同年末の総裁争いでは、再び佐藤に反対して河野一郎を支持した。民政党系の松村は元来政友会系の河野とはソリがあわず、鳩山内閣、石橋内閣、岸内閣時代と続いて、河野とは対立関係にあったが、河野が反岸、反佐藤に立場を変えて以来河野に接近し、河野もしばしば中野区上鷺宮の松村の私邸を訪ねて、敬意を表していた。

三十九年末の総裁争いで、三木武夫が佐藤栄作を支持するや、五人の仲間を連れて直ちに脱藩した。あとに従ったのは、古井喜実、竹山祐太郎、川崎秀二、笹山茂太郎、佐伯宗義であり、いずれも旧改進党系である。竹山は農林技師出身、川崎は放送記者、古井は内務官僚、笹山は農林官僚、佐伯は鉄道を経営する富豪であり、何れも、当選九回から五回までの古参議員である。

松村派は、旧河野派中曽根系と接近し、当面藤山愛一郎を、佐藤栄作に対する対抗候補としてかつごうとしている。次の総選挙後は保守新党を作ってキャスチング・ボートを握り、多党制時代の主導権をつかんで、日中国交正常化に一歩を進めようというのがこの派の狙いであろう。

〔参議院の派閥〕

参議院自民党の派閥は、二重の構造を持っている。一応衆議院の各派閥に対応した派閥があるが、それがさらに三軍団編成になっている。

三軍団編成になった理由はふたつある。その第一の理由は、三十一年の総裁公選で、三人の候補が争った事態に対応したものであり、その第二は、参議院の閣僚のワクが三人になっているためで、この第二の理由によって三軍団編成が恒久化したものである。いずれにせよ、この三軍団編成の根拠には、政策やイデオロギーはほとんどなく、もっぱら人事上の対抗関係があるだけである。そして人事権は、参議院議長と、参議院自民党議員会長とに集中されている。この二人が、組閣や改造のたびに、首相に入閣要求をする窓口になっているからである。

参議院自民党の派閥構成図は次のとおりである。

清新クラブ｛佐藤派（五〇）、川島派（六）｝

懇　和　会｛池田派（二二）、三木派（一四）、石井派（七）｝

みずほクラブ｛藤山派（一一）、河野派（一五）、船田派（五）、村上派（二）、旧大野中間派（二）｝

無　所　属（四）

衆議院に対応する派閥のないのは、岸・福田派と松村派であるが、清新クラブは元来、岸派の参議院組織であり、岸派の解体後、佐藤がこれをまとめたもので、佐藤内閣が終れば、このうちのかなりが福田赳夫―保利茂ラインの下に入り、一部は田中角栄の下に行くであろう。

〈**清新クラブ**〉

「清新クラブ」が発足したのは、三十二年二月一日のことである。前年の総裁公選で一敗地にまみれた岸信介を支持した参議院議員四一名が集まったもので、世話人代表は吉野信次、重宗雄三であった。いずれも当時の「岸派」であるが、参加者の中には、今日の派閥でみれば、佐藤派のほかに河野派や三木派の人間もわずかながら含まれていた。

発足当時、世話人が発表した入会予定者四一名は次のとおりであった。

稲浦鹿蔵、伊能繁次郎、井村徳二、江藤智、大沢雄一、小沢久太郎、川口為之助、木島虎蔵、木暮武太夫、後藤義隆、斎藤昇、酒井利雄、迫水久常、佐野広、重政庸徳、重宗雄三、柴田栄、白川一雄、関根久蔵、館哲二、田中茂穂、手島栄、寺本広作、中野文門、仲原与一、永野護、成田一郎、西田隆男、野本品吉、平島敏夫、堀木鎌三、堀本宜美、前田佳都男、松岡平市、三浦義男、三木与吉郎、最上英子、横川信夫、吉江勝保、吉田万次、吉野信次

今日では、「清新クラブ」の実権は、参議院議長重宗雄三がにぎっており、斎藤昇、迫水久常、郡祐一らが、幹部級とみられている。

川島派は、四十年七月の参議院選挙で初出馬し当選した人物が主体となっている。

〈懇話会〉

参議院自民党では、元来石井派が最大派閥であった。保守合同の直前の、三十年一月二十四日現在の

参議院の勢力図を見ると、自由党の九一名に対して、旧自由党岸派、鳩山派及び旧改進党で作られた日本民主党は僅か二二名に過ぎない。そして、当時の自由党は、旧吉田派と、緒方派、大野派に色分けられていたが、参議院では、吉田内閣末期に緒方、大野と結んでいた松野鶴平が、長く実権を持っていた。松野は緒方の死後、緒方に代って自民党の総裁代行委員にもなった。三十七年まで六年にわたって参議院議長の椅子を占めた松野鶴平議長の下で、石井派の林屋亀次郎は多面的な動きをし、隠然たる政治力を持っていた。このような経過から、緒方の後継者である石井光次郎が、参議院で勢力を持つに至っていた（松野は三十五年の総裁公選では藤山を支持したが、松野の息子松野頼三はかつて石井派に籍を置いていた）。

「石井派」の項でのべたように、保守合同後、石井派の参議院勢力は、公称四三名であった。石井は三十一年の総裁公選では池田派の支援を得て立候補し、決選では三木派の支持する石橋に投じた。また岸内閣の前期には、石井、池田、三木の三派は共同して岸内閣を攻撃し、「三閣僚辞任事件」を起したものである。こうした経過から、自然、石井、池田、三木三派は密接になり、「水曜会」の名称で共同歩調をとっていた。「水曜会」は三十七年七月に、池田総裁を三選したあと、七月二十七日、赤坂のプリンスホテルで会合して、水曜会の名称を「自民党懇話会」と改称した。この時、総数四四名と発表された。その直後、参議院議員会長の選挙問題があったが、懇話会は清新クラブと同盟を結び、「みずほクラブ」の井野碩哉に対抗して、石井派の林屋亀次郎を統一候補として、井野を破った。この時の同盟は、松野鶴平の後任議長に「清新クラブ」の重宗雄三を出すかわりに、議員会長は懇話会でとるというものであった。
現在「懇話会」の指導的地位に立っているのは、池田派の塩見俊二、高橋衛、三木派の笹森順造、鍋島直紹、石井派の林屋亀次郎、青木一男（現議員会長）安井謙といったところである。

〈みずほクラブ〉

前記のように林屋亀次郎が、参議院自民党の議員会長に選ばれるに先立って、この会長選挙対策のために、藤山、大野、河野のいわゆる「党人三派」が、結束を固めようとした。三派代表一一名が、七月二十五日ホテル・ニュージャパンで会合、三派の連合会派を作ることをきめ、二十六日に「みずほクラブ」を結成した。会員は約五〇人と発表された。「みずほクラブ」は、議員会長に藤山派の井野を立てることをきめ、七月三十一日の参議院議員総会で投票で争ったが、林屋の七〇票に対し、井野は五三票で敗れた。現在みずほクラブの指導的地位にあるのは、藤山派の井野碩哉と河野派の河野謙三である。

＊　　＊　　＊

以上のようにして、参議院の三軍団編成ができ、この三つの窓口から、毎年のように組閣や内閣改造のたびに、入閣要求をつきつける習慣ができた。池田政権は、三十七年七月の改造時に、この参議院の三閣僚割当ての習慣を破ろうとして、二閣僚に削減することを要求したが、参議院側はこれを強硬にはねつけ、今日まで三閣僚割当て制は続いている。

三十九年七月の公選にあたっては、この三軍団は一時的に分解して、池田支持に池田、河野、大野、川島、三木の五派、佐藤支持に、佐藤、石井、藤山の三派というように系列化されたが、佐藤政権誕生に際しては、清新クラブと懇話会が再び提携し、みずほクラブが反主流の立場に立っている。その間の事情は、最近の改造のたびの閣僚の割当てぶりによく示されている。

	改造年月日	清新クラブ	懇話会	みずほクラブ
池田内閣	37・7・18	手島　栄(佐藤派)	宮澤喜一(池田派)	近藤鶴代(大野派)
	37・7・18	小林武治(佐藤派)	宮澤喜一(池田派)	古池信三(大野派)
	39・7・17	吉武恵市(佐藤派)	高橋　衛(池田派)	増原恵吉(藤山派)
佐藤内閣	40・7・19	郡　祐一(佐藤派) 上原正吉(佐藤派)	安井　謙(石井派)	ナシ
	41・8・1	田中茂穂(佐藤派)	塩見俊二(池田派) 新谷寅三郎(石井派)	ナシ

第六章　多党化時代
——一九六七年選挙の底流——

粉飾された〝自民党勝利〟

一九六七年（昭和四十二年）一月三十一日付朝刊（読売）経済面を開いてみよう。以下は「東京株式・熱狂の商い」という三段見出しで、旧ダウ二十九円高の商況解説記事である。

「三十日の東京株式市況は、自民党の予想外の議席数確保を好感、熱狂的とさえいえる商いぶりで、全面高となり、旧ダウ平均は、前週末比二十九円五十七銭高、出来高も去る八日の二億一千七百万株を抜いて本年最高で、昨年五月十二日の二億六千四百万株につぐ。

朝の寄りつきから、総選挙結果歓迎相場を示したが、開票が進むにつれて買い人気が燃え上がり、全業種にわたって大量の買い物がはいり活況を呈した。新規の買い物のほか、カラ売り筋の買い戻しもかなりはいった。

市場筋では、これまで相場の頭を押えていた総選挙が、自民党の勝利で終わったため、景気回復を背景にさらに買い上げられ、ダウは続進歩調で推移すると見るむきが多い」

この総選挙の直前、兜町では、自民党の議席が二七〇議席を軸に、一議席多ければ、ダウ十円上げ、一議席少なければ、ダウ十円下げ、との評判が流れていた。総選挙の結果自民党議席は二七七であったのだから、旧ダウ七十円高になっても不思議はない、ともいえるところだが、相場の低迷に苦しんでいた兜町筋にとっては、九カ月ぶりのこの大幅な値上がりは、旱天の慈雨のようなもの、といってもよかったろう。

だが、この年一月二十九日に施行された総選挙の結果を「自民党の勝利」と受けとった経済界の判断は正しいものであったろうか？

開票の進む三十日、佐藤首相は東京永田町の自民党本部で、満面の笑顔で、大ダルマの片目にスミを入れた。自民党本部は「勝った、勝った」の笑い声で満ちあふれた。

これにひきかえ、三宅坂の社会党本部では、敗北感にうちひしがれた党幹部や書記局員らの顔が並んでいた。

しかし、総選挙の結果を、冷静に分析してみれば、その内容は、もちろん社会党の勝利ではないが、それ以上に「自民党の勝利」でもなかったことは、明瞭である。旧ダウ平均二十九円高の人気も、兜町らしい浮薄な受けとり方だった、といわざるを得ない。

この投票内容から明らかになったのは、次の諸点である。

（1）得票率で、自民党は、前回の総選挙（昭和三十八年十一月二十一日）に比し、五・九％の減だが、社会党は、一・一％の減に留まっている。この下げ幅は、戦後の総選挙の二十七年を頂点とする保守党票下降率の中でも、最大なものである。

（戦後の総選挙における保守政党の得票は次のように

保守・革新得票率の推移

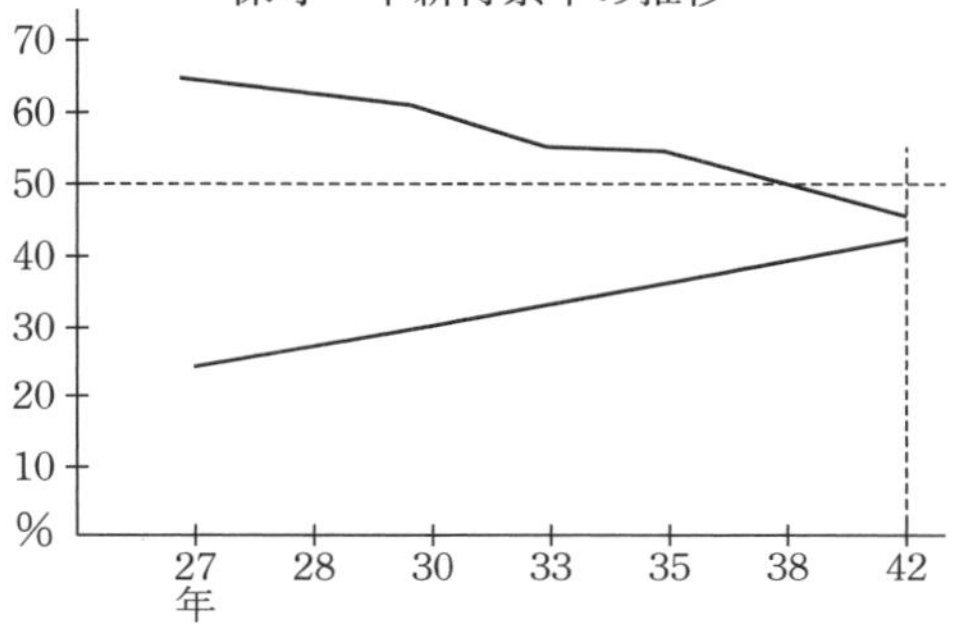

（注　保守は27年は改進、自由、28年は改進、鳩山自由、吉田自由、30年は民主、自由の各党、33年以降は自民党。革新は27、28、30年は左右両党、労農、共産、33年は社共、35、38年は社、民、共、42年はこれに公明党を加えたもの）

なっている。

吉田内閣　二十二年　五八・九％
同　二十四年　六三・〇％
同　二十七年　六六・一％
同　二十八年　六五・七％
鳩山内閣　三十年　六三・二％
岸　内閣　三十三年　五七・八％
池田内閣　三十五年　五七・六％
同　三十八年　五四・六％
佐藤内閣　四十二年　四八・八％）

（2）今回の総選挙は、前回にくらべ、人口偏差是正のため、定数が一九議席増加になっている。
また、四十一年十二月の解散時には、一九の欠員があった。したがって、議席の増減は、前回総選挙の結果や、解散時に比較して判断することはできない。今度の自民党当選者数に、いずれ自民党に入党を予想される八名の保守系無所属議員を加えると二八五議席になるが、この数字に見合う数字は、前回総選挙の当選者数二八三に、その直後自民党に入党した保守系無所属一二を加えた数、すなわち二九五議席を、新議席定数四八六（旧議席定数四六七）をスライドさせたものでなければならず、その数字は三〇七議席となる。すなわち、今回の議席は、前回に比し、二二議席減少したということになる。

もっとも、公明党の初進出があったのだから、このくらいの議席減は当然との見方もあるが、公明党の新たに獲得した二五議席を、前回の総選挙後の特別国会開会時の議席二九五の議席総数に対する自民党議席の比率をかけて見れば一六議席であり、これが公明党初進出による当然の議席減として割引ける数字であるから、それでも六議席減になる。

（3）別な面から与野党の議席差を前回の総選挙とくらべれば、一二三議席から八四議席にと、三九議席もちぢまっている。保守合同後、野党勢力が二百台に乗せたのは、これがはじめてである。

（4）社会党も定数増を加算すると、前回の総選挙の一四四議席を、新定数にスライドさせれば、一五〇議席とらねばならぬから、総選挙後入党した革新無所属を含めた議席一四一は実算九議席減となる。

これも公明党の初進出分を当然減として割り出せば、八議席は公明党に当然に喰われたものと見なされるから、差引き一議席の減となる。得票率、議席率など、いずれの角度から見ても、社会党の減少率より、自民党の減少率の方が、はるかに大きかったのである。

（5）〝社会党の敗北〟の内容をさらに検討してみよう。その敗因の最大のものは、革新もしくは野党各派の乱立共喰いにあることは明らかである。乱立の中でも、最も大きな影響を与えたのは共産党である。共産党は自党の党勢拡張のためには、結果的には革新勢力を弱体化し、保守政党を助けることになることを意に介さない党派的エゴイズムが強い。そのため、知事選挙などを含め、みすみす革新候補の勝てる場合でも、独自候補を立てて保守候補を勝たせている。しかし、この共産党も、かつて衆議院の護憲勢力確保のため立候補取り下げを要請した左翼文化人によって、一回だけ、総選挙での泡沫候補の辞退をしたことがあった。もし今回共産党が、党勢拡張のための落選承知の乱立候補を抑制していたら、社会党は何と全国で四二議席を増加していたのである。このうち、社会党当選によって、自民党の落選するケースは、一八選挙区に存在した。春秋の筆法をもってすれば、佐藤内閣は、共産党のおかげで、その政権長期化を保証されたようなものであり、客観的には共産党が佐藤内閣の強力な支柱となった、ということもできよう。

（6）また共産党を含め、野党各派が地盤調整をしたならば、社会党は五二議席を増した計算になる。

（7）さらに、共産党や他の野党との地盤調整をせずとも、社会党の内部で乱立を抑制し、票割りをうまくやれば、一六議席を増し、一五七議席とることは可能であったのである。逆にいえば、同党内の派閥抗争が、一六議席を失わせたのであって、自業自得ともいえよう。

（8）社会党の次点落選者は五〇名に達したが、このうち、最下位当選者との差が一万票以下の者は三三名に達する。このうち、五〇〇〇票以下は二五名、三〇〇〇票以下は一五名、僅か一〇〇〇票以内の差で落選した者が六名いる。これらの次点者は、「負けた」とはいえ、保守党にとっては恐るべき社会党の潜在勢力であって、もし社会党が次の総選挙で戦術を巧妙にすれば急進する「可能性」をはらむものといえよう。

一九六七年総選挙の内容は、以上のようなものであったにかかわらず、〝自民党の勝利〟と〝社会党の敗北〟という印象を植えつけられたのは、次のような理由による。

（1）佐藤内閣の人気の低落は、組閣以来ジリジリと続き、特に最近一年余にわたり、自民党の退潮は〝常識化〟していた。しかも一九六六年後半の〝黒い霧〟の連発が、自民党にいちじるしく不利に、かつ社会党に有利にひびくとの見方が一般化し、自民党は二六〇台に留まるとの予測が、自民党右派グループの間にも行われていた（たとえば元自治相の故青木正氏や永山忠則氏など）。福田幹事長は、この〝悲観的観測〟を逆用して、「二七〇台に乗せれば成功」との先入観念を、マスコミや党内外に作りあげるという作戦をとった。これがまんまと成功して、二七七議席を〝自民党の勝利〟と評価させることになった。

（2）社会党は、民社、公明、共産の野党三派の進出予想から、当然乱立による死票を出し、その議席増は困難であったにもかかわらず、佐々木委員長は、愚かにも、一七〇議席突破を呼号し、その他の幹部や事務局筋にも一五〇台突破を確信する向きが強かったため、マスコミもまた社会党の一五〇台突破を通念とすることになってしまった。

（因みに各新聞等の投票日直前の二十四・五・六日頃の選挙予想は次のとおりであった。

	自民党	社会党	民社党	公明党	共産党	無所属
朝日	二七一	一四一	二七	二一	九	一七
読売	二七二	一五〇	二八	二七	五	四
毎日	二七三	一五三	二八	二三	五	五
日経	二七一	一五四	二八	二四	五	四

産経	二六六	一五五	三〇	二六	四	五
東京	二六九	一五五	二八	二六	四	四
ＮＨＫ	二七三	一五一	二七	二三	六	六

もちろん、このような結果になったことには、自社両党の作戦の巧拙に原因があった。

自民党が、〝黒い霧〟ムードでひきしまり、各候補は必死の戦いを進め、党本部は極力公認をしぼって乱立を回避したのと逆に、社会党は、客観条件をきわめて有利と見、党内の派閥事情もあって、各選挙区で候補を乱立させ、勝利ムードの中で、安易な戦いを進めたのである。

いずれにせよ、この総選挙の結果は、自社両党の退潮、民社、公明、共産三党の進出として特徴づけられるが、国民の投票行動の内容から見れば、最大の特徴は、保守政党の得票率が、史上はじめて五〇％を割り、かつ、将来の投票動向の予測からして、保守下降、革新上昇の傾向が一層明瞭になったことである。

多党化は始まったのか？

四十二年総選挙の直後、福田自民党幹事長は、「こんどの選挙の結果多党制になったとは思えない。野党が多党化しただけではないか」と語っている。

「多党制」を、「どの政党も一党で単独政権を維持できぬ状態」と定義すれば、まさにその通りである。しかし、この選挙の結果をみて、これを「二大政党制」である、とみることはできない。多党制と二党制の定義については、後章で詳述するとして、結論的にいえば、一九五五年の社会党統一、保守合同以来始まり、保たれて来た二党制が終幕したことは事実であり、不完全ながら、国会分野は多党化時代に入り、しかも地域的にみれば、完全な多党化現象が各地にみられ、少くともここ数年以上、この傾向は一層おし進められるものと、断ぜざるを得ない。

次に、この総選挙にみられる多党化現象を列挙してみよう。

（1）得票率からみて、保守党が史上はじめて、五〇％を下廻った。しかも、保守系無所属を含めた二八五議席中、偶然としかいえないような僅差の当選者がかなりおり、次の総選挙で、もし社会党側の作戦が上達すれば、保守議席の下降傾向はさらに進む恐れが十分ある。

（2）社会党の退潮により、その二大政党制下の、政権交代の可能性を伴った野党としての機能が、一層薄れてきた。

（3）初進出した公明党は、今回は二五議席に留まったが、次の総選挙で一層その議席を増加する可能性が強い。

（4）地域的にみれば、大都市では、完全な多党化を示しており、農村人口の都市流出が今後も続けば、多党化傾向はますます顕著になるであろう。

（産業構造の変化に伴なう農村人口の都市への流出で、八年後には、全人口の七五％が都市に集中し、そのうち五四％が太平洋岸大都市帯に集中すると予想されている。また、朝日ジャーナル編集部の計算によると、三六の典型的都市型選挙区合計得票数に対する自民党の得票率は、三十五年＝五〇・

四％、三十八年＝四六・五％、四十二年＝三六・四％と、明らかな下降傾向を示している。さらに、今回の各党議席を大都市別にみると、次のようであり、いかに多党化現象が明確化しているかがわかる。

	東京	大阪	福岡	神奈川
自民	一六	八	八	四
社会	一三	四	六	五
民社	三	四	二	三
公明	六	六	二	二
共産	一	一	一	〇
計	三九	二三	一九	一四

右のように、大都府県では、自民党は半数を割っただけでなく、大阪では約三分の一、神奈川では四分の一近くまで減少しているのである）。

このような多党化傾向の中で、今回は一応自民党は、単独政権維持に必要な国会議席数（過半数に大臣、政務次官など、国会運営上の政府要員四二名をプラスした数、すなわち二八六）をどうやら維持したとはいうものの、自民党内の反主流派の〝叛乱〟もしくは〝国会サボタージュ〟の可能性を考えると、佐藤内閣が単独政権を維持するための〝安定性〟はきわめて頼りないものといわざるを得ない（保

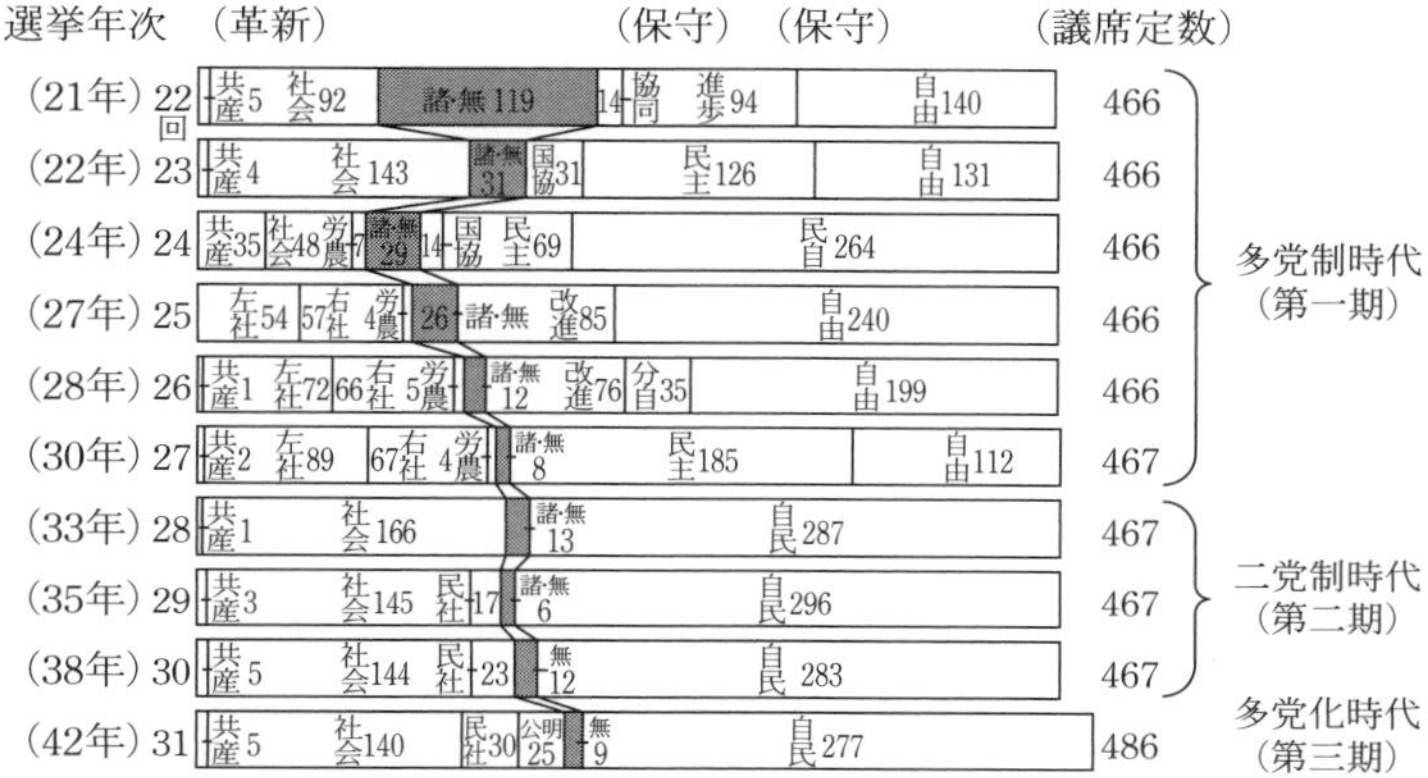

守二党制の可能性については、後章に述べる）。

上図表のように、わが国の政党政治は、戦後の多党制（小党分立制）で出発し（第一期）、約十年間これを続けたのち一九五五年（昭和三十年）の両派社会党統一、保守合同で二大政党制に入り（第二期）中途で民社党の結党はあったが、約十一年間余、ほぼ二大政党制が続き、今また多党制時代に逆戻りしようとしている（第三期）わけだ。

この多党化の傾向は、必ずしも、かつての多党制時代への復帰とはいい切れない。第一期の多党制時代と、第三期のそれとを比較してみると、次のような相違点が指摘される。

（1）第一期では、革新各党の議席が改憲阻止に必要な三分の一に達したのは、ようやく、一九五〇年になってからであり、短期間の片山・芦田両連立内閣の時代を除き、国会のキャスチング・ボート勢力は、民主、国協、改進などの保守第二党、保守第三党であったが、今後は、保守新党の可能性はあるとしても、キャスチング・ボート勢力として、民社、公明などの革新諸党が登場して来る（公明党を「革新政党」として規定するには多少の問題があるが、「保守政党」と規定するにはより大きな疑問があるので、本書では一応「革新政党」としてみておく)。

(2)第一期の保守勢力はなお国会の三分の二を制する巨大なものであり、きわめて短期間を除いては、一党単独政権が常態であり、連立政権は例外的ケースに属した。しかし、第三期の保守勢力は、当面は単独政権を維持し得ているが、長期的に展望すると、連立政権が常態化する可能性がかなり濃厚である。

(3)第一期の多党制は、終戦直後の政治的混乱期に当然に生じた小党分立制というべきであり、しかも一九四六年に施行された戦後最初の総選挙が、大選挙区制限連記制をとったことが、小党分立を触発したわけである。第三期の多党化現象は、中選挙区単記制下に拡大して行こうというものである。大選挙区制によって生じた小党分立の整理過程にあった第一期とは異なり、第三期の多党化現象は第三政党にとっては不利な中選挙区単記制のワクを突き破って拡大して行くのである。

(4)第一期の多党制は、戦前の政友、民政両党支配の全国的に根強く残っている基盤の上での多党制であり、農林漁業等第一次産業人口が、総人口の過半を占めるという戦前的産業構造に支えられた保守党絶対優位下の多党制であった。第三期の多党制は、第一次産業人口の減少、農村人口の都会地への大量流出という今後一層促進されようとする近代的産業構造に支えられたものであり、まさにこの点こそ、第一期の多党制と、第三期のそれとを、本質的に区別する特徴である。

多党化を支えるもの

新しい多党化時代を特徴づける前記の第四の状況については、もう少し詳細な検討を要すると思われる。

経済企画庁の統計資料及び「四十一年版労働白書」によると、過去の産業別就業人口の総就業人口に対する比率及び一九七〇年の想定比率は、次のように、年を追って、いちじるしい変動を示している。

	昭和22年	31年	40年	45年
第一次産業	五三%	四二%	二六%	二四%
第二次産業	二二%	二四%	三二%	三三%
第三次産業	二三%	三四%	四二%	四四%
被雇用者	三六%	四四%	六〇%	六六%

すなわち、終戦直後の一九四七年の産業別就業人口中、第一次産業、つまり農林漁業従業者は依然として五割余を占めていて、これが保守政党の大きな基盤となっていた。また、革新政党支持層の基盤である被雇用者人口は三六・四%に過ぎなかった。だがこのような人口構造は、その後はっきりと第一次産業人口の漸減、第二次及び第三次産業人口の増加傾向を示し、一九四七年と一九七〇年の予測数字を

比較すると、保守政党の票田である第一次産業人口は半減し、革新政党の票田である被雇用者人口は倍増すると推定されるのである。

保守党の票田である農業人口についての別な数字をあげてみよう。

次頁の図表は、明治十三年以後の日本の第一次産業人口比率の低下傾向と、伊藤善市（東京女子大教授）坂本二郎（一橋大助教授）両氏による昭和六十年までの同人口比率の変動予想率を示している（両氏著『都市化時代の日本経済』講談社刊参照）。

この図表は恐ろしいばかりの第一次産業人口の低下傾向を示している。一九五〇年（昭和二十五年）を一〇〇とした農業就業人口は、一九六五年には六七に減じている。また農家戸数についてみれば、一九六五年の指数は九二である。しかし「二種兼業農家」（サラリーマン、セルフエンプロイメントなどが主業で、農業を兼業とするもの）を除き、専業農家と「一種兼業農家」（農業を主として兼業するもの）のみをみると、四十年の指数は六八になる。したがって、農村人口、実質的な農家戸数のいずれをとっても、この十五年間に、三分の一が脱農している。これは五二〇万人であるが、一九六〇年（昭和三十五年）から一九六五年（昭和四十年）の間の五年間だけでも二四〇万人が脱農しているのである。

これらの脱農人口は、当然大都市に流入している。過去十年間の二党制時代に、着々と進んだ農村人口の流入により、東京、大阪を結ぶ太平洋岸巨帯都市（メガロポリス）の人口は、約一千万人も増加しており、すでに全人口の四五％が、この巨帯都市に集中してしまっている。

農民や壮・老年層が保守政党の票田であり、第二次、第三次産業就業者や若年層が革新政党の票田であるという常識には、最近、部分的には疑問が出て来ている。今度の総選挙の結果を見ても、農村選挙区特に過疎地帯で、社共両党の得票率がのびているところもあるし、また、若年層の保守化は、過去二、三年の顕著な傾向である。

たとえば、一九六六年一月一日付朝刊の読売新聞の世論調査によると、六六年に成人式を迎えた青年のうち、社会党支持は三〇・一％で、自民党支持の三三・六％を下廻っている。読売新聞の一九六五年十月の全国世論調査では、二十歳台全体の社会党支持率が四〇・四％あったのに比較すると、若年層保守化の傾向は一層明らかである。

このような、部分的な傾向はあるが、全体として、都市のエンプロイーが革新政党の票田である傾向は、今後当分続くことは間違いない。

産経新聞の計算によると、千葉、埼玉、東京、神奈川、静岡、愛知、岐阜、三重、滋賀、京都、大阪、兵庫、奈良、和歌山の一四都府県をつなぐ太平洋岸巨帯都市（いわゆる、東海道メガロポリス）での保守、革新の得票率は、過去三回の総選挙で次のような傾向を示している。

	昭和33年	35年	38年
保守	五五・九％	五四・六％	五〇・九％

第一次産業人口比率の変動図

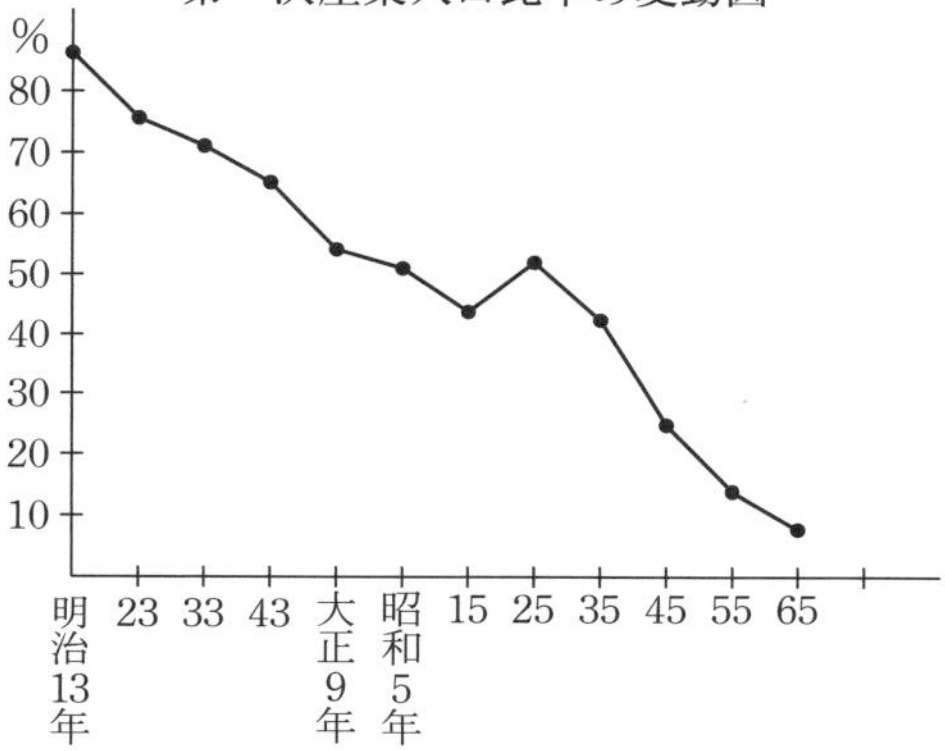

革新　四〇・二%　　四四・三%　　四七・三%

すなわち、保守の漸減、革新の漸増の傾向は、おおうべくもない。このうち、昭和三十八年の結果だけみると、全国の得票率と東海道メガロポリスの得票率を比較すると、次のような開きがあり、これは、巨帯都市の革新化をはっきりと示している。

	全国	巨帯都市
保守	五七・九%	五〇・九%
革新	四〇・四%	四七・三%

一九六七年（昭和四十二年）総選挙についての集計はまだ出ていないが、全国得票率が自民党が五・八%の激減を示したことや、大都市で集中的に自民党が得票率を下げていることから、右の傾向は、いっそう顕著になったものと断定できる。

しかも、この東海道メガロポリスへの人口集中は、丹下健三氏（東大教授）の予測によると、今世紀末には、日本の都市人口の八〇%以上がこの巨帯都市に集中し、八〇〇〇万から一億の人口を集めるとされている（一九六五年十月一日の国勢調査によると、この巨帯都市の人口は、四七七〇万人で、総人口の四四%となっている）。

以上のような統計資料の示すものは、戦後十年の多党制の社会的基盤と、二十二年後に始まろうとする多党制時代の社会的基盤とが、まったく異なるものであることを、まことに明瞭に示している。

朝日ジャーナル編集部は、全国の一二三の選挙区の中から、三六区の「都市型選挙区」と、一七区の

	選挙年次	自民	社会	民社	共産	公明	諸無
都市型選挙区	35年	50.4 68	30.8 44	12.1 9	4.8 2		1.9 0
	38年	46.5 63	32.0 46	12.5 11	6.5 3		2.5 0
	42年	36.4 59	27.2 43	11.8 16	7.4 2	12.1 2.0	5.1 2
農村型選挙区	35年	66.5 45	21.0 13	6.2 2	1.6 0		4.7 2
	38年	62.0 43	24.3 14	3.2 1	2.2 0		8.3 4
	42年	64.7 42	26.8 17	1.1 1	2.5 0	1.3 1	3.6 1

「農村型選挙区」とを選び出し、過去三回の総選挙でのそこでの各党の得票状況を集計して、別表のような結果を示している（朝日ジャーナル・四十二年二月十二日号参照）。図表中の各党の上段の数字は得票率、下段の数字は獲得した議席である。ここに選ばれた都市型選挙区は、人口流入の多かった選挙区で、昭和四十一年一月一日現在の有権者数が、三十五年十一月二十日現在有権者数の一・一九倍以上となった選挙区であり、農村型選挙区とは、同様一倍以下となった選挙区である。「都市型」とされた三六選挙区は、北海道一、埼玉一、二、四、千葉一、東京一から十まで、神奈川一、二、三、静岡二、愛知一、二、三、四、六、京都二、大阪一から七まで、兵庫一、二、三、広島一、福岡一の各区。「農村型」は、秋田二、山形二、福島二、新潟四、石川二、兵庫五、島根、香川二、愛媛

二、高知、佐賀、長崎二、熊本二、宮崎二、鹿児島二、三、奄美群島の各区である。

この図表でも明らかなように、都市型選挙区で、昭和三十五年には五割強の得票率を持っていた自民党は、昭和四十二年には三六・四%しかとれず、過半数政党から、「三分の一政党」へと転落している。

一方、社会党も、四十二年選挙では四・八%も下げており、都市型選挙区では、もはや完全に二大政党制は終り、多党制が現出していることを示している。また農村型選挙区では、依然として自民党の得票率は六割を上廻ってはいるものの、社会党が着実に得票率をふやしているのが特徴的で、農村地区はなお二党制を維持しようとしていることがわかる。

さて、以上のように、農村人口の都市流入と、これに伴う多党化現象は、否定すべくもないところである。

一九六七年選挙に示された多党化現象を、「野党だけの多党化に過ぎない」と一笑に附そうとする見方が、いかに根拠薄弱であるかが、以上によって明らかとなったであろう。また一部には、この新しい多党化は、国民が十余年の二党制にあきて、一時的に多党化の方向を選んだものであり、十余年前に、小党分立を嫌って二党制を選択したように、一定の期間が過ぎれば再び二党制に逆戻りする……との観測もあるが、過去二十二年間の多党制→二党制→多党制の動きは、決してそのような循環現象としてとりあげることはできないのである。すなわち、本章のぼう頭にのべた戦後第一期の多党制と、第三期の多党制とは、そのおかれている社会的基盤がすっかり違ってしまっているのであり、この新しい社会的基盤は、再びもとに復そうとしても不可能なのである。

猪木正道氏（京大教授）は、十年後の政党分布を予測し、次のような政界分布を描いている（東京新聞）。

自民　二〇〇〜二二〇
社会　一〇〇
公明　六〇
共産　六〇
民社　四〇

このような推測は、選挙制度の抜本的改革がない限り、四十二年選挙に表われた国民の投票動向からみて、かなり根拠があるように思われる。しかも現在の政治情勢からみて、選挙制度の改正はかなり困難であり、もし実現できるとしても、単純小選挙区制はまったく不可能といってよく、可能性が残されているのは、小選挙区制と比例代表制の混合型であり、しかも、その場合比例代表議席を三分の一以下におさえることはむずかしいから、多党化が、選挙制度の面で抑制される可能性は、ほとんどないと見なければならない。

たしかに、一九六七年選挙では、自民党は保守系無所属を含め、二八五議席をとり、過半数を四十余上廻る安定勢力を確保した。しかし、大河の流れるような農村人口の都市流出や、産業構造の近代化など、大きな社会変動の進行状況からみて、この選挙の結果は、自民党の戦術の巧妙さと、革新陣営の乱立によって作り出された絶対多数に過ぎず、保守一党支配の危機を、三年ほどひきのばしただけだということができよう。

不測の事態が起らぬ限り、次の総選挙は、一九六九年頃までないと思われる。しかし、その間保守党が、農村人口の激減、エンプロイーの急増という基本的社会変動に対処して、党の体質を改善しない限り、いわゆる「一九七〇年の危機」を待たず、ジリ貧はドカ貧に転じ、保守一党支配体制の崩壊をみる恐れは十分あるといえよう。

現在の自民党内の〝タカ派〟と呼ばれる右派勢力は、このような変動期に対処するに当って、軍事的、治安政策的立場から反共体制の強化を叫び、保守漸減の波をせきとめるためには、小選挙区の採用を主たる方策として考えるだけであり、保守党のエンプロイー対策を主眼とした石田博英氏の労働憲章草案を、保守主義の異端扱いし、「左翼への媚態政策だ」としてこれを否定しようとするほどの保守感覚しか持っていない。しかも、現在の保守一党支配は、このような感覚の右派勢力によって支えられている事実を考えると、保守の側の体質改善による多党化の抑止は、ほぼ絶望的だと思われるのである。

第七章　二党制の神話

――多党化のすすめ――

保守合同の動機

一九五五年（昭和三十年）二月二十七日の総選挙で、左右両派社会党は合計一五六議席を獲得し、史上はじめて改憲阻止に必要な「三分の一」議席を確保した。この勢いに乗って、分裂していた両派の統一工作が急速に進み、同年十月十三日、保守合同にさきがけて、社会党統一が実現した。

この動向に刺戟された保守陣営も、合同機運が高まり、約一カ月おくれたが、同年十一月十五日、自由、民主両党は解党し、自由民主党を結成、ここに日本憲政史上はじめての、単一保守政党が誕生した。これによって、戦前の保守二党時代とは異質の、保守、革新二大政党時代が船出したのであった。

この政界再編成について、社会党の統一は、一九五一年（昭和二十六年）講和、安保両条約をめぐり左右両派に分裂していたものが、復元したに過ぎないが、保守合同の方は、憲政史上最初の単一保守党であり、これによって〝一九五五年の体制〟と称される保守一党支配体制が出来上ったのであって、戦後二十余年の政治史の一大転機であった。かつて一八九八年（明治三十一年）に、政府及び御用政党「吏党」に対抗して、板垣退助の自由党と、大隈重信の進歩党とが大合同し「憲政党」を結成、史上最初の政党内閣である「隈板内閣」が生れた事件も、日本政党史の金字塔として、記憶さるべきものであったが、その憲政党は半年たらずで分裂、隈板内閣も四カ月余で崩壊した。それにくらべ、一九五五年の保守合同は、その後十余年間の保守単独政権の基盤となったのである。

さて、この保守合同はどうして出来たのか。合同劇の立役者三木武吉、大野伴睦、緒方竹虎、岸信介らの、それぞれの政治的野心にもとづく政界主導権争いにも大きな動機があったが、基本的には、安定した半永久的保守独裁体制を作り、小選挙区制の断行による絶対多数の長期確保と改憲の準備、革新勢力漸増への障壁構築にあったことはいうまでもない。

保守合同を悲願とし、執念を持って推進した三木武吉の当時の思想について、御手洗辰雄氏は『三木武吉伝』の中で次のように書いている。

「二十四年一月の総選挙で保守派は七四・七％を占めたのを頂点に保守政党は次第に凋落し始め、三十年の選挙では保守党はついに七割を割って六七・八％となり、革新陣営は三二・二％と三割台に進出した。これは日本の政治史上における画期的な変化といえる。ひとたびここまで成長した社会党の勢力は後退のあろうはずがない。三分の一はやがて二百となり、過半数となること、今はただ時日の問題である……。三木の恐れたものがふたつある。ひとつは、保守勢力の分断確執によって失わずともすむ議席を失ない、それがため、憲法改正の機会を永久に失なう恐れである。今ひとつは、社会党発展に内包する容共勢力の進出である。……憲法改正では占領政策修正を断行する出発点なりと三木も鳩山も信じている。選挙の足取りは、それを不可能ならしめる傾向を示している。余命の短かいことを自覚する三木としては保守結集を急がざるを得ない」

この一文に明らかなように、三木武吉の脳裏にあったのは、保守一党制による選挙地盤の調整や公認統制によって、改憲発議に必要な国会の三分の二議席を確保し、左翼勢力の進出を恒久的に封じる諸措置をとることであった。二大政党による政権交代によって確保される近代的議会政治を否認し、半永久的な保守独裁体制を確立することであった。

だが、保守合同によっても、この三木の「悲願」は達成されないのみか、一九五五年に七割を割った保守勢力は、改憲発議勢力を回復できなかったのみならず、依然としてジリ貧を続け、その十二年後には得票率はついに五割を割ってしまったのである。一方一九五五年に得票率三割台に乗せて、三木を驚かせた革新勢力は、一九六五年七月の参院選挙地方区で保守勢力を上廻り、一九六七年総選挙でも五割に迫る勢いを示している。保守合同が三木武吉の悲願に関し、何の役にも立たなかったこと、否、むしろ、保守一党体制にあぐらをかいた保守政党が、泰平ムードに流されたために衰勢を早める結果になったことは、まことに皮肉である。

保守合同のもうひとつの動機は、緒方竹虎の保守新党に関する声明（「爛頭の急務」という言葉で有名になり「ラントウ声明」と仇名された）の中で強調されていることで、それは、キャスチング・ボート勢力を否認する思想である。

吉田内閣時代、保守二党体制のもとで、さすがのワンマン首相も、しばしば予算案や重要法案を、保守第二党によって修正されたり、鳩山派勢力や、時としては、僅か八人の日本民主党グループの三木武吉、河野一郎らにふり廻されたことがあった。いかに党内ではワンマン的権勢を誇ったとはいえ、議会内では、保守第二党との不断の妥協を迫られた。「緒方内閣」を必然とみていた当時の緒方竹虎は、政府、与党、議会の三者に対する首相のコントロールを強化するためには、国会におけるキャスチング・ボート勢力を駆逐する必要があり、そのためには、保守合同を実現する以外にはない、と考えたわけだ。

一九六七年総選挙による多党化現象は保守二八五議席により、ようやく厳密な意味でのキャスチング・ボート勢力の出現をおさえている。しかし、民社、公明両党の進出により、国会運営上の重大局面が生じた時、この両党が実質上のキャスチング・ボートを握り得ることは、過去の国会運営上の経験や通念からして明らかである。

かくして、保守合同の動機となったいずれの目的も十二年間の二党制時代の間に、失われてしまったといわざるを得ない。

「第三勢力」と「中道政治」

ではなぜ三木武吉、緒方竹虎ら戦前保守政治家の構想した〝二大政党制〟、事実上は〝半永久的保守一党支配体制〟が崩壊してしまったのか。

この二党制の崩壊後の多党化現象も、保守合同以前の多党制（小党分立制）とは、その下部構造が本質的に違うことは、前章に書いたとおりである。だから、今後の多党化現象は、保守合同以前への〝逆行〟ではない。それは、経済的、社会的変動にともなう新しい基盤に乗った政治体制出現の徴候であって、かつて、何人かの古参実力政治家の謀議によって克服された多党政治体制のようには再び克服することの困難な、多党化現象である。

一九六七年選挙に表われた国民の投票動向は、産業構造の変化に伴う農村人口の都会地への流出が、必然的に保守票の減少と革新票の増加を示す一面、自民、社会の両「二大政党」の怠慢、停滞に対する国民の不信感の表現であり、公明党の進出は、宗教界の偶発現象である以上に民社党の進出と等しく、国民の間の第三勢力待望のムードの表われである。

この〝第三勢力〟つまり民社、公明両党は、ともに〝中道政治〟を唱えている。一体〝中道政治〟とは何のことか。それは、保守なのか、革新なのか、そのいずれでもないのであろうか。

創価学会会長池田大作氏の言葉によれば、第三勢力としての公明党の立場は、次のようなものになる。

「われわれの中道政治は、革新の中の革新といいたい」（毎日新聞42年1月31日）

「短い期間で見れば、ある時は自民党と協調し、ある時は社会党などの野党と共闘することも当然起り得るであろう。だが、わが党はしょせん、いずれにも片寄らぬ中道を進むのである」（公明新聞41年1月1日）

「(公明党の政権構想について) 第一段階としては、中道政治を根幹として第三党を確保し、国会のキャスチング・ボートを握る党になることが重要だと思います」（毎日新聞42年2月3日）

これらの言葉によっては「第三勢力」「中道政治」の性格は、至ってあいまいであり、かつて、戦後第一期の多党制（小党分立制）時代の片山・芦田内閣の「中道政治」の再現とみられないこともない。あの「中道政治」は、昭電事件が直接の契機ではあったが、一九四九年一月の総選挙で壊滅的な打撃を受け、それがその後十余年にわたり日本国民は「中道政治」を好まず、左右両極化を望んでいる、との神話を作りあげることともなった。

しかし片山、芦田政権の「中道政治」というシンボルは①圧倒的な保守優位体制の中での、保守勢力間の対立（多分に政友、民政以来の古いムード的対立を含む）の結果、当時の反自由党勢力が、便宜的に戦後新興勢力としての社会党と連立した。②占領下のＧＨＱが左右両極化を好まず、戦後日本の民主化を、中道派政権によって推進したいと考えていたのに、片山、芦田が便乗した（これにはＧＨＱ内部の幕僚間の勢力争いが絡んでいた）。③戦後の混乱期の国民が、旧型保守と急進左翼を嫌い、中道派に将来の安定政権の夢を託した――などの事情を背景にして、作り出されたものであった。

このような、便宜的、便乗的な中道勢力が、昭電事件という偶発的な事件と共に、一挙に崩壊したのもまた必然であった。この中道政治は、なお農家人口が五割を超し被雇用者人口が四割前後という古い産業構造を維持していた時期に、過渡的に描かれた希望図であり、いつでも、「三分の二」の保守優位体制に復元し得る性格のものであった。

四十二年選挙以後の第三勢力の基盤は、民社、公明両党首脳が「中道政治」のシンボルをどのように用いようにもかかわらず、第一期の第三勢力・中道政治の背景と、以下のような相違がある。

①国際勢力関係から見て米ソ両極対立の時代から、中ソ対立、中共及び欧州におけるフランスの核開発の成功、中仏接近、独仏枢軸の動きなど、国際関係の多極化の時代に入り、資本主義対社会主義というイデオロギーの二元化に対応した保守、革新二大政党の政治理念やイメージは、もはや旧時代のものとなり、国内政治イデオロギーや内政、外交政策に対する国民の選択に両極化を強いることは、とうてい無理な状況になっている。

②産業構造変化に伴なう農村人口の都市への流出、都市中心地からの郊外住宅地への人口流出（団地

の大量建設）などにより、二大政党の伝統的固定票の基盤がゆるんだ（東京でも品川、大田、墨田、江東、荒川などの都市中心部では公明党票は減少ないし頭打ちであったが、三多摩や豊島、練馬などの郊外住宅地で、公明党は著しく得票をふやしている。大阪でも同じ現象がみられる）。

③保守に対し、革新票が増加していることは事実であるが、戦後の日本資本主義は、マルクスの描いたような大きな矛盾は露呈せず、所得に対する累進課税や社会保障政策の強化によって、中産階級の層が厚くなって来たことは否定できない。また一九四八年の鉄鉱生産量は一七〇万トンであったのが、一九六六年には年間五〇〇〇万トンとなり、それは一九四八年には英国の九分の一に過ぎなかったのが、一九六六年には、英国の二倍近くに増大したことを示す。このような経済的発展は、部分的にはレジャー産業の発達と国民の政治的無関心を生じたが、全体としてはマスコミや教育施設の健全な発達により、国民一般の教育水準の向上を導くことになり、それは既成政党の怠慢に対する批判的ムードに転化し、新しい政治勢力選択の幅の拡大を望む世論が高まった。

④日本の二大政党制の範とされていた英米両国の政党と、党幹部の取引で人為的に作られた日本の二党制との質的な差違が、次第に自覚されて来た結果、幼稚な英米流二党制礼讃論が次第に影をひそめて来た。また〝野党〟としての社会党は、英国の労働党や西ドイツの社会民主党の発展に、一時期その精神的支援を求めて来たものの、英国労働党政府がベトナム戦争を支持し、バート・ゴーデスベルク綱領によりマルクス主義と袂別した西ドイツ社会民主党がキリスト教民主同盟と大連立するに至って、西欧的社会主義政党との異質性が見る間に明確になって来た。その結果、日本の有権者も、欧州先進国型の

穏健な革新政党のモデルを、追求しようとするようになったのは当然であり、これが新しい第三勢力の登場の基盤となった。

「二党制」と「多党制」

十二年の保革二党制時代を間においた前期多党制と後期多党制とは、その経済的、社会的条件が異なることは、前記のとおりであるが、では「多党制」とはどんな政治形態であり、「二党制」とはいかなる政治形態をいうのか。日本の政治家や政治評論家の中には、英米二大国を、議会民主主義国家の範型としてたたえ、この両国が「二党制」をとっているから、我が国も「二党制」をとるべきだと結論したがる人が少なくなかった。ところが、この「二党制」の内容は、米英間にも本質的な差違があるだけでなく、また米英と我が国の間でも、二党制を支えるべき社会的基盤はまったく異なることを忘れている。

そのような実質的内容は後述するとして、形式的に考えた場合、「二党制」two-party or bi-party system とは「二党単独で政権を担当し得る二つの大政党の存在を前提とし、これらが交互に政権を交代する政党政治」（平凡社『政治学事典』）と定義される。この場合、二党以外に直接政局を動かすことのない小政党やキャスチング・ボートを握る小政党が存在してもかまわない。だが、我が国の場合、政権担当能力のある一党と、その能力が長期間なく、今後も単独政権を持つ見込みの立たぬ一党とによる不完全な二党制であったため「一カ二分の一政党制」といわれている。

また「多党制」multiple party-systemとは「小党分立制」ともいわれ、二大政党制の対立概念として用いられ、フランスの第二、第三共和国やワイマール共和国がその実例としてあげられる。二党制の対立概念として定義する場合は「三つ以上の政党が存在して、そのどれもが、議会において過半数の議席を占めないような政党の在り方を指して多党制という」（吉村正著『現代政治の機能と構造』）と定義されよう。このような状況は「選挙管理内閣」のような過渡的な政権を除けば、「連立内閣」が常態であることになる。

しかし、たとえば、戦後日本の「多党制」下にあっても、保守第一党の単独政権が継続されており、多党制と連立政権とは、必ずしも結びつくとは限らない。典型的な多党政治を維持するスカンジナビヤ諸国では、しばしば、一党の単独政権が出現し、場合によっては、かなり長期的に維持されている。もし、「多党制」が「いずれの一党も単独政権を維持できない状態」と定義するならば、一九六七年選挙後の政治形態は、「いずれの政党も、単独で政権を担当できない」状況にはなく、依然として、保守一党政権が維持されているのであるから、「多党制」というより「一党制」といった方が、論理的には正確だということになる。

しかし、この政治状況の内容に即して考えれば、東京、大阪など主要都市の地方政治はすでに完全に多党化しているだけでなく、この傾向は全国的規模で進みつつあり、中央政治でも、近い将来、完全な多党化に進む社会的条件が拡大しつつあるのであるから、厳密な意味で「多党制」でないにしても、少くとも「多党化時代」に入ったといい得るであろう。

二党制の条件

わが国の政治家、政治評論家や学者の一部の中にも、英米両先進民主主義国が二大政党制をとっていることから、議会制民主主義の範型が二党制であり、日本の政党政治も当然に二党制をとるべきなのだ、と主張する人が少なくない。しかし、英米の二党制の成立する歴史的、経済的、社会的基盤とは相互にきわめて異質であるだけでなく、日本のそれとの間にも本質的な相違がある。

いったい、二党制の長所は

①政治責任の帰属が明白になること

②強力で一元的な政治が実行され得ること

③政権担当能力のある反対党の存在によって、一党の独善、独裁が、未然に防止し得ること

④有権者の政党選挙権が単純明快になり、政党が世論の帰趨に敏感になり、世論政治が発達し得ることなどにある。そして、二大政党制の機能が発揮し得るための最大の要件は、英国の「陛下の反対党」の語に象徴されているような第二党（第一野党もしくは第二の多数党）の役割である。

シャットシュナイダーによれば、第二の多数党の地位は、二党制における決定的な点であり、この政党は、第一党の勝利による全滅から保護され、また少数党による破壊からも保護されており、小選挙区制も、この政党を破壊するようには作用しない。その理由は、第二党は、第一党の「反対勢力の独占を保持し得る」からである。第二党は、政権党に真剣に反対し、かつ第一党の早期顚覆に奔走している全

国のすべての要素をその傘下に納めることができる。つまり「反対勢力の独占は、第二党の最も貴重な資産である」(E.E. Schattschneider, Party Government)。

英米両国における第二党(第一野党)の役割と機能は、まさにこのようなものであり、日本の第二党(社会党)には、きわめて短期のある時期(保守合同直後から民社党の結成まで)を除いては、このような機能はまったくなかったといってよい。シャットシュナイダーのいう二党制の最も決定的な機能を欠いているわけである。

いったい二大政党制の成立する要件として①社会的経済的等質性、②根本的に同一体制にあり、その間の対立は、政策的・手続的問題に限られること——が必要である。

また他面からみると、小選挙区単記投票制度が、二党制成立の条件として大きな要素をなしている。英米両国の下院選挙制度は単純小選挙区制である(但し小選挙区制が必ず二党制を生むとは限らない)

英米両国の二党制の相違点は次のとおりである。

①英国は、保守・革新の二党制であるが、米国では、戦前の日本のような、保守二党制である。

②英国の二党制は、各党は厳格な党規約に統制され、党首の権力・指導力が強力であるが、米国の二党制は、Cross-voting の習慣に表われているように、きわめて党紀がルーズで、両党とも、党内に保守派 Conservative と進歩派 Liberal の対立を蔵しており、事実上四党政治ともいえる。政策上の根本的相違も少なく、「空ビンにはられたレッテル」(Samuel G. Blythe) と呼ばれるほどだ。かつ、党首に関する明確な規定がなく、特に野党の場合、事実上の党首である敗れた大統領候補のリーダーシッ

プは、きわめて弱い。

③英国の二党制は、発達した中央集権制の上に存立し、米国のそれは、建国以来の地方分権制の上に存立している。

以上のような相違点にもかかわらず、両国の二党制に関し、きわめて共通しているのは、下院選挙制度が単純小選挙区制であることである。

わが国の中選挙区制度は、多数党に有利に作用することは否定できないが、単純小選挙区制にくらべれば、事実上比例代表制に近い議席配分を結果している。社会党統一、保守合同によって成立した一九五五年の二党体制は、それを維持するのに不可欠の条件である選挙制度の小選挙区化を行わずに、人気的に作られた二党制であったから、いかに、政治家や、政治評論家たちが、二党制の本来的慣行を作り、二党制固有の機能を発揮せよと叫んだところで、それはとうてい不可能であったのである。

とはいえ、小選挙区制が必然的に二党制をもたらし、二党制は小選挙区制によって生ずる——と断ずるのは誤りである。

たとえば、英国の二党制は一六八〇年以来存在していたが、一人一区の小選挙区制が原則として採用されたのは、その二百年後の一八八五年であり、完全な一人一区制が出来たのは、一九四八年以後である。

また米国でも、二党制は建国の父ワシントンの時代から存在していたが、全州で小選挙区が採用されたのは、一八四二年以来である。一方、比例代表制が必然的に多党制を導くというのも偏見である。

たしかに比例代表制の代名詞のようにいわれるワイマール共和国は、大選挙区比例代表制をとったため、一九三〇年の総選挙では、約三〇の政党のリストが提出され、連立政権を常態とするうちに、ナチズムの進出を許した。しかし、小党分立という点だけをとるならば、ビスマルク帝国時代の小選挙区制（絶対多数・二回投票制）下の方がひどかったのである。

フランスの第三共和国、第四共和国も、比例代表制による小党分立によって崩壊したようにいわれるが、これも誤りである。フランス第三共和国にあっては、一九一七年の選挙で比例代表制を採用したこと、一九二四年に、完全連記の絶対多数・二回投票制で残余を名簿に割り当てる方式をとったほかは、一九〇二、一九〇六、一九一〇、一九一四、一九二八、一九三三、一九三六の各年の総選挙は、小選挙区制（絶対多数制）で施行されているが、この期間も依然として小党分立であった。

また第四共和国でも、一九四五年の第一制憲議会、一九四六年第二制憲議会および同年の国民議会第一回選挙の三回のみ比例代表制で、この三回のほかの総選挙はいずれも一人一区の小選挙区絶対多数制で施行されており、第四共和国にあっては、比例代表制時代の方が、政党の数は少なかったのである。

フランスのこの型の小選挙区制が、小党分立を結果したのは、米・英のような一回投票比較多数当選制でなく、二回投票制で、決選投票での政党の連合が許されていたためにほかならない。

日本の場合についていい得ることは、現行中選挙区単記非移譲制度は、比較的比例代表制に近い議席を結集し易いが、この制度は二党制を人為的に維持することがむずかしく、一方、小選挙区単記一回投票制をとれば、少数政党は不当に圧迫されて、二党制を維持するに容易な環境ができるということ、またそのような小選挙区制は、英国型二党制に近づける必要条件のひとつであるということで、小選挙区制は、英国型二党制をつくるに必要な条件の全部では決してないのである。

さらに英国の二党制の特徴とそれを支える基盤について、もう少し考えてみよう。

日本の保守政党が、農村区を強固な地盤とするため、農村人口の都市への流出と、第一次産業人口の減少に比例して、その得票率をへらしていることは、前述のとおりであるが、英国では、一九五一年にあって、すでに

第一次産業人口　五・一％
第二次産業人口　四七・七％
第三次産業人口　四七・二％

という構造を示すに至っている。一九四五年総選挙での保守党の劇的とさえいえる大敗北は、第二次大戦による戦争経済の高度化に伴ない、第一次産業人口が急激にへったことが原因のひとつとされているが、保守党は一九四五年以来急速に党組織の近代化をはかり、この新しい産業構造に対応した党の体質改善を断行、一方労働党も政権担当の経験を通じて、現実主義的政策をとり始めた。したがって、日本の保守党と英国の保守党、日本の社会党と英国労働党との間には、その社会的基盤が相違するだけでなく、政党の体質そのものに大きな開きがあるのである。

一九四五年以来、英国保守党は、ウールトン卿を中心に、その党組織の近代化を進め、幅広く人材を党組織に入れ、かつ、党費納入党員の数を二五〇万人にも増大し、第二次、第三次産業にたずさわるエ

ンプロイー層を広範に保守党支持基盤に繰り入れたのである。また政策も、ネヴィル・チェンバレンによって創設され、一九四六年以来R・A・バトラー（元外相）をチェアマンとした党調査部《リサーチ・デパートメント》によって、大胆に進歩的な要素をとり入れて立案し、その政策宣伝も画期的に強化された。一九四七年には四〇ページに及ぶIndustrial Charter、一九四九年には六五ページのThe Right Road for Britainを発表し、政策を中心とする党宣伝を進め、この文書は、数百万部も頒布された。

このようにして、英国保守党は、第二次大戦前後の社会変動に即応してその体質を改善して来たし、またマクミラン内閣時代に、プロヒューモ事件が起きて、保守党の威信が傷つけられたのを機会に、党首選出に関する宮廷的伝統的方式に批判を起し、次のヒュームの退陣のあと、史上はじめて下院議員による無記名投票という民主的方法を採用するに至った（本書九二、九三ページ参照）。

一方労働党も、何度かの政権獲得の経験を通じて穏健化し、両党の政策は接近を続けた。かつて、労働党のアトリー政権時代、ウィンストン・チャーチルが米国旅行中に、「英国の各政党の五分の四までは、解決すべき諸懸案の五分の四について一致している」と語ったように、総選挙の争点や国会の討論に付される問題は、全政策のうちで、両党間で一致できない五分の一前後のものに限られ、一致している政策についてては、国会でムダな討論はしないという慣習がある。

このような政策や思想の近接性によって、得票数と議席数との著しいアンバランスを結果する単純小選挙区制（一人一区一回投票比較多数当選制）が、政治的欲求不満を増大させずにすむのである。

英国の小選挙区制では、政党の得票率と議席数との関係は、「三乗比の法則」Cube Ruleと呼ばれ、得票率がA対Bだと、議席数はA^3対B^3となる。このため、有権者の一〇〇人中一人が一党から他党に変わると、これによって議席差は三六議席開くともいわれる。このような、議席差が誇張される制度によって、第三党の自由党は、非常な圧迫を受け、議席率が得票率の一割余というような不公平がしばしばである。にもかかわらず、三党の政策の接近が、このような政党議席の不公平な配分によっても、国民の間の政治的欲求不満を拡大しないですみ、むしろ、議席配分のアンバランスよりも、政局の安定を望み、政府党に失政があれば、反対党に多数を与えて政権を交代させるという慣行が成立っているわけだ。

以上で、米英の二党制の成り立つ社会的基盤や政党の体質、選挙制度など、きわめて多くの条件がわが国のそれとはまったく相違していることが明らかである。にもかかわらず、米英両国が二党制によって、安定した議会政治を営んでいるからといって、わが国にその二党制という形式のみを直輸入するという考え方は、まことに馬鹿げているといわねばならない。

多党化の長短と多党制諸国

一般に二党制は政権を安定させ、多党制は政権を不安定化する。したがって、民主的議会政治の理想形態は二院制である——という考え方は、わが国の現代の政治家、政治評論家たちの作った神話である。

戦前の日本も、長期の二大政党時代を経験した。これが政党政治の解消、軍部ファッショの擡頭と翼賛政治に終った理由には、歴史学者や社会科学者がすでに十分な研究を残している。が、その二大政党政治の失敗の原因のひとつは二党制そのものの中にあった。中村菊男氏（慶大教授）は、大正末期から昭和初年にかけての憲政会＝民政党対政友会の二大政党時代について、この二大政党間の外交政策の極端な不一致が軍部を抬頭させる間隙を作ったとして、次のように述べている（『現代政治の実態』有信堂刊・二五九頁）。

「この時代の外交政策は、前者（民政党）が〝国際親善主義・対華不干渉主義〟を堅持したのに対して、後者（政友会）は〝満蒙の権益擁護・対華積極外交〟を展開した。後者は武力発動をしてまで、対中国積極政策をやろうとしたのに対して、前者は対中国不干渉主義を唱え、かつ実践した。この外交政策は、まったく対立するものであった。内閣が更迭するたびに、外交政策が百八十度転換する状態が軍部を刺戟し、出先官憲をして困惑せしめたのである。そこで国策遂行のために政党政治を否定する見解があらわれるに至った。軍部勢力抬頭の要因は多々あげられるが、この二大政党間の外交政策の不一致から来る間隙から、第三勢力としての軍部の政治的進出を結果したものであるといえる。昭和初年の二大政党対立の政治がうまく行かなかった要因が、この外交政策の完全な対立にあったとすれば、現下の政情に大きな教訓を与えているといえよう」

もちろん、今日の自民・社会二大政党の外交政策の対立は、当時の政友・民政の対立の比ではなく、はるかに極端な両極的対立を示していることは、小学生でも知っていよう。このような外交政策の両極的に対立する二党間で政権が交代される時、どのような政治的・社会的混乱が起るかは想像に難くない。それだからといって、保守一党の永久支配が続くなら、これはもはや「二大政党政治」ではないのみならず、一九六六年に起った一連の「黒い霧」事件に象徴されるような、政党の腐敗を助長し、それは、政治不信、政党不信を招き、再び政党政治否認思想を拡大することになろう。

このような状態のもとに、硬直した二党制は必然的に議会政治の危機を招く。一九六七年選挙での、国民の投票が多党化の道を選択したのは、有権者大衆の智恵の発現だというべきであろうか。

次に、多党制の長短を検討し、欧州各国の多党政治の現況を見てみよう。

一般に多党制の短所としては

①連立内閣を必至とするため、国政の一元的処理が困難となり、政府の統制力・指導力がゆるむ。

②連立に参加した政党間で不断の衝突と妥協が行われ、強力な長期的施策が困難になり、政局は不安定となる。

③少数勢力がキャスチング・ボートを握り、多数派が不当な譲歩を強いられる可能性がある。

④この結果、政府の威信が低下し、政治不信を導く恐れがある。

などの点があげられる。

しかし、二党制の欠陥としてあげられる諸点に対し、多党制は次のような点ですぐれた作用をする。すなわち

①根本的なイデオロギーや政策の異なる二党制は、政権交代の場合、外交政策などで一貫性を失ない、国際的不信を招くほか、国内の政治的・経済的混乱、社会的動揺が起るが、多党制下の連立政権では、急激な政府施策の変更を抑制し、柔軟な政権交代ができる。

②二党制では、国民の政党選択が単純明快になるとはいえ、選択の余地はきわめて少く、世論の忠実な反映が不可能となるが、多党制下では、国民の意志がより忠実に議会勢力に反映される。

③二党制下では、二党に代表され得ない少数勢力は、著しく不当に発言権を制限され、その結果、少数派の欲求不満を増長する。多党制下では、そのような少数派も発言の機会を持ち、欲求不満を未然に解決し得る。

④二党制下の長期的一党単独政権は、支配層の腐敗を招きがちであるが、多党連立政権下では、相互の監視によって、政治的腐敗を未然に防止することができる。

⑤二党制は長期の経験によって安定性を備え終った場合を除き国内政治思想の両極化・対立の激化を招き、安保騒動のような両勢力の激突を招きがちであるが、多党制は、このような両極化を緩和する。

などの諸点を長所として指摘し得るであろう。

英国を除き欧州各国は、ほとんど多党制をとっている。西ドイツは、ワイマール共和国の経験にこりて、小党分立を排除するために、小選挙区制を加味した比例代表制の選挙法中に五%条項を採用している。そのため、一九三〇年には三〇あった政党が、国会に議席を有するものを数えると、六一年になると、著しくへっている。

にもかかわらず、一九六一年には、与党キリスト教民主同盟（ＣＤＵ）は過半数を失って、自由民主党（ＦＤＰ）と連立せざるを得なくなったから、これも二党制というよりは、多党制の一種とみるべきであろう。一九六五年選挙の結果は

ＣＤＵ　二四五
ＳＰＤ　二〇二
ＦＤＰ　四九

となったが、一九六六年にＣＤＵとＳＰＤの史上稀な〝大連立〟が実現した。しかし、これも、一党単独政権が不可能となったという点で、二党制ではなく、多党制概念に包括さるべき形態であろう。この異常な政党政治の形態については、野党として機能する政党の消滅により議会が政府に従属し、議会民主主義と政党政治の死滅を惹起するとの批判的解釈すらあり、この歴史的実験は、今後、論議の的となるであろうが、ここでは詳論を避ける。

以下に欧州先進民主主義諸国の政党政治の実情を紹介しておこう（外務省欧亜局の最近の資料および岩波講座「現代」別巻二〔世界の現勢Ⅱ〕を参考にした。国名の下の数字は、表中の議席をもたらした年次。各党の下の数字は議席数。政党名の頭の〇印は与党である。また党名の下の（左）とあるのは革新政党、（右）は保守、（中）は中間勢力である）。

〔イタリヤ共和国〕（一九六三年）

	上院	下院
○キリスト教民主党（右）	一三三	二六〇
共産党（左）	八三	一六六
○社会党（中）	三二	六一
自由党（右）	一九	三八
○社会民主党（中）	一四	三三
イタリヤ社会運動（右）（ネオ・ファシスト）	一七	二七
プロレタリヤ統一社会党（左）	一二	二六
王党（右）	二	八
○共和党（右）	〇	五
その他	三	六
計	三一五	六三〇

選挙制度＝上院は小選挙区と比例代表の混合方式。下院は比例代表制。

産業別人口構成（一九六一年）＝一次産業二七・七％　二次産業三八・三％　三次産業三二・七％

注・対独抗戦期から戦後にかけ、キリスト教民主党、社会党、共産党の連立体制が続いたが、東西冷戦で崩れ、デ・ガスペリ首相は、一九四七年、内閣を改造、共産党を閣外に追った。一九四八年選挙ではキリスト教民主党が過半数を制したが、一九五三年過半数を割って以来、連立が続いている。一九四六年から一九六三年まで二十余の内閣のうち、単独政権は八回のみ。

〔フランス共和国〕（一九六六年三月一日現在）

	上院	下院
共産党（左）	一四	四一
社会党（左）	五二	六八
民主連合（急進社会党を含む）（中）	〇	三九
○民主左派（右）	五〇	
○新共和連合（右）	三三	二三一
○独立共和派（右）	八三	三五
○民主中道派（人民共和派を含む）（中）	三五	五五
無所属	六	一三
計	二七三	四八二

選挙制度＝上院は国会議員、県会議員、市町村長、市町村会議員による各県単位の間接選挙。下院は

小選挙区二回投票制。

産業別人口構成（一九五七年）＝一次産業二五・七％　二次産業三五・八％　三次産業三七・七％

注・ドゴールの第五共和制以来政権は安定して来た。一九六七年三月五日、十二日の両日、二回にわたって総選挙が施行される。フランスでは、元来左翼陣営は、社会党、急進社会党、統一社会党、共産党などに分立し、総体では投票総数の四五％を占めながら大量の死票を出し、右派を利して来た。しかし、一九六七年選挙にあたっては、ミッテランを中心に、社会党、急進社会党などが大同団結して「民主社会左翼連合」を作り、共産党と選挙協定を結び、第二回投票では候補者を一本にしぼることとした。このため、総選挙はドゴール派対統一左翼の対決となり、ルカニエの民主中道派が中間派としてキャスチング・ボートを握ることになりそうだ。こうして小党分立のフランスも、ドゴール派との対決という必要性から、次第に二大勢力の対立関係に移行しようとしている。（本書二九九頁参照）

〔ベルギー王国〕（一九六一年）

	上院	下院
○キリスト教社会党（右）	七九	九六
社会党（左）	七五	八四
○自由進歩党（右）	一八	二〇
共産党（左）	一	五

フラマン人民同盟	二	五
無所属	―	二
計	一七五	二一二

選挙制度＝比例代表制。投票義務があり、投票しない者は罰せられる。

注・連立政権が常態で、政権の寿命は短い。

産業別人口構成＝一次産業一二・一％　二次産業四三・一％　三次産業三七・八％

注・ベルギーでは、党首は閣僚となった場合は、その職を辞さねばならぬことになっている。連立内閣を常態とするので、その所属党員が国会で他党出身の閣僚を攻撃することがあり得る。そこであらかじめ、政府と与党との人間のつながりを断っておくために入閣した場合、党首の地位を去るのである。

〔オランダ王国〕（上院は一九六六年現在／下院は一九六三年現在）

	上院	下院
○カトリック人民党（右）	二五	五〇
労働党（左）	二二	四三
自由民主党（右）	八	一六
○反革命党（新教系）（右）	七	一三
キリスト教歴史連合（右）	七	一三

平和主義社会党（左）	三	四
共産党（左）	一	四
政治改革党（右）	｜	三
農民党（右）	二	三
改革政治連合（新教系）	｜	一
計	七五	一五〇

選挙制度＝上院は州議会議員による間接選挙。下院は比例代表制による普通直接選挙。

産業別人口構成（一九四七年）＝一次産業一九・三％　二次産業三一・三％　三次産業四五・八％

〔ルクセンブルク大公国〕（一九六四年）

注・一院制である。

○キリスト教社会党	二二
○労働社会党	二一
自由党	六
共産党	五
人民独立運動	二
計	五六

選挙制度＝比例代表制。
産業別人口構成＝略
注・連立政権が常態。

〔スイス連邦〕（上院は各州毎に任期が異る。一九六六年現在。下院は一九六三年現在。）

	上院	下院
自由急進党（中）	一三	五一
農民党（中）	四	二二
○自由保守党（右）	三	六
民主プロテスタント党（右）	三	六
○カトリック保守党（右）	一八	四八
社会民主党（左）	三	五三
諸　派	―	四
独立党（中）	―	一〇
計	四四	二〇〇

選挙制度＝比例代表制
産業別人口構成（一九六〇年）＝一次産業一一・六％　二次産業四九・五％　三次産業二六・三％

注・三州を除き、婦人に参政権がない。国民投票制度による直接民主制が特色。共産党（労働党と改称）はきわめて弱体である。

〔スウェーデン王国〕（下院は一九六四年選挙 上院は一九六六年現在）

	上院	下院
○社会民主党（左）	七九	一一三
自由党（右）	二六	四三
保守党（右）	二六	三三
中央党（中）	一八	三五
共産党（左）	二	八
市民同盟	—	一
計	一五一	二三三

選挙制度＝上院は六特別市長と二四県の県会議員による間接選挙で毎年八分の一改選。下院は比例代表制による直接選挙。

産業別人口構成（一九六〇年）＝一次産業一三・三％　二次産業四二・六％　三次産業四一・〇％

注・社会民主党が圧倒的多数を持ち、一九三二年以来ひき続き、単独もしくは連立で政権を担当し、一九四五年の金属工業ストを除いては労働ストはほとんど起きていない。

〔デンマーク王国〕（一院制・一九六六年総選挙）

○社会民主党（左）	六九
穏健自由党（右）	三五
保守党（右）	三四
社会人民党（左）	二〇
急進自由党（中）	一三
自由中央党（右）	四
計	一七五

（他にフェロー島・グリーンランド選出議員各二名があるが、原則としてデンマーク本土問題の採決には加わらない）

選挙制度＝中選挙区比例代表制

産業別人口構成＝一次産業二二・九％　二次産業三二・四％　三次産業四二・三％

注・多党制下で社会民主党が第一党を続け、戦後少数単独内閣を作り、一九五七年から一九六四年までは中間政党との連立内閣を組織し、絶対多数を握ったが、一九六四年秋の総選挙後、再び単独政権になった。そのため、法案成立に当って野党側の協力工作を必要とする。一九六六年十一月総選挙でも社会民主党は、過半数をはるかに下廻ったにもかかわらず、第一党として単独内閣を組閣した。保守政党間の足並みは常にそろわず、政権を奪取できないでいる。欧州大陸で共産党の最も弱い国であり、議席はゼロである。

〔ノルウェー王国〕（一九六五年選挙・一院制）

労働党（左）	六八
○保守党（右）	三一
○自由党（中）	一八
○中央党（右）	一八
○キリスト教人民党（中）	一三
共産党（左）	○
社会人民党（左）	二
計	一五〇

選挙制度＝比例代表制。県を単位とする二〇選挙区から成立つ。

産業別人口構成（一九五〇年）＝一次産業二五・九％　二次産業三五・七％　三次産業四一・〇％

注・与党たる労働党は一九三五年以来絶対多数を保って来たが、一九六一年の総選挙で、はじめて過半数に二議席不足して七四議席となり、一九六三年八月に、スピッツベルゲン諸島の炭鉱の災害発生をめぐって退陣し、保守四党連立政権が出来たが、四週間の後に政権を奪回した。しかし一九六五年選挙では、過半数を八議席割り、現在は再び保守四党連立政権である。なお四年の任期中、国会の解散がないのが特色である。

〔フィンランド共和国〕（一院制・一九六六年選挙）

○中央党（右）	四九	九七（非社会主義政党）
国民連合党（右）	二六	
スウェーデン人民党（右）	一二	
自由国民党（右）	九	
小農党（右）	一	
○社民党（左）	五五	一〇三（社会主義政党）
○社民同盟（左）	七	
○人民民主同盟（共産党）（左）	四一	

選挙制度＝比例代表制。

産業別人口構成＝一次産業四六・〇％　二次産業二七・二％　三次産業二五・四％

注・多党制下で政権不安定、戦後一九六四年までだけで、二二回政権が交代している。ソ連に接しているため共産党支持者が全国民の二割に達し、一九五七年選挙で第一党になったこともある。現在大統領は中央党出身。四党連立内閣である。

〔オーストリヤ共和国〕（下院一九六六年選挙 上院一九六六年現在）

	上院	下院
○国民党（右）	二八	八五
社会党（左）	二六	七四
自由党（中）	〇	六
計	五四	一六五

選挙制度＝上院は、各州議会がその政党議席に比例して選出し、任期は州によって異なる。下院は比例代表・直接選挙。

産業別人口構成＝一次産業三一・三％　二次産業三六・三％　三次産業三一・四％

注・自由党はかつてのファッシストの流れをくむ。共産党は「五％条項」により議席をもたない。事実上、保革二大政党制であるが、長期にわたる「大連立」の経験を持つ。第二次大戦後の約二年間は占領下の特殊事情により、国民、社会、共産三党の挙国一致体制を続けたが、一九四七年十一月以後、国民、社会二大政党の連立内閣が成立、一九六五年まで続いた。この二大政党連立は proporz（二大政党均衡制度）と呼ばれ、両党首脳による「連立委員会」が、重要人事や政策について決定して来た。このため、国会も閣議も形式的存在と化していた。のみならず、各種機関や国営企業を含めた人事は連立委員会において、両党に均衡して配分されていた。

このような保守革新両党の〝密月旅行〟が可能だったのは、両党の首脳部が第二次大戦中、ナチの収容所で苦難を分ち合った共感にもとづくものであったが、古参の首脳部の相継ぐ死去のため、両党間の共感帯が崩れ、また戦禍からの復興がなり、経済的繁栄が保たれるようになったためもあって、両党の戦後派リーダー間の思想的対立が次第に表面化した。

その結果、ついに一九六五年秋、新年度予算編成で両党は衝突して、内閣総辞職、下院の解散となった。一九六六年三月六日の総選挙の結果、はじめて絶対多数党となった国民党は、選挙後社会党と連立工作をしたが失敗し、四月十四日、国民党による戦後初の単独内閣が発足した。

〔ドイツ連邦共和国〕（一九六五年選挙）

○キリスト教民主社会同盟（ＣＤＵ）　二四五（六）
○社会民主党（ＳＰＤ）　二〇二（一五）
　自由民主党（ＦＤＰ）　四九（一）
　　計　四九六（二二）

選挙制度＝小選挙区制を含む比例代表制。右議席数中、カッコ内は表決権を持たない西ベルリン選出議員の議席数である。西ドイツ国会は、連邦議会と連邦参議院があるが、後者は一一州の政府与党により任免される議員よりなるもので、実質的には連邦議会による一院制である。

産業別人口構成＝一次産業一三・八％　二次産業四七・八％　三次産業三七・八％

以上の西欧民主主義諸国の政党政治の形態を一覧すると次のようになる。

イタリヤ	多党制	連立内閣	比例代表制
フランス	多党制	連立内閣	小選挙区二回投票制
ベルギー	多党制	連立内閣	比例代表制
オランダ	多党制	連立内閣	比例代表制
ルクセンブルク	多党制	連立内閣	比例代表制
スイス	多党制	連立内閣	比例代表制
スウェーデン	多党制	単独内閣	比例代表制
デンマーク	多党制	単独内閣	比例代表制
ノルウェー	多党制	連立内閣	比例代表制
フィンランド	多党制	連立内閣	比例代表制
オーストリヤ	二党制	単独内閣	比例代表制
西ドイツ	多党制	連立内閣	小選挙区を含む比例代表制

これらの諸国のうち、かつてのフランス第三、第四共和国のように政権交代の頻度のきわめて高い国は、ベルギー、フィンランド、イタリヤであり、デンマーク、ノルウェー、スウェーデン、西ドイツ、オーストリヤは安定している。政権交代の頻度の高い国であっても、外交政策の急変もなく、また経済

発展の大きな障害ともなっていない。二大政党制はオーストリヤのみであるが、不完全ながら西ドイツもこれに加えることができるかもしれない。西ドイツはかつてのオーストリヤの如き、保革の大連立の実験中であるが、その効果を判断するには、期間が余りにとぼしい。

これら諸国の大部分を通じて言えることは、

①比例代表制――多党制――連立内閣の政治形態をとる国が圧倒的に多いこと。

②にもかかわらず、政局不安定による経済や社会生活の混乱はほとんど結果していないこと。

③フィンランド、オーストリヤを除き、すべての国で、第一次産業人口が三〇％以下であること。

④すべての国が一人当り国民所得（一九六一年の統計による）が日本より高く、イタリヤ以外はいずれも日本の二倍以上であること。

わが国の政党政治に関する神話、すなわち、多党制――比例代表制―連立政権は、政治を混乱に導き、国の経済的発展を阻害し、社会不安をひき起す……という観念は、西欧諸国においては、ほとんど通用しないのである。むしろ、これらの国々において、もし人為的に単独小選挙区制による二党制を作り出し、単独政権を作ろうとするならば、各種の社会階層からの抵抗を招き、それこそ社会不安、政局混乱をひき起してしまうのではなかろうか。

右の各国の中でも、特にデンマーク、ノルウェー、スウェーデンの北欧三国の多党制は、安定した民主主義的議会政治のきわめて効果的な基盤になっており、そこでは多党制に関する神話は、まったくの妄論と化してしまうであろう。北欧三国の政党政治についての研究家Ｄ・Ａ・リュストウの

“Scandinavia: Working Multiparty Systems”という論文の中で、「スカンジナビアの経験は、〃政治的安定は二党制からのみ結果する〃というしばしばいわれる一般化がでたらめであることを明らかにする」と結論している(Modern political parties. edited by Sigmund Neumann. p.191 みすず書房刊　渡辺一訳「政党」I 二六一頁)。

リュストウによれば、これら三国の安定した多党制を支えるものとして、人種的、宗教的、同質性、同一の国語、地域政党がほとんど存在したことがなかったこと、などをあげているが、それらの点でも、わが国と共通性があり、三国とも立憲王国である点も、日本との共通点としてあげられよう。相違点は人口の少いこと、ファッシストによる侵略の経験があげられよう。

北欧三国の多党制の特徴としては、

①主要政党が四ないし五党からなり、これらが、大地主・資本家階級、労働者階級、市民・インテリ層、農民の各階層を代表していること、②いずれも社会民主党(もしくは労働党)が第一党であり、かつ長期安定政権を握って来たこと(ノルウェーを除き、現在も単独政権)、③共産党がきわめて弱体なこと、④国民の政治的意識がきわめて高く、投票率もおおむね八〇%以上に及んでいること(デンマークでは有権者の三分の一以上、ノルウェー、スウェーデンでは四分の一以上が、いずれかの政党の正規の党費納入党員である)、⑤外国の侵略など、国家的危機に際しては、速やかに挙国連立政権を作った、——などの諸点があげられよう。

以上を要するに、社会的、歴史的条件、選挙制度、政党組織の体質等の異なるにもかかわらず、米、英両国が二党制であるから、日本も二党制をとるべきだと主張すること、多党制になれば、直ちに政局不安となり、国勢が衰亡すると断ずること、それらはいずれも根拠にきわめて乏しいといわざるを得ない。多党制下でも、各党が議会運営の秩序作りについて理性的にことに当り、国民世論の忠美な議会政治への反映をはかり、責任ある国民指導に真剣になれば、能率的な国政は可能であろう。英国流の少数党に大きな死票を出させることによって安定勢力を人為的に作り出す方法が、一党の半永久的独裁と結合する時、政党政治そのものを衰弱させるだけである。

追記・一九六七年三月五、十二の両日にわたる総選挙では、新共和国連合、独立共和派を含むドゴール派の「第五共和制派」に対しミッテランの指導する社会党、急進社会党などの「左翼連合」が共産党、統一社会党（マンデスフランス）と選挙協定を結んで対抗し、ドゴール派を過半数スレスレにまで追いこむのに成功した。この結果、国民議会の新議席は次のようになった。なお一議席は三月十九日投票のため未定である。

▽ドゴール派　二四四（改選前二八四）▽左翼連合　一一六（同一〇四）▽共産党　七三（同四一）▽統一社会党　五　▽民主中道派　二七（同四二）▽その他　二〇（同九）

第八章　密室政治の終焉

——多党化時代の政権——

▽第九回総裁公選（41年12月1日）

昭和四十一年は、自民党、特に佐藤内閣にとって、暗い一年だった。田中彰治事件に始まった一連の〝黒い霧〟は荒船運輸相辞任事件、上林山防衛庁長官と松野農相の公私混交事件となって、マスコミや世論の批判は、自民党政府の腐敗行為に集中した。佐藤内閣に対する大新聞の世論調査は、二六％からついに二五％にまで落ちこんでしまった。

にもかかわらず、この年の十二月一日に行われた自民党総裁選挙では、佐藤首相は次のように第一回投票で過半数を制し、決選投票を待たずに、再選された。

投票総数	四五九
佐藤栄作	二八九
藤山愛一郎	八九
前尾繁三郎	四七
灘尾弘吉	一一
野田卯一	九
小坂善太郎	二
岸　信介	一
松村謙三	一

村上　勇　　　　　一
無効　　　　　　　九
（白票七「佐藤」「野田」とだけ書いたため無効となったもの各一）

党大会前の予想では、佐藤首相は三〇〇以上をとり、藤山氏は七〇前後とみられていたから、佐藤批判票の合計が一六九に達したことは、佐藤主流派にとっては、ショックであった。

それにしても、佐藤が二八九の絶対多数を得たのは、相変らず①参議院及び地方代議員の大部分をおさえていたこと、②佐藤に対抗し党内の過半をおさえる実力者がおらず、非主流、反主流間の足並みがそろわなかったこと、③佐藤首相が内閣改造人事を故意に党大会直後にひきのばし、非主流各派に対し、再選後の人事で、しかるべき椅子を配分するような印象を与え、人事による各個撃破をはかったのが効を奏したこと――などが理由である。

佐藤首相並びに側近筋から、入閣をにおわされたため、必死になって票集めをし、総裁公選後の改造で入閣させられずに、あとになって痛憤した古参議員の数は少なくなく、反主流派では「佐藤は人事で票を釣り、公選を汚した」と強く批判した。

このような、人事による一本釣りは従来とかわらなかったが、これまでの総裁選挙の腐敗に対する世論の批判がきびしかったため、現金による票の買収は、従来にくらべれば、かなり自粛された。

佐藤に投票したのは、佐藤、福田、三木、川島派の主流四派と村上、石井派の大半、および船田派、旧池田派の一部などであった。藤山に投票したのは、中曽根、藤山、松村三派のほか、船田、村上、旧池田の中間各派の一部が含まれていた。

しかし衆議院の約二七〇票についてみれば、佐藤支持は一四〇前後で、佐藤批判票は一三〇票近くあった。

この公選を通じ、旧河野派は、反佐藤の中曽根派（二六人）と親佐藤に変った重政、森派（十余人）とに分裂した。最後まで去就のわからなかった旧池田派は、反佐藤色を強めた大平正芳の工作によって、同派の前尾繁三郎が正式には立候補しなかったにもかかわらず、四七票を前尾に投じ、反佐藤の意志表示をした。

かつて、昭和三十九年末の総裁争いの時、前尾は河野を下して藤山を池田の後継者に指名する工作をしたことがあった。それは前尾・藤山間の友好関係の表現であった。がこの公選では前尾派は、藤山の要請にもかかわらず、また旧池田派の内部の若手議員に藤山擁立の動きがあったにもかかわらず、それをおさえ、藤山支持を拒んだ。

その理由は、表面上、かつて池田内閣時代に藤山が反佐藤の動きをしたことに対する報復、藤山が党内極左派と結んでいることへの警戒などにあるとされていたが、事実は①佐藤の次を狙う旧池田派として、この際藤山が余り強力になることは不利と見たこと、②佐藤政権は当時短命とみられていたので、あえて佐藤主流派の全部を敵に廻してまで倒閣派に加担することはないと判断したこと、③旧池田派の内部では宮澤喜一、福永健司ら約二〇人が佐藤陣営に崩され、佐藤支持に固まろうとしていたので、藤山支持を強行すれば、旧池田派が分裂する恐れがあったこと——などが、旧池田派の藤山支持を拒んだ理由であったようだ。

右翼片肺飛行

この公選に続く改造人事では、公選前には首相自ら「反主流派からも起用し、公選のために派閥人事はしない」と言明していたのにもかかわらず、主流派中心の論功行賞人事に終った。すなわち閣僚の割りふりは、主流派は佐藤派五、福田派二、三木派三、川島派一、石井派一、中間派が旧池田派二、船田派一、参議院三となっており、反主流の中曽根、藤山、松村三派はゼロ、中間派の入閣者も、かねて親佐藤の評判が高かったり、総裁選の票集めに功労のあった人物、また主流派の入閣者でも、昭和三九年七月公選で「忍者」として活躍した人の顔が目立っている。

佐藤首相としては、この改造でも、佐藤内閣成立にあたっての論功行賞と、総選挙にあたっての主流派に有利な布陣という二点にのみ、頭を用いたのである。彼自身の反主流派に対する派閥的感情のはげしさを、はっきりと示す人事であった。またその直後に予定していた解散に際して、反主流派から閣僚を起用しておくと、閣内で解散に反対される恐れがあるとして、反主流派を排除したのだ、との見方もある（閣議決定は閣僚の全員一致を要件とする。したがって、解散詔書に署名を拒否する閣僚が出ると、これを罷免してから解散手続きをとらねばならぬことになる）。

この時の人事で最も注目されたのは、幹事長の更迭である。田中角栄は、池田から佐藤への政権バトン・タッチに、最大の功労のあった人物であり、佐藤派の資金のかなりの部分は、彼の調達によるものであった。しかし彼が政調会長、大蔵大臣、幹事長と「陽の当る場所」を歩き続けて来たことに対する佐藤派古参議員のジェラシーは次第に強まり、それらの反田中分子は保利茂を中心に固まり、福田赳夫と接近していた。このような背景に重なって、佐藤は田中に対して距離をおき始めた。その兆候として四十一年八月改造の前に、佐藤は田中を官房長官に横すべりさせようとして、田中の抵抗にあって果さなかったという事実をあげられる。

旧池田派の大平正芳は、この改造では、党三役か経済閣僚に起用されるとウワサされていた。事実佐藤周辺から、その打診工作もあったようだ。しかしそれはきわめて形式的なもので、佐藤には、田中と同盟関係にある大平を起用する気持はなかった。また大平の方も、田中を排除した佐藤のやり方に著しく反撥して、たとえ強い交渉があっても、役職につく気持はなかったようだ。

佐藤が十二月改造で田中を更迭し、後任幹事長に福田赳夫を起用したことは、自分の後継者を、田中でなく、福田にきめたことの証左であろう。福田のバックは岸信介であり、岸―佐藤兄弟の紐帯の堅固さを示す人事でもあった。

このようにして、佐藤―福田体制は固まり、いよいよ佐藤内閣はじめての総選挙に立ち向うことになった。この十二月人事を、マスコミでは「右翼片肺飛行」と呼んだ。自民党右派のみで、政府与党中枢部の人事を握ったことによる将来の不安定性を表現した言葉であった。

マボロシの「藤山首班」説

一九六七年の総選挙が終る前、政界に「藤山首班」説が流れたことがある。佐藤派の幹部の間で「藤山首班」の可能性とその対策について検討されたのも事実である。だが、総選挙で自民党が二七七議席を占めたことが判明した瞬間に、この「藤山首班」説は、幻のように消えて行ってしまった。

「藤山首班」説の根拠はこういうことであった。それは藤山愛一郎氏自身の口からは一度も出たことはなかったが、可能性は十分考えられることであった。すなわち、自民党が大方の予想のように、二七〇議席を割った時、国会運営はきわめて困難となるというのが常識である。もちろん、本会議の採決は、与党が野党総数より一名でも多ければよいのだが、これとても、老齢者や欠席者の多い自民党が、連続徹夜国会とでもなると、二七〇議席程度の勢力では、野党の抵抗を押し切って採決することは困難になる（日韓国会の連続徹夜審議の際、自民党の本会議出席数が、一時一七〇を割り、船田議長や自民党国会対策関係者を、ハラハラさせたことがあった）。さらに、会期末などに、各常任委員会をいっせいに開会して、必要な法案を採決せねばならなくなった時、大臣、政務次官は採決に加わらぬので、四二名は、採決要員から差引かねばならぬ。このため、単独政権で安定した国会運営をするために必要な数は、過半数プラス四二、新議席に即していえば二八六ということになる。したがって、一九六七年総選挙の結果の保守系無所属を含めた二八五議席は、単独政権維持にギリギリな数字といえる。過去には、このような政府要員数を除けば、与党が過半数を割りながら、単独政権を維持したケースはあるが、

「二五％の人気」しかない佐藤政権にとっては、とうてい、そのような議席数で国会を乗り切るようなリーダーシップの発揮はムリとみられていた。

そのような状況になれば、自民党内には、佐藤政権の寿命を短いとみて動揺が生じ、先物買いがさかんになる。もし反佐藤勢力が数十名から一〇〇名前後に達すれば、保守新党結成の可能性が出て来る。

そうなれば、社会党をはじめ野党各派が、佐藤内閣の倒壊と、自民党の分裂を狙って、特別国会冒頭の首班指名選挙で、保守党内の反佐藤勢力のリーダーに投票するかもしれない。脱党を覚悟する数十名の自民党内の叛乱軍が全野党勢力と結べば、首班指名選挙で佐藤首相をやぶる可能性はあったのである。

このような見方の出て来る根拠は、第一次鳩山内閣誕生の際の前例があるからである。当時左右両派に分裂していた社会党は、提携すれば一三一票となり、鳩山民主党の一一九票を上回ったのだが、両派社会党は民主党の鳩山一郎に投票し、一九一票を得た緒方竹虎が落選した（鳩山のとった二五七票の内訳は、民主党一一九、左社七二、右社五九、小会派クラブ六、無所属一、緒方のとった一九一の内訳は、自由一八三、新党同志会六、無所属二であった）。

一九六七年総選挙の直前、佐々木社会党委員長も、首班指名選挙での自民党反主流派との提携の可能性を間接的に認めるような発言があり、政界の一部では、首班指名での自民反主流派の叛乱による政権交代の可能性が真剣に考えられるに至ったのであった。その場合の首班候補として、一九六六年十二月一日の自民党総裁公選で、八九票を集めた藤山愛一郎が考えられ、ここから「藤山首班」説が湧き出たのである。

だが、総選挙の結果、自民党が二七七議席を占め、保守系無所属を加えると二八五議席という安定勢力を得たことは、このような叛乱の可能性を一挙に消し去った。

その理由の第一は、粉飾されたものであれ、予想外の多数をとって「勝利」し、「国民の信任を得た」佐藤内閣に対し、総選挙直後に自民党内に叛乱を起すことは、世論にさからう形となること。その第二は、二七〇議席を割れば、二〇名程度の叛乱でも、単独政権の存立はきわめて困難となるが、二八五議席、つまり野党との議席差が八四議席ある段階では、二〇名程度の叛乱では、単独政権を不可能にするに十分ではない。その第三は、首班指名で叛乱を起せば脱党は避けられないが、脱党して新党を作るには、最低、数十名以上は必要であるからである。

大政党を脱党して新党を作ることは、由来容易なことではない。一九五三年（昭和二十八年）三月の自由党分裂の時もそうであった。その前年七月の「福永幹事長事件」前後に出来た反吉田叛乱軍の勢力は、六、七〇名あり、同年八月の「抜き打ち解散」に対し激昂した鳩山派が会合を開いた時には六八名の頭数があった。その時の総選挙後、鳩山派と思われるのは約八〇名であった。同年十月二十三日に、鳩山派が、「民主化同盟」を結成した時、参加者は五一名であった。

一方、三木武吉を通じて吉田ワンマンに叛乱を起した広川弘禅は、一時八〇名の大派閥をひきいていたし、二十八年三月二日、吉田首相の懲罰動機が本会議に上程された時、広川派は三〇名が欠席した。だが、二十八年三月十日のバカヤロー解散の時、広川と共に脱党したのは僅か一五名に過ぎなかった。

鳩山と共に脱党したのもまた二二名に細っていた。そして三月十八日の分党派自由党の結党にあたっての参加者は総数三九名にまで下落してしまっていた。

鳩山派と広川派とを合すれば、もともと一〇〇名は優に越すはずであったのが、いよいよ脱党するとなると、この始末であった。

バカヤロー解散による総選挙の結末は、自民党は二〇〇議席を割り、一九九となったが、分自党もまた三九から三五に減少してしまった。

当時鳩山邸に出入りしていた私は、この総選挙の結果の明らかになった日、鳩山が、「音羽御殿」の芝生の上を歩きながら、嘆息し、「一〇〇とはいわぬ、せめて八〇以上が俺と行動を共にして脱党してくれれば、勝つことが出来たのになあ。大久保（留次郎）や安藤（正純）が脱落したのが痛かった。三九名の小党では、選挙には勝てぬものだよ……」と語るのを聞いたことがあった。

もうひとつの例は、「河野新党未遂事件」である。一九六〇年（昭和三十五年）の総裁公選で、河野一郎が、池田政権の下につくことをいさぎよしとせず、脱党して新党を作ろうとした時のことだ。党人派の猛者ぞろいの河野派も、いざ脱党となると、次々にしりごみするものが出て来て、最後まで脱党・新党結成に賛成して盟を結んだ者は、わずか一六名となり、ここに及んでさすが強気の河野も、ついに新党結成を断念するに至った。鳩山が分自党を作って議席をへらした時、「せめて八〇議席あれば」と言ったのは、根拠のないことではない。後に鳩山が民主党を結成して政権をとり、「鳩山ブーム」を起したのも、一二一議席で出発し得たからである。

このような場合、少数の分派が総選挙で損をするのには理由がある。その第一は、財界は常に多数派のスポンサーであり、少数派には資金を出さぬということだ。分自党の場合も鳩山は「音羽御殿」を担保にいれ、借金して資金を作ったが、財界主流をバックにする吉田自由党の方が、はるかに資金にめぐまれていたことはいうまでもない。

第二の理由は、多数党から狙い討ちをされ、対抗候補（もしくは犠牲候補）を立てられることである。バカヤロー解散による総選挙では、特に広川派は狙い討ちにされた。吉田一派は、保守派同士の共喰いになり、社会党を利することもかまわずに、〝叛逆者〟に対する懲罰選挙を徹底した。その典型は、広川弘禅に対する攻撃である。当時の吉田自由党の幹部であった佐藤栄作は、広川の地盤（東京四区）から無名の新人安井大吉を立て、佐藤自身はもとより、大野伴睦ら党長老連も大動員し、巨額の資金を投入して、広川の落選をはかり、目的を達した。広川の落選により、広川派は雲散霧消し、生き残りの多くは、後に河野派に吸収された。

このように、少数分派が総選挙で、著しく不利になる傾向は、今日ではもっと明らかであろう。というのは、戦後二十年をへて、財界からの献金ルートは保守主流派にふといパイプが作られている。また本部の事務所も約二十億円かけて建築され、地方支部もかなり整備され、これに対抗する組織、施設、資金網を新たに建設するのは、容易ではないからである。

以上のような条件から、多党化時代の開幕した今日といえども、なお保守新党の結成は困難である。松村謙三、古井喜実氏らのような、保守二党論を、信念として持っている極めて少数の人は存在するが、今日の時点で、自民党を脱党して新党を作るには、ただならぬ勇気を要するものである。いわんや保守二八五議席という環境にあっては、保守新党は冒険である、といわざるを得ない。

とはいえ、保守新党の可能性が、今後まったくないと断ずるのも、またきわめて軽率である。保守議席が二六〇前後に落ちこんだ時、そのような可能性は、かなり大きくなる。現時点で観測すると、次の総選挙は、一九六九年ないし一九七〇年頃となると思われる。前章でのべたような、産業構造の変化にともなう社会変動は、今後三年間、同様、もしくはやや加速度すらついて、進行するであろう。また一九六七年選挙が、革新陣営の乱立や選挙作戦の失敗によって、得票率とアンバランスな保守党の議席を生んだこと、つまり革新勢力側が、かなりの議席化しなかった潜在勢力を貯えていることなどからみて、一九六七年選挙で、幸か不幸か、危機を回避した、否、先にのばした保守党が、次の総選挙で、かなり苦境に立つことは、十分に予測できる。恐らく、その結果は、再び公明、民社、共産の進出となり、もし社会党が衰弱しているリーダーシップを回復し得、公認や地盤調整などの選挙戦術面で、今少し巧妙さを加えるならば、若干議席をふやすことも可能であろう。これに対し、自民党の側は、今のところ、議席を増加すべき客観的条件が、薄弱だといわねばならない。

従来の通念からすれば、きわめて困難視されて来た保守新党の結成は、前期の多党制時代とは、その社会的基盤が異質であり、保守の得票率が、七割台から五割を割ろうとする時期の、新しい多党化時代に入っては、また別の条件の下に促進される可能性がある。その条件とは、非保守第三勢力の拡大傾向であり、それら第三勢力に対し、保守党左派が相対的に多数を占め、かつ、そのような保守党左派と、非保守第三勢力の合計が、社会党よりも相対的に多数になることである。

具体的にいうと、民社、公明両党の合計が七〇前後となり、保守党左派が、これを上廻る勢力となり、この総計が一五〇を上廻り、社会党を凌駕する状態になる時である。もとより、このような保守左派と革新右派の連合勢力は国会の過半数を制し得ず、衆議院の首班指名選挙でかりに勝利し得ても、それは選挙管理内閣を作り得るに留まろう。しかし、このような型の選挙管理内閣ができれば、それを契機に、一九六七年に始まった多党化現象が、新しい下部構造の上に築かれた多党政治体制として、定着するに至ると思われるのである。

そのような多党制定着の時期が、一九七〇年代に来るか、それより若干遅れるかは、まだ正確な予測は困難である。しかし確言できることは、これまで約二十年間続いた保守一党支配が、再び強化される可能性はほとんどないということである。

自民党の新派閥地図

以上は保守新党の可能性についての、客観的な条件の検討である。次に、これを、保守党内部の勢力関係からその主体的条件を考えてみよう。

一九六七年選挙の結果、自民党の派閥関係に、根本的な変動は起きなかったが、次のような若干の変化を指摘できる。

①主流派中、佐藤派と三木派はそれぞれ数名増加したが、福田派、川島派、石井派は、ほとんど現状

維持に留まった。しかし田中角栄、福田赳夫の二人は、派閥のワクを越えて、この選挙を通じて潜在勢力を拡大した。田中は、佐藤派のほか、中間派にも手をひろげ、福田は福田派のほか、佐藤派や三木派にも地下水道を掘り進めた。

②中間派では、船田派が若干勢力をふやしたほか、旧池田派、森・重政派はやや退潮を示した。

③反主流派は数名を減じたが、中曽根派は、中曽根康弘の精力的な遊説と資金援助により、河野一郎の遺産派閥的色彩を克服し、「中曽根派」の独自性を確立した。二五名という中型派閥のリーダーとしては、中曽根は最年少である。このような僅かの変化があった結果、自民党内の新しい派閥勢力関係は次のようなものとなった（カッコ内は解散時との増減）。

主流派
- 佐藤派　五一（＋6）
- 三木派　三七（＋6）
- 福田派　二五（＋1）
- 川島派　一七（－2）
- 石井派　一四（±0）

中間派
- 前尾派　四一（－4）
- 船田派　一五（＋4）
- 森　派　一〇（－4）
- 村上派　一〇（±0）

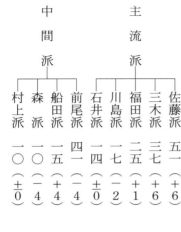

反主流派	中曽根派	二五（－1）
	藤山派	一六（－2）
	赤城・石田グループ	五（＋2）
	松村派	四（－1）
中立		一六

以上大小一三派閥は、一九六八年十二月一日の総裁公選までには、再び合従連衡をくり返し、もし佐藤内閣が退陣すれば、根本的な再編成が行われるであろう。

これらの派閥のうち、次期政権を狙う姿勢を示しているのは、三木、福田、前尾、藤山の四派である。

福田は、岸―佐藤兄弟をバックとして、福田派及び佐藤派を基盤に、三木派のかなりの部分を崩し、川島、石井、森、村上などの小派閥にも手をのばし、藤山派をさえ、切り崩す勢いである。

三木は義兄弟の関係で森派を姉妹派閥とし、佐藤内閣への無条件協力により、佐藤首相からの後継指名を待つ態勢であり、必要とあれば、中間派、反主流派とも提携工作を進める可能性がある。

佐藤派の中の若手実力者たる田中角栄は、佐藤首相との感情の冷却もあって、直ちに次期政権を狙い得ない状況にあるが、次の次を狙って万全の準備を怠っていない。佐藤引退後、佐藤派という巨大派閥を、福田の蚕食を防ぎながら、どれだけ「田中派」として固め得るかが問題である。田中は、三木、福田の両者とも、個人的関係はよくない。もし主流派が、福田、三木両者に割れて次期政権を争うこととなると、田中は結局は福田支持に廻るのではないかとの見方がある。しかし田中は前尾派中の大平正芳と枢軸を作り、まったく別の方向に行動を起す可能性もあり、田中・大平枢軸が派閥再編成の、ひとつの強力な軸となる可能性は強い。

佐藤が後継者として、福田、三木のいずれを選ぶかは、すでに政界の興味の焦点となっている。目下のところ、佐藤は結局福田を選ぶのではないか、との観測が強い。だが、福田には、中間派や反主流派の中に、強い反対勢力があり、そうした反福田勢力の抵抗が強まる場合は、佐藤は過渡的に三木を選ぶのではないか——との希望的観測が三木派の中にある。

しかし、福田、三木両者の争いは、つまるところ両派の〝実力〟による多数派工作の勝負となるのではないか。

病身でいささか無気力の前尾が、右両者をしりぞけて、政権を握る可能性は薄いといわざるを得ない。総選挙ではやや衰勢を示したとはいえ、衆参両院で約六〇名の大型師団をひきいる前尾は、党内で中間的立場にあるので、中間派や反主流派の大同団結をはかり、保守一党体制の内部で多数を制し、政権をとるのに、きわめて有利な環境にある、つまり、客観的条件にはめぐまれているのだが、主体的条件が弱々し過ぎるのである。中間派内の船田派や、反主流派の中曽根派あたりに、前尾擁立の空気でも起らぬ限り、チャンスを逸するのではないか。

前尾派の動きは、むしろ謀将大平正芳のハラにあると思われる。

反主流派の藤山愛一郎は、一九六六年十二月公選で八九票をとり、〝粛党グループ〟の旗頭となったが、「藤山政権」の可能性は、保守一党支配の続くかぎり薄いものといわざるを得ない。完全なる多党化時代、すなわち、保守一党による単独政権が困難になる時代に、その可能性は俄かに強まろう。問題はそのような時期まで、彼が反主流派に対する指導的地位を維持できるか否かである。

過去の政権争いで、総裁候補にあげられながら、ついに目的を達せず、斜陽化し、再び政権を狙う力を失ってしまった人物がいる。一万田尚登、石井光次郎、大野伴睦など然りである。

今後も何度かの総裁争いを通じ、何人かの有力政治家が、明暗二筋道を行くであろう。現在、福田、三木、前尾、藤山の四者が候補とされているが、このうち政権の座にゴールインするのは、一人か二人であろう。三年五年後には新たな候補が登場して、先人候補を勝負の土俵外に押し出してしまうからである。右四者に続いて登場する若手実力者は、田中角栄、中曽根康弘、大平正芳であろう。

密室政治の終焉

戦後十年間の多党制時代は一九五五年（昭和三十年）の保守合同・両社会党統一によって一応の終止符を打ち、二党制時代に入った。二党制時代に入ってから短期間の鳩山、石橋両政権のあと、今日に至る約十年間、日本の政権は、岸信介（三年半）池田勇人（四年半）佐藤栄作（二年）といずれも官僚政治家の手に握られ、その間の政権授受は、財界のひとにぎりの実力者の演出に従って、密室の中で遂行されて来た。こうした密室政治を支えて来たものは、保守一党独裁下における総裁公選制度である。

だが、このような密室政治は、やがて終焉に近づこうとしている。その前提条件は、①一九六七年

（昭和四十二年）に始まろうとしている多党制時代への移行、②保守勢力漸減に伴う新たな非保守キャスチング・ボート勢力の誕生、③保守党総裁即首相という関係の破綻、④キャビネット・メイカーとしての〝財界主流派〟の発言権の後退、⑤政権獲得の条件として、金力に対する大衆的人気の占めるウエイトの増大……などである。

このような条件は、多党化の完成、すなわち、保守一党単独政権の維持が困難になった時期に、十分なものとなるであろう。では、多党制下では、今日の保守党の政権争いに、いかなる変化がもたらされるか。

保守合同以来今日まで、自民党の総裁争いでの勝利者は、無条件に、自動的に国会で内閣首班に選挙され、首相となって、政権を握った。こうした条件下にあっては、参議院における勢力が、総裁、つまり首相の選出に大きな役割を果し得る。かりに、ある総裁候補が、衆議院自民党の半分を持っていなくても、参議院で圧倒的多数を持っていれば、総裁公選で勝つことができ、したがって内閣首班に選ばれることになる。この方式が成立するための条件は、保守一党で衆議院の過半数を制しており、党内は統制と秩序が保たれ、衆議院の首班指名選挙で、無条件に勝利し得ることである。首班指名選挙は、憲法の規定（注）に従って、衆議院の議決が、優先するからである。

（注　憲法第六七条＝内閣総理大臣は、国会議員の中から国会の議決で、これを指名する。この指名は、他のすべての条件に先立って、これを行う。衆議院と参議院とが異なった指名の議決をした場合に、法律の定めるところにより、両議院の協議会を開いても意見が一致しない時、または衆議院が指名の議決をした後に、国会休会中の期間を除いて十日以内に、参議院が、指名の議決をしない時は、衆議院の議決を国会の議決とする。）

もし、保守一党で無条件で、衆議院の首班指名選挙で勝ち得る勢力を失った時には、参議院の支持票で総裁公選に勝ったところで、その総裁はただちに首相になり得ぬことは自明のことである。従って、衆議院の保守党が分裂して、保守第二党が出来た場合、その第二党は、衆議院の第一党でなくとも野党各派と提携すれば、首班指名を受けることができる（第一次鳩山内閣の成立の時、第一党は、緒方総裁下の自由党であったが、衆議院での首班指名投票は、鳩山一郎二五七票（民主党一一九、左社七二、右社五九、小会派クラブ六、無所属一）緒方竹虎一九一（自由一八三、新党同志会六、無所属二）で、本来一一九票しかない鳩山民主党が政権をとった。この時両派社会党は、吉田の後継者には投票しないとの方針をきめ、緒方竹虎への投票を拒み、第二党党首の鳩山に投票したのである）。またこのような場合、保守第二党が衆議院の第三党であっても、第四党、第五党と三党連立政権の約定ができれば、首班指名選挙で決選投票に残ることが可能となり、第一党、第二党をさしおいて政権をとることができる。

このようにして、現行総裁公選方式が破綻を来たして来ると、キャビネット・メイカーとしての財界主流派の、政権交代にあたってのリモート・コントロールが、著しく弱まるのである。財界主流の支持していた吉田—緒方の自由党の多数党政権がつぶれて、鳩山民主党の少数党政権が成立した時の、あの政権交代にあたっては、財界主流派は、何の発言権も行使し得なかったではないか。もはや、岸から池田、池田から佐藤への政権バトン・タッチの筋書を書いた財界主流派は、多党制時代に入るや、政権交代に、ほとんど発言力を持たなくなってくるのである。部分的には、彼らも、革新勢力に資金を提供することによって、いささかの影響を与え得るかも知れぬが、もっと大きな影響力を、公明党のような、キャスチング・ボート勢力が行使し得ることになることは、間違いない。公明党が財界の資金力によって動かされる可能性はまったくないからである。

こうして、政権への道において占めた金力の役割は次第に後退し、総理大臣たるための条件として、大衆の人気を集め得る能力が、より大きな条件となるであろう。総理大臣になるために必要とされて来た能力は、これまで、第一に金力であり、第二に派閥の操縦力であった。つまり、総裁公選で勝つために必要な能力であり、これが密室の政治を維持する二本の柱であった。そして大衆的人気と、政策・思想と、公私の生活の清潔さなどは、それらの能力にくらべれば、従属的なものに過ぎなかった。

だが、多党制時代に入って、保守党総裁即首相の図式がこわれ、総裁公選制度がナンセンスなものになった時、この関係は逆転する。その時は、金力と派閥操縦力によって支えられて来た密室の政治も終焉するのである。

そのような時期には、これまでのような、密室の策略家であり、巨額な資金の集散者であることを条件とした〝実力者〟の型に変化が生じ、そのような条件は、少くとも、新時代の指導者にとって不可欠の条件ではなくなり、金力や寝業とは別な近代政治家の資質を備えた新しいリーダーが登場して来るであろう。

多党化時代のプラス面は、〝一党制〟の名目下における保守一党支配体制内で、腐敗した政権授受方式（総裁公選方式）が成り立たなくなることにより、かつ金力で左右されぬキャスチング・ボート勢力の登場によって、新しい政権授受の軌道が敷設される可能性の中にある。新しい多党化時代は、過渡的な政局不安定を生むかも知れぬが、バイタリティに富むわが国民は、やがて多党制の中に、その欠陥を克服し、新しい秩序と安定をとり戻し得るであろう。欧州先進民主主義諸国のすべてが、英国を除き、このような多党制を経験し、その欠陥を克服し、あるいは現に克服の努力を重ねているのである。わが国のみ、そのような経験と苦悩をまぬがれ、二党制の神話に固執し、新時代に適応する努力を捨てることは、許されないのではないか。

各党議席数・得票率一覧表

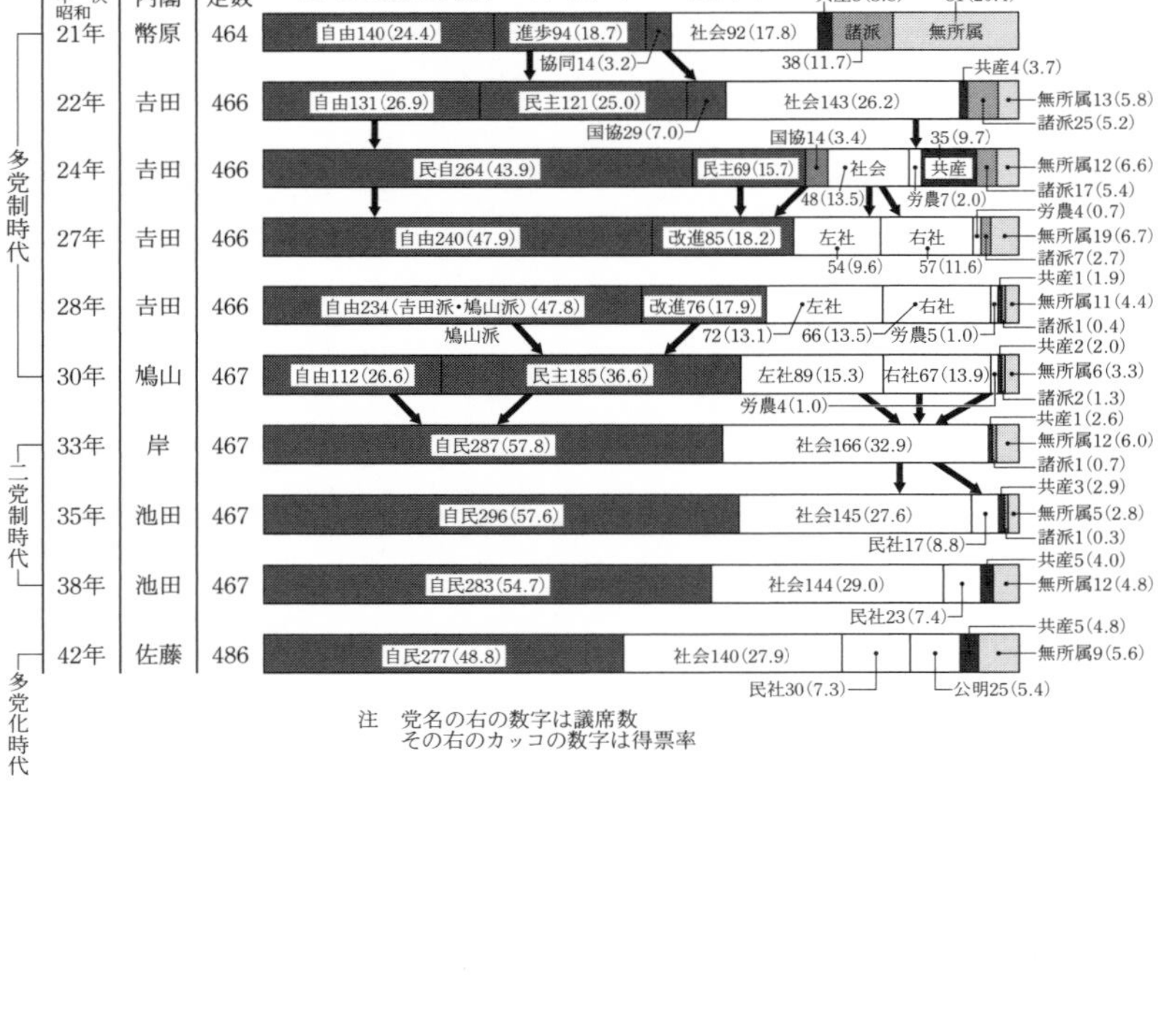

注　党名の右の数字は議席数
その右のカッコの数字は得票率

あとがき

『政治の密室―総理大臣への道』を脱稿したのは、荒船運輸相辞任事件の直前であり、出版されたのは、一九六六年十二月の自民党総裁公選の直前であった。その後、佐藤内閣の改造、「黒い霧解散」、そして一九六七年一月の総選挙をへ、わが政界は多党化時代への一歩を踏み出した。『政治の密室』を書いた昨秋の段階にくらべ、今後数年のわが政党政治の動向は、より客観的なデータによって展望できることになった。

そこに、雪華社の栗林茂会長の要望で、品切れになった旧版の増刷の話があったのを機会に、約百数十枚を書き下して旧著を増補し、多党政治についての若干の考察を加え、「派閥と多党化時代」と改題し、新版を出すことにした。したがって、本書中、序章から第五章までは旧著を若干訂正したものであるが、第六章「多党化時代」第七章「二党制の神話」は新たに執筆、第八章「密室政治の終焉」も、旧版の終章「新時代」を、ほぼ全面的に書き改めたものである。

本書の狙いは、保守党の党首選出過程と、派閥政治の定着過程を描き、新しい多党化時代が、戦後の第一期の多党化時代とまったく異なる社会的、経済的条件のもとに開幕したことによって、やがて旧時代の政権争いの定式は破壊されるだろうことを考察するにあった。

いったい、わが国の政治家や政治評論家の間には、多党制や政権の短期交代は、国の経済的発展を阻害し、国力を低下させるという神話があるのは、何故だろうか？

一八八五年（明治十八年）に内閣官制が施行されて以来、終戦の一九四五年（昭和二十年）までの約六十年間に、日本の内閣は四十三代を記録している。すなわち、一内閣の平均寿命は一年半に満たなかった。その間、政友・民政の長期にわたる二大政党時代があったが、二党制と長期政権とはまったく結びつかなかった。逆な面から見ると、このような短期の政権交代が続いていながら、日本の資本主義は急速に発展し、一九〇〇年（明治三三年）を一〇〇とした工業生産指数は、終戦直前には二一四四にまで伸びている。敗戦でこれは三四〇まで急落したが、戦後の小党分立時代の終る一九五五年（昭和三十年）までに二二〇〇にまで回復している。戦前の「二党制下の短期政権」とは逆に、戦後の十年は「多党制下の長期単独政権」であった。

また、先進民主主義国中単純小選挙区制―二大政党制をとるのは英米二国のみで、西欧諸国のほとんど全部が、比例代表制―多党制をとっているにもかかわらず、中選挙区単記一回投票制のわが国で、二党制をムリヤリにでも維持しなければ、国が亡びでもするかのように騒ぐ理由がわからない。

新しい多党化の過程で、多少の政局不安は経験することにもなろうとも、わが国民の活力《バイタリティ》は、そのような一時的混乱を克服し、多党化の中に新しい議会政治、政党政治の軌道を築きあげていくだろうとみるのは、必ずしも私の希望的観測に留まらないと信じている。

一九六七年三月三日

平河クラブにて

著者しるす

増補第一章　令和の派閥——人事、カネ、選挙、総裁選——

前木理一郎

渡辺氏は派閥の機能について、本書第四章「派閥（上）―政権への階段―」で「派閥の発生する理由は、第一には国会議員が、官役職を得る足場として派閥に属して、その序列を待ち、〝親分〟たる実力政治家の力を頼ろうとすることにより、第二には、資金的な恩恵を得ようとすることにより、そして第三には、中選挙区制による同一選挙区内の対立によるのである。（中略）もうひとつ、派閥を定着させるに至った原因を見落とすことができない。それはほかならぬ総裁公選制度である」（一五五、一五六ページ）と指摘している。

本書が執筆された一九六七年当時と比べ、派閥が有する「人事」「資金・選挙」「総裁選対応」といった機能はどのように変容したのか。本章では、各派の変遷や派閥の役割をめぐる近年の変化を概観する。

■現在の自民党各派の現状と源流

本書第四章「派閥（上）―政権への階段―」、第五章「派閥（下）―実力者の系譜―」では、自民党の派閥として、池田派（現在の岸田派）、佐藤派（同茂木派）、河野派（同森山派）、三木派（その後、山東派を最後に麻生派に合流）、岸・福田派（現在の安倍派）のほか、すでに消滅した川島派、藤山派、石井派、船田派、村上派、松村派の各派閥を取り上げている。

自民党では、一九五五年の保守合同による結党後、「八個師団」と呼ばれる八派閥が存在し、この八派閥が分裂や合併、継承を繰り返してきた。上記十一派閥もこの流れを汲み、近年、党内で活動を続けてきた安倍、麻生、茂木、岸田、二階、森山の六派閥も、この八個師団を源流としている。

【安倍派】岸派→福田派→安倍派→三塚派→森派→町村派→細田派→安倍派

近年、党内で最大の議員数を誇ってきたのが安倍派（清和政策研究会）だ。二〇〇〇年の森喜朗氏を手始めに、小泉純一郎、安倍晋三、福田康夫の各氏が首相に就き、二〇二三年四月には勢力が一〇〇人に達した。二〇二四年一月時点でも九九人を擁していたが、ほとんどの議員が派閥の政治資金パーティーの還流分を政治資金収支報告書に記載せず、国民の強い批判を浴びて解散に追い込まれた。

安倍派は、一九六二年に福田赳夫元首相が岸信介元首相率いる岸派を主体に結成した「党風刷新連盟」を起源とする。福田氏は首相退任直後の一九七九年、「清廉な政治は人民を穏やかにする」という意味の「政清人和」から「清和会」を設立した。安倍晋三元首相の父親・晋太郎氏の下での安倍派、政調会長などを歴任した三塚博氏の下での三塚派を経て、一九九八年に四代目会長に就いた森喜朗氏が、名称を「清和政策研究会」に改めた。「タカ派」の筆頭派閥とされ、憲法改正の実現に強い意欲を示してきたことで知られる。

福田氏に続く首相を長らく輩出できなかったが、二〇〇〇年以降、森、小泉、安倍、福田康夫の四氏の合計で計十六年間も首相出身派閥となり、隆盛を極めた。

小泉首相在任中の二〇〇五年九月の衆院選を機に、当時の森派が旧橋本派（平成研究会）を衆参の議員数で上回り、党内最大派閥に躍り出た。二〇〇七年七月の参院選で、森派を継いだ町村派が参院でも平成研を抜き、衆参両院で党内最大派閥となった。二〇〇〇年代以降はまさに「清和一強」の時代が長く続いた。

安倍晋三氏は、首相退任後の二〇二一年一一月、衆院議長に就任した細田博之氏の後を受けて派閥の会長に就いたが、翌二〇二二年七月、参院選の応援のさなかに銃撃され、死亡した。その後は会長不在が続き、岸田政権で重要ポストを務めていた松野博一官房長官、萩生田光一政調会長、西村康稔経済産業相、高木毅国会対策委員長、世耕弘成参院幹事長の「五人衆」と呼ばれる派閥幹部を中心とした集団指導体制を敷いてきたが、五人がけん制し合うなどし、結束は揺らいでいた。後述する政治資金パーティーをめぐる政治資金規正法違反事件の直撃を受け、五人はいずれも重要ポストを離れるなど派閥全体が大ダメージを受け、二〇二四年一月に解散方針を決めた。

【麻生派】（宮澤派→）河野グループ→麻生派←山東派←大島派←高村派←河本派←三木派

安倍、岸田両政権で存在感を発揮しているのが麻生太郎副総裁率いる麻生派（志公会）だ。二〇二四年二月時点で五五人を擁し、政治資金規正法違反事件後の派閥解消の動きを乗り越えて存続する方針だ。最大派閥の安倍派が政治団体として解散する方針を決めていることから、「党内最大集団」となる可能性が高い。

麻生派の前身は、一九九九年に宮澤喜一元首相の率いる宮澤派（宏池会）から加藤紘一氏の加藤派への移行に反発し、派を離脱した河野洋平元衆院議長のグループにさかのぼる。麻生氏は二〇〇六年、河野氏から引き継ぐ形で一五人で麻生派を旗揚げした。河野氏はハト派で知られたが、麻生派として拡大するにつれ、憲法改正に積極的な議員も増えた。

麻生派は二〇人に満たない時代が長く続いたが、二〇一七年に甘利明前幹事長が率いるグループや旧山東派などと合流し、勢力を拡大した。正式名称の「志公会」には、「公に尽くす高い志を持った政策集団」という意味が込められている。一連の政治資金規正法違反事件後も、麻生派の退会者は岩屋毅元防衛相一人にとどまり、強い結束力を見せた。派内では総裁選候補として、河野氏の長男、河野太郎デジタル相を抱える。

【茂木派】（吉田派→）佐藤派→田中派→竹下派→小渕派→橋本派→津島派→額賀派→竹下派→茂木派

茂木敏充幹事長が率いる茂木派（平成研究会）も、麻生派と同様、政策集団として活動を継続する道を選んだ。ただ、派閥への批判が高まっていることなどを踏まえ、小渕優子選挙対策委員長や古川禎久元法相、関口昌一参院議員会長らが相次いで派閥を退会し、二〇二四年当初に五三人いた所属議員は同年三月時点で四四人に減っている。

茂木派は、佐藤栄作元首相が率いた佐藤派を源流に持つ。田中角栄元首相、竹下登元首相、小渕恵三元首相へと世代交代するたびに、分裂の歴史を繰り返してきた。小渕派時代の一九九四年四月には、竹下氏が創設した経世会を「平成政治研究会」に名称変更した。一九九六年一〇月の衆院選を機に、当時の三塚派（清和研）から党内第一派閥の座を奪うと、十年弱にわたって最大派閥として君臨した。

ただ、首相を務めた橋本龍太郎氏が率いる橋本派として臨んだ二〇〇三年総裁選では、野中広務元幹事長ら衆院側が藤井孝男元運輸相を推す一方、青木幹雄元参院議員会長ら参院側は現職の小泉純一郎氏を支援し、事実上の分裂状態となった。二〇〇四年七月から〇五年一二月までは、衆参が別々に総会を開いた。

その後、厚相などを務めた津島雄二氏の下で津島派、現衆院議長の額賀福志郎氏の下で額賀派、竹下登氏の弟で復興相などを務めた竹下亘氏の下で竹下派へと衣替えし、竹下氏の死去後の二〇二一年一一月に茂木派となった。

田中派時代の最盛期に所属議員が一四〇人を超えるなど、長らく自民党最大派閥として影響力を誇ったが、在職中に倒れた小渕氏を最後に二十年以上、首相を出していない。

【岸田派】（吉田派↓）池田派↓前尾派↓大平派↓鈴木派↓宮澤派↓加藤派↓堀内派↓丹羽・古賀派↓岸田派

岸田派（宏池会）は、自民党の派閥で最も古い歴史を持つ。池田勇人元首相が一九五七年六月に結成した。正式名称の「宏池会」は中国・後漢の学者、馬融の書が原典だ。池田氏を政界入りさせた吉田茂元首相の基本政策「軽武装・経済重視」を引き継ぎ、「保守本流」をうたってきた。官僚出身の政策通が多い一方、権力闘争は不得手とされ、「お公家集団」とやゆされた。

池田氏の死後、後に衆院議長を務めた前尾繁三郎氏の下で前尾派に衣替えした。以降、派閥会長に就任した大平正芳氏、鈴木善幸氏、宮澤喜一氏がそれぞれ、首相に就任した。二〇〇〇年には、第六代会長に就任していた加藤紘一氏が森内閣不信任決議案に賛意を示した「加藤の乱」をきっかけに分裂。加藤氏を支持するグループと、対立する堀内光雄元通産相率いる堀内派が、ともに「宏池会」を名乗る異常事態となった。

これまでに池田、大平、鈴木、宮澤、そして岸田氏と五人が首相になり、自民党が野党時代には河野洋平、谷垣禎一の両氏も総裁になるなど、名門派閥として知られる。ただ、岸田首相は今回の政治資金規正法違反事件を受け、派閥解散を表明した。

【二階派】［（河野派→中曽根派→渡辺派→村上派）＋（三塚派→亀井グループ）］→江藤・亀井派→伊吹派→二階派

二階俊博元幹事長が率いる二階派（志帥会）は一九九九年三月に発足した。旧中曽根派から山崎拓派が独立した後の残りのグループと、旧三塚派から離脱した亀井静香元建設相らが率いるグループが合流して発足した。正式名称の「志帥会」は中国の古典「孟子」の「志は気の帥なり」が出典だ。初代会長は村上正邦元参院議員会長が務めた。

小泉首相が郵政民営化の是非を問うた二〇〇五年衆院選では、民営化に反対した第三代会長の亀井氏や平沼赳夫氏ら派閥幹部が離党した。新進党、保守党などに所属した後に復党した二階氏は二〇〇九年に合流。第四代会長の伊吹文明氏の衆院議長選出に伴い、二〇一二年に第五代会長に就いた。二階氏は安倍、菅両政権で歴代最長となる五年超にわたり幹事長を務めた。この間、他派閥や民主党出身者らを続々と受け入れ、一時は五〇人に迫るまでに派閥を拡大させたが、非主流派に転落した岸田政権で勢力を減らし、二〇二四年一月時点では三八人だった。

政治資金規正法違反事件で派閥の元会計責任者と二階氏の秘書が立件されたこともあり、安倍派と同様、二〇二四年一月一九日の派閥臨時総会で、派閥を解散することを決めた。ただ、幹部の中には「シンクタンク（政策研究機関）を目指す」との声もあり、議員間の連携を模索していくとみられる。

【森山派】（河野派→中曽根派→渡辺派→）山崎派→石原派→森山派

森山裕総務会長が率いる森山派（近未来政治研究会）は、一九九八年一二月に山崎拓元副総裁が主宰した「近未来研究会」を母体に結成された。山崎氏は中曽根派―渡辺派に所属していたが、渡辺氏の死去後に独立した。山崎氏は二〇一二年衆院選に出馬せず、会長を石原伸晃氏に引き継いだ。森山氏は二〇二一年一二月、石原氏の後任として会長に就任した。

かつては甘利明前幹事長や林幹雄元経済産業相らが所属するなど最盛期には四二人を擁したが、近年は退潮が目立っていた。

一連の政治資金規正法違反事件で立件対象とならなかったものの、「政治の信頼を取り戻すため」（森山氏）として、二〇二四年一月二五日に解散を決めた。

■派閥とポスト

自民党政権の閣僚・党役員人事では長年、各派閥が推薦リストを示し、首相は派閥の規模などを考慮して閣僚数を割り振ったうえで、リストから候補を選ぶのが慣例となっていた。総理総裁を目指してしのぎを削る派閥の領袖たちにとって、子飼い議員を閣僚や党役員に押し込むことは、忠誠心を強固なものに保つ重要な手段だった。

特に当選五～六回の中堅議員にとっては、入閣できるかどうかが地元選挙区での評価にも直結するため、派閥領袖にとっては、こうした「入閣待機組」のための閣僚ポストを得ることは、派閥の円滑な運営にとって至上命令だった。

こうした派閥の論理に基づく人事に風穴を開けたのが、二〇〇一年に「自民党をぶっ壊す」とのスローガンを掲げて登場した小泉純一郎首相だ。

小泉氏は人事構想を派閥の領袖らに相談せず、意中の人物を「一本釣り」する「脱派閥」人事を断行した。参院の意向が尊重される「参院枠」と公明党枠という例外はあったものの、かつて自らが所属し、離脱した森派（清和政策研究会）を含め、派閥の影響力は副大臣以下のポスト配分に限った。

小泉氏が気に入れば、経済学者の竹中平蔵氏らのように再任や横滑りで閣僚歴を重ねることもあった。当時当選三回だった安倍晋三氏や、農相時代にＢＳＥ（牛海綿状脳症）問題で不手際を重ねた武部勤氏の党幹事長への抜てきは「小泉流サプライズ」の代表例だ。大胆な人事を実行できたのは小泉氏が在任した五年五か月の間、国民的な人気を維持したことが大きい。

また、一九九〇年代に始まった政治改革の議論の中で、政治主導の確立の一環として首相の権限を強化すべきだとする議論が広まったことが背景として指摘されている。小泉首相は特殊法人見直しなどの行政改革や予算編成で、経済財政諮問会議などの民間有識者を活用して、派閥を背景に政策決定で力を持ってきた族議員をけん制し、官邸主導の政策立案を貫徹した。

こうした小泉首相による大統領型に近い政権運営は「政高党低」と呼ばれ、その後の首相にも影響を与えた。

人事に話を戻すと、後継の安倍晋三首相も、若手時代から付き合いの深かった塩崎恭久氏を官房長官に起用するなど、主要なポストを盟友や側近で固め、脱派閥人事で「チーム安倍」による政権運営を試みた。しかし、閣僚の不祥事などで逆風が吹き始めると、自民内からは「お友達内閣」などと批判が噴出するようになった。

自民党は二〇〇七年七月の参院選で歴史的惨敗を喫し、衆参で多数派が異なる「ねじれ国会」への対応を迫られた。政権運営に行き詰まった安倍氏は持病の悪化で九月に突如辞任した。その後、登板した福田康夫、麻生太郎両氏は、人事では森派を率いる森喜朗元首相らの意向を確認し、派閥の論理を尊重しながら党内融和に努めた。しかし、内閣支持率の低下は避けられず、二〇〇九年に民主党による政権交代を許した。

二〇一二年一二月に政権を奪還した安倍氏は第一次政権の反省を生かし、首相・党総裁として人事の主導権を握りつつ、派閥バランスも重視する手法をとった。政権の要として、盟友で麻生派を率いる麻生氏を副総理兼財務相、無派閥の菅義偉氏を官房長官に据えて一度も交代させず、「官邸主導」の体制を固めた。そのうえで二階俊博氏を幹事長、岸田文雄氏を外相や政調会長に充てるなど、派閥領袖を要職に就け、挙党態勢の演出にも腐心した。

安倍氏は人事の際には領袖から希望を聞き取り、一部のポストでは推薦リストに沿った順送り人事も容認した。このため、派閥は一定の人事調整機能を取り戻した。

安倍氏は二〇二〇年八月、持病が再び悪化したことから退陣を表明し、菅氏が急きょ後を継いだ。菅氏は初の「無派閥総裁」で党内基盤は強固と言えず、人事で派閥バランスに配慮せざるを得なかった。菅氏の後、首相に就任した岸田氏も、岸田派が党内では第四派閥に過ぎないこともあり、各派閥の意向に沿った人事を行ってきた。

十日後に衆院解散を控えた二〇二一年一〇月四日の組閣では、最大派閥・細田派の松野博一官房長官に内閣の要の役割を託し、第二派閥・麻生派からは鈴木俊一氏を財務相に起用。第三派閥の竹下派では茂木敏充外相を再任するなど、重要閣僚は主要派閥から起用した。その後に党副総裁へ就任した麻生氏と、二〇二一年一一月に最大派閥・細田派を安倍派に衣替えし、会長に就いた安倍氏は、岸田氏の後見役となった。

ところが、二〇二二年七月、安倍氏が参院選の遊説中に銃撃事件で死去したことで党内力学に変化が生じた。安倍氏の亡き後、岸田氏を支える柱となったのは麻生氏と、党幹事長を務め、竹下派を引き継ぎ、茂木派を発足させていた茂木氏だった。

こうして振り返ってみると、派閥を通じたポストの配分は、小泉首相の全盛期など一時を除き、連綿と続いてきている。

■派閥と選挙

人事と共に派閥が大きな存在感を示してきたのが、選挙の応援や当選に向けた政治活動のための資金の支援だ。

中選挙区時代の衆院選では、定数三〜五の議席を自民党内の派閥同士が争う構図だった。派閥の支援の多寡が勝敗に直結するため、各派閥がしのぎを削った。

小選挙区比例代表並立制で初めて行われた一九九六年の衆院選では、自民党公認候補は一本化され、派閥よりも党が選挙戦を主導する色合いが強まった。中選挙区時代に比べると、金がかからなくなったとされる。

選挙における派閥の機能低下に拍車をかけたのが、小泉首相による二〇〇五年の衆院解散、いわゆる「郵政解散」だった。小泉首相は同年八月、参院本会議で郵政民営化法案が否決されたのを機に、民営化の是非を争点に解散に踏み切ると、法案に反対した「造反組」を自民党候補として公認せず、「刺客」を送り込んだ。刺客の多くは党執行部が擁立した。

しかし、その後、選挙における自民党の派閥色は再び強まっていく。北村誠吾元地方創生相の死去に伴って実施された二〇二三年一〇月の衆院長崎四区補欠選挙は、岸田派が総力戦で挑んだ。自民の新人候補、金子容三氏は、岸田首相率いる岸田派にかつて所属した金子原二郎元農相の長男だ。首相自身も、派閥幹部に支援の徹底を指示した。

時には、派閥が支援する自民党系の議員同士が保守分裂で対立することもある。

二〇二一年衆院選では、山口県宇部市や萩市を含む山口三区で、自民党現職の河村建夫元官房長官（二階派）と、自民党参院議員からのくら替え出馬を表明した林芳正元文部科学相（岸田派）が公認を争う構図となった。

二〇二〇年一〇月には、二階俊博幹事長ら二階派の国会議員二〇人が、河村氏の地元・山口県宇部市に乗り込んだ。同派会長代行を務める河村氏の総決起大会に出席した二階氏は、『売られたけんか』という言葉がある。我々はその挑戦を受けて立つ」と強調し、林氏への敵対心をあらわにした。最終的には林氏が公認された。

中選挙区時代の派閥同士の争いが今なお残る地域もある。代表的な例が群馬県だ。同県は戦後、福田赳夫、中曽根康弘、小渕恵三、福田康夫の首相経験者四人を輩出した「保守王国」だ。かつての福田派、小渕派、中曽根派の争いは、現在の県内の各種選挙にも影響を及ぼしている。

■派閥とカネ

選挙と密接に絡むのが政治資金だ。派閥はこれまで、資金集めと配分で、重要な役割を果たしてきた。

中選挙区時代には、派閥の領袖が、企業・団体献金などで多額の政治資金を集め、自らの派閥に属する議員や候補らに対し、冬には「餅代」、夏には「氷代」と呼ばれる資金を配っていた。関係者によると、当時の「餅代」「氷代」はそれぞれ二百万~四百万円程度が一般的だったという。五〇人の派閥だとすると、派閥領袖は年間二億~四億円の資金を子分に配っていたことになる。

しかし、派閥領袖による巨額の金集めは、企業らとの癒着・汚職を生じやすい面があったことは否めない。一九七六年のロッキード事件や、一九八八年のリクルート事件、自民党の金丸信・元副総裁への五億円のヤミ献金などが発覚した一九九二年の東京佐川急便事件などは国民の強い批判を招いた。東京佐川急便事件を受けて、税金による政党交付金制度の創設とセットで、政治家個人への企業・団体献金が一九九四年に禁止されると、派閥領袖が巨額の政治資金を集め、子分に援助することが難しくなった。

その代わりに、派閥や政治家個人の金集めの新たな舞台となったのが、政治資金パーティーだった。

政治資金パーティーの券であれば企業や団体でも購入することが可能で、本来は禁止されている企業・団体献金の「抜け道」となったためだ。自民党の各派閥にとって資金パーティーは重要な収入源だ。当選回数や閣僚経験などに応じて、所属議員に数十万から数百万円の販売ノルマを課し、巨額の収入につなげている。

最近は、政界を取り巻く環境の変化や長引く不況のあおりなどでパーティー券収入も減少した。二〇二二年分の政治資金収支報告書（中央分）では、自民党六派閥の中でトップだった麻生派でも、パーティー券収入は二億三三三一万円だった。

このため、派閥領袖はかつて二百万～四百万円の「餅代」「氷代」を配ったような大盤振る舞いはできず、今では五〇万～一〇〇万円程度に減っているという。

■派閥と総裁選

自民党の派閥形成は、党首である総裁の選出を究極の目標としている「総理大臣への道」であることに変わりはない。しかし、小泉首相を誕生させた二〇〇一年四月の総裁選以降、国民的人気が総裁選でも大きな比重を占めるようになってきた。加えて、派閥領袖ではない有力議員の総裁就任が増えた。

「ポスト小泉」を争ったのは「麻垣康三」と呼ばれた麻生太郎、谷垣禎一、福田康夫、安倍晋三の四氏だ。四氏は二〇〇六年から〇九年にかけて相次いで総裁に就任したが、派閥領袖は麻生氏のみだった。麻生氏も規模の小さな麻生派の領袖に過ぎず、総裁選に勝利したのは麻生氏の国民的人気が主な理由だった。

民主党政権末期の二〇一二年九月に行われた自民党総裁選も、国民的人気が高い石破茂氏に注目が集まった。石破氏は党員投票を含む第一回投票ではトップに立ったが、決選投票では各派閥の合従連衡による多数派工作が展開され、派閥の枠組みに乗った安倍晋三氏に敗れた。その後の二〇一八年、二〇二〇年総裁選では、派閥の動向が勝敗の帰趨を決めた。岸田首相が誕生した二〇二一年九月の総裁選は、岸田派以外は自主投票となったが、安倍派を率いる安倍晋三氏の動きが大きな役割を果たした。

■派閥の政治資金規正法違反事件の衝撃

二〇二三年に表面化した自民党派閥によるパーティー券収入をめぐる政治資金規正法違反事件は、派閥政治の「崩壊の始まり」になるかもしれない大きな変化をもたらした。事件を受けて、二〇二四年一月下旬までに、当時の党内六派閥のうち安倍、岸田、二階、森山の四派閥が解散を決めた。党が派閥の機能を見直す改革を打ち出したことで、存続を決めた麻生、茂木の二派閥も従来の派閥のような活動は難しくなった。東京地検特捜部が強制捜査に乗り出したのが二〇二三年一二月一九日で、わずか一か月余の間に、派閥政治は表面的には大きな変容を迫られることとなった。

■派閥のこれから

最後に、派閥解体の動きが進む中、これまで派閥が大きな役割を果たしてきた「人事」「資金・選挙」

「総裁選」のあり方がどう変わっていくのか、考えてみたい。

人事では、各派閥が所属議員の専門分野や希望ポストを把握し、当選回数などを勘案して、大臣や副大臣、政務官、党の部会長ポストなどにそれぞれ推薦してきた。しかし、自民党派閥による政治資金規正法違反事件を受けて党内に設置された政治刷新本部の中間とりまとめ（二〇二四年一月）では、『お金』と『人事』から完全に訣別する」としており、人事については次のような改革の必要性を提言している。

「政策集団や党内グループからの推薦など、政策集団や他の特定の集団が人事に影響力を及ぼしていると見られるような働きかけや協議は行わないこととし、党全体として若手、女性はじめ多様な人材の登用を進める。このことを党のガバナンス・コードに明記し、遵守状況をガバナンス委員会でフォローアップする。同時に、党所属の各国会議員についてその経歴や専門分野などの情報を一元的にプールし、実績を更新しつつ人材育成に活用する仕組みを構築していく」

これを踏まえ、二〇二四年二月一四日に開かれた政治刷新本部の「党機能・ガバナンス強化に関するワーキンググループ」の初会合では、各議員の専門分野や過去に経験した役職などに関する人事データベースや、今後やりたいポストに関する自主申告制度を整備する必要性が指摘された。

一九九四年の党改革でも、人事の公正を期すためとして「人事委員会」を新設したが、派閥の人事機能が以前と変わらず存在したため、有名無実化した経緯がある。同ワーキンググループでは、これまで慣例的に行われてきた内閣改造・党役員人事などでの派閥からの推薦名簿の提出などを取りやめることを党のガバナンス・コード（統治指針）で明記する案などの検討を進める考えだ。

派閥が行ってきた「資金」面での支援について、中間とりまとめでは、以下のように廃止を打ち出した。

「お金の面においては、政治資金パーティーを禁止するとともに、夏季及び冬季の所属議員への資金手当て等を廃止し、資金の流れの一層の透明化も図る」

今回の改革では、派閥によるパーティーの開催を禁止するとともに、「餅代」「氷代」といった派閥から所属議員に対する資金援助も禁止する厳しい内容で、いわば、派閥に「血液」が流れなくなるようなものだろう。派閥の領袖は、子分の忠誠心をつなぎ留めるための「実弾」を失うことになり、派閥解消の動きが加速される可能性がある。

カネと密接に結びつく選挙支援についても、派閥の役割は低減していくだろう。党幹部がつながりの深い議員の選挙区に応援に入ったり、仲間同士が集まって選挙区入りして支援したりする手法は変わらず続くとみられるが、派閥が前面に立つ組織的な支援は減り、党本部の応援弁士派遣や個人的なつながりに頼るケースが増えると予想される。

一方、政党が寄付の形で幹部や議員に配分する「政策活動費」を活用し、党幹部が若手・中堅議員らへのカネの配分を続けるのではないかとの見方もある。

自民党では二階俊博元幹事長が幹事長に在任した約五年間で五〇億円近い資金を党から受け取っていたとされ、派閥の資金援助が止まれば、政策活動費を活用できる幹事長らの権限がこれまで以上に強大になるとの指摘も出ている。

■総裁選はどう変わる？

派閥の存在意義とも言われてきた自民党総裁選は今後、どうなるのだろうか。次の総裁選は予定通りなら、二〇二四年九月に行われる。派閥解消の動きが加速されるのか、それとも派閥的な動きが復活するのか、試金石になるとみられる。

自民党の政治刷新本部の中間とりまとめに盛り込まれた派閥を『お金』と『人事』から完全に決別する」という改革が実行されれば、派閥領袖がカネや閣僚ポストの配分を通じて所属議員を縛ることが困難になるだろう。総裁選での派閥の締め付けも当然、緩くなり、派閥単位で結束した投票行動を取るといった旧来あった総裁選とは違った形の総裁選が展開される可能性が高い。

内閣や部会、議員連盟で一緒に仕事をした経験や、当選同期や定期的な飲み会、勉強会などを通じた議員個々のつながりが意味を持ってくることが予想される。「ポスト岸田」をうかがう候補者の一人は既に、「政策や当選同期など様々なつながりで集まる小グループに声をかけ、会食の機会を増やしている」と語る。

二〇二四年の総裁選は、それまでに衆院解散・総選挙が行われていない場合には、二〇二五年夏の参院選だけでなく、衆院選も二〇二五年一〇月までに行われるという状況で実施される。つまり、「選挙の顔」を選ぶ総裁選という側面が強まるのも必至だ。

似たような状況の総裁選としては、内閣支持率が低迷した森喜朗首相の退陣表明を受けた二〇〇一年の総裁選が挙げられる。小泉純一郎氏が「自民党をぶっ壊す」と宣言して改革を求める国民を熱狂させ、下馬評を覆して最大派閥を擁する橋本龍太郎氏を破った。

この総裁選でカギを握ったのは、全都道府県連が実施した党員による予備選だった。二〇二四年の総裁選でも、地方の党員たちの声が中央を動かす構図が再現されるかどうかが、焦点の一つとなるだろう。

二〇二四年三月の時点では、「ポスト岸田」候補として、茂木敏充幹事長や、これまでに総裁選に出馬経験のある石破茂元幹事長、河野太郎デジタル相、高市早苗経済安全保障相に加え、若手の小泉進次郎元環境相、外相就任で一気に注目が高まっている上川陽子氏らの名前が挙がる。

こうした面々の中で、派閥解体の流れの影響を最も受けそうなのが、茂木氏だ。茂木氏は従来、自ら率いる茂木派を固めたうえで、麻生派領袖の麻生太郎副総裁の後押しを受けて総裁の椅子を狙う構えだった。安倍派幹部とも良好な関係を築くことに努めてきた。

ところが、茂木氏は、麻生氏に足並みを揃えて茂木派を存続させたものの、小渕優子選挙対策委員長や青木一彦参院議員ら有力メンバーに加え、茂木氏と折り合いの悪かった参院幹部らが相次いで離脱し、足元が揺らいでいる。派内に河野氏を抱える麻生派が、総裁選で一致して茂木氏を支持するかどうかも不透明だ。安倍派は解散を決め、総裁選へのまとまった対応が期待できないうえ、今後の処分などの対応を巡って党執行部への反発を強める可能性もある。

今回の派閥解散の動きを受けてポスト岸田への意欲を強めているのは、石破氏だ。各社の「ポスト岸田」を問う世論調査ではトップが定位置だ。ただ、党内からは「後ろから鉄砲を撃つ」と評判が悪く、総裁選で過半数の議員の支持を獲得する見通しは立っていない。

知名度と人気の高さでは、小泉氏もダークホース的存在だ。これまで、二〇二四年の総裁選へは出馬せず、三年以内に行われる次々回総裁選を目指すとの見方があったが、自民党への支持率が急落する中、小泉氏への期待が高まるケースも考えられる。本人も派閥解散などで発信を強化している。

女性初の首相候補として人気が急上昇しているのが、上川外相だ。読売新聞社が三月下旬に実施した全国世論調査で次の自民党総裁にふさわしい政治家を尋ねたところ、石破氏の二二％、小泉氏の一五％に続いて、九％で三位に入った。

■まとめ

渡辺氏が本書で指摘した派閥の目的、①人事②資金③選挙④総裁選対応――。これらは変遷はあれど、その基本的機能に大きな変化はなかった。しかし、現在の派閥解消の流れを受けて、今後そうした派閥の機能はどのようになっていくのか。果たして誰がどのように代替するのか。

これまで繰り返してきた派閥解消の流れと同様、従来の派閥が看板だけを替えて生き残る可能性もなくはない。しかし、従来型の派閥が本当になくなった場合、国会議員三七〇人を超す大所帯の自民党内にどのような秩序が生まれ、どのような権力構造ができあがるのか。二〇二四年の日本政治にとって最大の注目点になるだろう。

増補第二章　政党政治の変遷と将来——多党化時代の行方——

前木理一郎

本書第六章「多党化時代」では、一九六七年衆院選で自民党の得票率が五〇%を初めて下回ったことを契機に、自民党の票田であった第一次産業の人口半減と革新政党支持層の基盤である被雇用者（サラリーマン）の倍増という経済社会構造の変化を分析し、自民党が党の体質を改善しない限り、保守一党支配体制は崩壊し、多党制の時代が来ることを予測した。

それから五十七年が経過した。長期的に見ると、自民党の「過半数政党」からの転落と分裂、第三勢力である公明党の伸長などにより、連立政権の時代に入るという分析予測は現実のものとなったが、その道筋は一直線ではなかった。要因はいくつかあるが、主に①金融・商業・サービス業など第三次産業人口の急激な増加②自民党による修正資本主義政策の採用③小選挙区比例代表並立制の導入――などで、政権の形は様々な変遷をたどった。

渡辺氏自身は、政界の現状について、「多党化とはなっていない。小党乱立でもない。自民党の単独政権に公明党が加わっている形だ」と分析している。

自民党は二〇世紀後半、偏った保守の体質を改善し、政治的には中道的な政策、経済的には社会福祉政策を大胆に取り入れ、「中間層」となった被雇用者の支持獲得に成功した。さらには、一九九四年の政治改革で決まった衆院選挙への小選挙区制度の導入は、大衆迎合型の政治を生み、比例代表制の併用によって小政党の当選も可能となった。

■社会党の不振・退潮

本書第六章では、次期衆院選を一九六九年ないし七〇年ごろとし、自民党の苦戦を予測していた。選挙は一九六九年一二月に行われ、結果は自民党二八八議席で大勝。公明党、民社党は躍進したが、社会党が九〇議席と大きく落ち込んだ。社会党の戦術のまずさや学生運動の激化が要因とされ、都市部でも不振だった。

社会党は、その後今日に至るまで、一九六七年の選挙で獲得した一四〇議席を上回ることはなかった。土井たか子委員長時代の一九八九年参院選で「マドンナ旋風」が吹き、改選議席で自民党を上回ることもあったが、総じて、政権を何としても取ろうとする気迫に欠け、現実的な政策を練り上げようとしなかった。「社会党の退潮により、その二大政党制下の、政権交代の可能性を伴った野党としての機能が、一層薄れてきた」（本書二五一ページ）との傾向がさらに顕著となった。野党間協力も徹底されず、ロッキード事件をはじめ数々の疑獄事件が自民党を直撃しても、自民党に代わって政権を担い得る存在になれず、自民党の延命に手を貸した。

一九七六年一二月の衆院選では、自民党の議席が過半数を割り込み、保守系無所属当選者の追加公認で政権転落を防いだ。その後、与野党伯仲時代が続き、自民党は一九八三年一二月の衆院選でも過半数割れし、当時の中曽根康弘首相は新自由クラブと連立政権を組んだ。自民党はその後、一九九三年八月まで、政権から転落することはなかった。

自民党が高度経済成長と同時に所得配分を重視する政策を採用し、生活や福祉水準の向上に努めた結果、一九六〇年代に予想された都市労働者の急増に伴う「保守の漸減、革新の漸増」は、想定よりも緩やかな形となり、自民党は与野党伯仲の政治情勢をなんとか切り抜け、政権維持に成功したのである。

■細川連立政権の誕生と瓦解

渡辺氏が指摘した形での多党化による連立政権は、一九九三年衆院選で、新生党、日本新党、新党さきがけ、社会党、民社党、公明党など八党・会派による非自民・非共産の連立政権が発足するまで待たねばならなかった。新生、さきがけは自民党離党組が母体、日本新党の細川護熙首相も自民党出身で、実態としては自民党分裂を契機とした「保革中道連立政権」の形態となった。

本書第八章では、非保守第三勢力が拡大傾向になれば、保守党左派による新党が結成され、これらの合計が社会党よりも相対的に多数になる状況が生まれ、「一九六七年に始まった多党化現象が、新しい下部構造の上に築かれた多党政治体制として、定着するに至ると思われる」（三一三ページ）と指摘されている。より具体的に、「民社、公明両党の合計が七〇前後」となる状況を指摘した。

一九九三年衆院選では、民社、公明両党はそれぞれ一五、五一の議席を獲得し、合計は六六議席だったが、日本新党の三五議席、新党さきがけの一三議席、社会民主連合の四議席を合わせると一一八議席に上った。保守新党にあたる新生党も五五議席を得た。これらの合計は一七三議席に上り、社会党の七〇議席を大きく上回る。民社、公明、新生の三党でも一二一議席に達し、社会党より多数を占める。

つまり、多党化現象が深まり、多党政治体制が定着する条件が四半世紀を経て整ったと言えよう。

ただ、初の非自民党政権だった細川政権は、長続きはしなかった。八党・会派の「寄せ集め」による限界が短命政権の最大の要因とされる。本書第七章でも、多党制の短所として、①連立内閣を必至とするため、国政の一元的処理が困難となり、政府の統制力・指導力がゆるむ②連立に参加した政党間で不断の衝突と妥協が行われ、強力な長期的施策が困難になり、政局は不安定となる③少数勢力がキャスチング・ボートを握り、多数派が不当な譲歩を強いられる可能性がある④この結果、政府の威信が低下し、政治不信を導く恐れがある――と指摘している（二八一ページ）が、まさに細川政権にも当てはまる分析だった。

政権の急ごしらえ感は否めず、小沢一郎氏と社会党、さきがけの対立、「国民福祉税」を巡る混乱などもあってわずか十か月で幕引きとなった。

政権に復帰した自民党は、非自民政権から離脱した社会党、さきがけと「自社さ連立政権」を組んだ。自民党はなお衆参両院で第一党であったとはいえ、いずれでも過半数を割り込んでおり、単独で政権を担うことは難しかった。長年、政策、イデオロギーで対峙してきた社会党に接近し、首相の座まで譲るという究極の禁じ手を使って取り込んだ。ちなみに、一九九九年には、仇敵である小沢氏が率いる自由党とも「ひれ伏してでも」（野中広務元幹事長）と連立に踏み切った。あらゆる手を使ってでも政権に返り咲くという自民党の執念、したたかさを見せつけた。

この自社さ連立は、自民党にとって初めての本格連立であり、なおかつ、保守第一党と革新第一党が手を組む「保革連立政権」の誕生でもあった。多党制の下では、いずれも過半数を上回る政党がない場合には、連立の組み替えによって政権が代わることが想定されていたが、それが現実のものとなったのである。

渡辺氏は本書第七章「二党制の神話」で「今日の自民・社会二大政党の外交政策の対立は（中略）はるかに極端な両極的対立を示していることは、小学生でも知っていよう。このような外交政策の両極的に対立する二党間で政権が交代される時、どのような政治的・社会的混乱が起るかは想像に難くない」（二八〇、二八一ページ）と記した。仮に両党がそのまま手を組めば、「混乱」は必定だった。

しかし、自衛隊違憲、日米安全保障条約反対、原発廃止を唱えてきた社会党の村山富市首相が就任後、これらを容認するという一八〇度の大転換に踏み切った。本書第七章で、多党制の長所の一つとして、「多党制下の連立政権では、急激な政府施策の変更を抑制し、柔軟な政権交代ができる」（二八二ページ）と指摘していたが、社会党の首相になっても、それまで主張してきた自衛隊の違憲論などが強引に政策に反映されることはなく、「自衛隊は合憲」と容認に転じたことは、渡辺氏の分析の正しさを裏付けている。自社さ連立は四年続いた。ただし、社会党は「補完勢力」とみなされ、支持層の反発、離反を招いて凋落を加速させることにもなった。

その後、自民党は一九九九年、自由党との連立に公明党を招き入れ、「自自公連立政権」が発足し、今に至る「自公」の枠組みが生まれた。これにより、参院でも与党としての多数派を回復させることができた。

二〇〇〇年代初めの「小泉純一郎ブーム」を経て、国内では再び政権交代への期待感が醸成された。自民党は二〇〇七年夏の参院選で惨敗を喫し、参院では民主党など野党が多数を占める「ねじれ国会」

を生じさせた。安倍晋三氏から政権を継いだ福田康夫氏は、「ねじれ国会」に苦しめられ、政権運営は困難を極めた。民主党への政権交代が現実味を帯びる中、浮上したのが大連立構想である。

この大連立工作には、渡辺氏も深く関わった。渡辺氏としては、「大連立を実現しなければ、日本の政治が動かなくなる」という一心から取り組んだものだった。加えて、ポピュリズムの影響を受けやすい小選挙区制の下で、民主党が統治に未成熟なまま選挙に勝利し、政権交代を実現すれば、日本の政治に大混乱をもたらし、極めて危険な状態に陥ってしまうことは明白だった。

渡辺氏は本書第七章で、二党制の短所について、「根本的なイデオロギーや政策の異なる二党制は、政権交代の場合、外交政策などで一貫性を失ない、国際的不信を招くほか、国内の政治的・経済的混乱、社会的動揺が起る」「二党制は長期の経験によって安定性を備え終った場合を除き国内政治思想の両極化・対立の激化を招き、安保騒動のような両勢力の激突を招きがちである」（二八二ページ）と指摘している。

■民主党政権の失敗

二〇〇九年衆院選での勝利を経て誕生した民主党政権を思い出せば、本書がかつて指摘した通りの大混乱が起きたことが、おわかりいただけるだろう。沖縄県の米軍普天間飛行場の移設計画見直しは日米間の信用失墜を招いた。鳩山由紀夫首相はバラク・オバマ米大統領に首脳会談すら拒否されるありさまだった。国内では、財源の裏付けがない「マニフェスト」政策を推し進めようとし、政治・経済を混迷させ、日本社会を停滞させた。

二〇〇七年に大連立が実現していれば、民主党の政治家たちは、安定した政権運営に必要な外交や国内統治の知恵を身をもって学ぶことができ、単独で政権を担うことになっても、失敗を回避することができた可能性がある。

民主党政権の失敗は、ただ自民党政権を復活させただけでなく、それまで民主党が武器としてきた「マニフェスト選挙」の効力をも失墜させた。

二〇一二年に発足した第二次内閣以降の安倍政権は、「アベノミクス」で経済を活性化させ、民主党のお株を奪うような手厚い少子化・子育て対策を推進した。外交面では、集団的自衛権の限定行使を可能にする安全保障関連法などにより日米同盟をより強固にする一方、東アジアの隣国である中国、韓国とは歴史問題の道義的責任から妥協を繰り返す、いわゆる「謝罪外交」を脱し、対等な関係を築いたことで、自民党一強体制を確立した。

一九七〇～八〇年代に「中間層」を増やした自民党政権の政策により、社会党支持層が減り、無党派層が増えたことに触れたが、安倍政権は、無党派層をリベラルから保守寄りにシフトさせたと言えよう。

旧民主党陣営は、マニフェスト選挙に代わる武器を見つけられずにいる。それだけでなく、相変わらずリベラル寄りの政策を掲げており、保守寄りにシフトした無党派の民意をつかみ損ねているのではないか。

結果として、保守系無党派層の支持は、民主党の流れを最もくむ立憲民主党にはほとんど流れず、日本維新の会や国民民主党、その他の小政党に割れているとみられる。二〇一七年の衆院選では、希望の党が比例で約九六七万票を獲得している。一〇〇〇万票近いこの支持層を獲得できる現実的な政策を打ち出すことができなければ、旧民主党勢力の再興は見込めまい。

■揺らぐ自民党一強政治

一方、二〇一二年以来続く自民党一強政治も、その足元は揺らいでいる。岸田文雄首相の内閣支持率は二〇二四年に入り、二〇％台に低迷している。政策的に何をやりたいのかが見えず、確たる展望もないまま減税を提唱したことも国民に見透かされている。自民党派閥の政治資金パーティーをめぐる政治資金規正法違反事件で、自民党の支持率も二〇％台に急落した。

「内閣支持率と与党第一党の支持率の合計が五〇％を切れば、政権は瓦解する」という、青木幹雄元官房長官が唱えた「青木の法則」の水準に既に達してしまっている。野党の体たらくで政権交代を求める世論が盛り上がっていないとは言え、自民党が危機的状況にあることは、過小評価すべきではない。

本書第七章で分析した、二党制の短所と多党制の優れた点に再び立ち戻れば、「二党制下の長期的一党単独政権は、支配層の腐敗を招きがちであるが、多党連立政権下では、相互の監視によって、政治的腐敗を未然に防止することができる」（二八二ページ）。長く続く自民党一強によるおごりが、今回の「政治とカネ」の問題を引き起こし、また放置する土壌となったことは疑いようがない。

選挙制度が現行の小選挙区制の下では、本格的な多党連立政権は望めないだろう。小選挙区制は相手候補よりも一票でも多く獲得すれば勝ちとなることから、大衆迎合型ポピュリズム政治に陥りやすい点が弊害として指摘されている。

渡辺氏が志向したのは、ポピュリズムでなく一党独裁でもない、中庸で安定した政策・政権運営による国民生活の向上だ。

立憲民主党などリベラル政党が、現実主義を取り入れて保守中道の道を行き、国民の支持を取り戻すのがベストであるが、その可能性は低いと言わざるを得ない。自民党内や党外の保守陣営にも、極端な右翼的主張が散見され懸念される。与党、野党の政策が全く逆の方向を向き、かつ与野党が伯仲、ないし、ねじれることによる国政の停滞が最悪のシナリオだ。現在の衆院議員の任期は二〇二五年一〇月。二〇二四年中にも行われるであろう衆院総選挙では、もちろん政党間で政策を競い合うことは重要である。しかし、選挙後は、国民のため、安定した政権運営が欠かせない。選挙を行った結果、対立が激化して政権が不安定化しては、少子高齢化など様々な懸案が山積する日本や国民にとって最も不幸な展開となる。

渡辺氏の年来の主張に照らし合わせたうえ、中長期の日本の政権運営を展望すれば、自民と立憲民主など野党勢力の双方から両極にいる政治家を排除し、中道的な保守勢力が連携することが、安定的な政権を築くうえで不可欠となるのではないだろうか。

自民党の主な派閥(グループを含む)の変遷

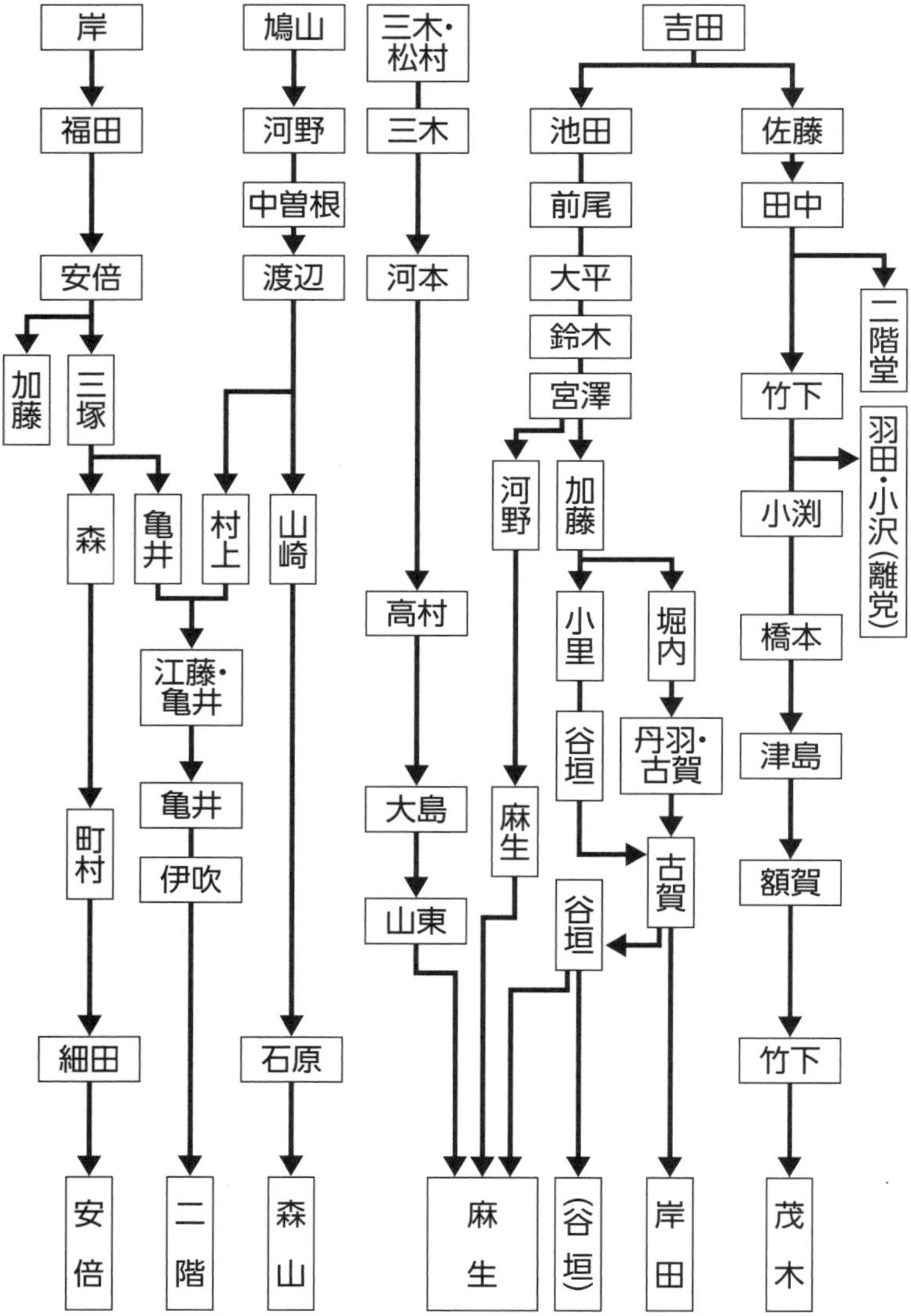

解説

渡辺恒雄氏が派閥の成り立ちや役割をこの本で記してから、六十年近くが経過しました。この間、政界をめぐっては金権腐敗政治への強い批判、派閥解消とその後の自然復活、選挙制度や政治資金規正法の改革、政権交代など様々な動きがありました。

しかし、自民党の派閥政治は連綿と続いてきました。二〇二三年の政治資金パーティーの収入不記載事件で政治とカネをめぐる問題への国民の不信感は再びピークに達し、いくつかの派閥は解散を表明しました。

私は長年、政界を取材してきました。なぜ、政治家、派閥、政党は巨額の金を集めようとするのか。批判を覚悟で申し上げると、それは政治にはお金がかかるからだと考えています。

政治資金で銀座のクラブに通ったり、女性ダンサーを伴う不適切な懇親会を開催したり、私腹をこやすことは論外です。また、海外や国内視察が観光旅行ではないかと批判されたケースもあります。しかし、こうしたばかげたケースのために、政治のコストが全否定されるのは、民主主義にとって危険なことです。政治家がまず信頼を取り戻すことが大前提ですが、法律の範囲内で適正な政治資金は必要だと考えます。

民主主義のコストが全くかからない北朝鮮のような国を思い浮かべてみてください。

政治家が資金を必要とする中でも、最大のものは、選挙のための支出だとみています。それは、直接、選挙の時期だけのものではなく、日常活動も含み、自らの秘書や運動員だけでなく、地方議員などへの支出も大きな比重を占めます。

選挙で当選するためには、自らの政策と名前を知ってもらうために選挙活動が必要です。自らも行いますが、それには限界があるため、国会議員の場合、県会議員や市区町村議員に支援活動をお願いすることになります。さらに当選を重ねるためには、選挙区内に事務所を設け秘書を雇って日常活動を続ける必要があります。それは、当選のためではありますが、政策や活動を有権者に伝え、有権者からは要望を聞き、さらにそれを立法や行政に反映させようとすることは民主主義を支える重要な活動です。目に見える議員の活動は、有権者にとっては次の選挙の投票の際の重要な判断材料となります。もし、これらの日常活動が全くなければ、選挙はまさに一発勝負で、時の「風」のみが頼りのポピュリズム選挙に陥ります。候補者は、票にはなりにくい重要な課題（財政再建、税制、少子化、外交など）には触れなくなるでしょう。

自民党の派閥の機能の一つが、総裁選挙への対応です。総裁を目指す派閥領袖は、派閥に所属する議員を求め、議員側は見返りにポストと資金を手当てされます。個々の議員も多くの資金を必要とするのに、それを数十人単位で用意する必要のある派閥（領袖）が、政治資金パーティーを開く理由はここにあります。今、派閥政治に対しては批判だらけです。順法意識のかけらもない堂々とした政治資金規正法違反はもちろん断罪すべきです。

しかし、出直しにあたっては、活力ある政治を完全につぶさない視点も必要です。自民党総裁選を行うといっても、だれも候補者が出てこず、一人の独裁者が黙って当選するのが果たして健全なのか。日本の戦前の翼賛政治や、一部の外国の「選挙」を思い浮かべてください。

渡辺氏は本書の初版本のあとがきで、「この書を脱稿したら、荒船運輸相辞任事件が起き、政界は〝黒い霧〟に包まれた。そのため、自民党に粛党運動が起き、過去の総裁公選の腐敗も俎上にのせられることとなった。（中略）保守党の党首選出過程と、派閥政治の定着過程を見ることによって、〝密室政治〟の終る新時代の見取り図を描き出そう」と書いています。今まさに、政界は政治資金の黒い霧に包まれ、派閥の解散が表明されています。次期衆院選、次期自民党総裁選を見据え、政界のリーダーには、新時代の見取り図を描き出す力が求められています。

前木　理一郎

著者
渡辺 恒雄（わたなべ・つねお）

1926年(大正15年)、東京生まれ。東京大学文学部哲学科卒。50年、読売新聞社入社。ワシントン支局長、政治部長、論説委員長などを経て、読売新聞グループ本社代表取締役主筆。著書に『派閥 保守党の解剖』『党首と政党』『大統領と補佐官』など多数。

装幀…岡孝治
カバー写真…読売新聞社（1982年9月）
DTP…株式会社千秋社
校正…有限会社くすのき舎
編集…村嶋章紀（実業之日本社）

自民党《じみんとう》と派閥《はばつ》　政治《せいじ》の密室《みっしつ》　増補最新版《ぞうほさいしんばん》

2024年5月7日　初版第1刷発行

著　者………………渡辺恒雄《わたなべつねお》
発行者………………岩野裕一
発行所………………株式会社実業之日本社
〒107-0062
東京都港区南青山6-6-22 emergence 2
電話（編集）03-6809-0473
（販売）03-6809-0495
https://www.j-n.co.jp/
印刷・製本…………三松堂株式会社

ISBN978-4-408-65099-9（第二書籍）